LA HISTORIA MUNDIAL

PARA UNA

EDAD UNIVERSAL

De la edad del IMPERIALISMO a la ACTUALIDAD

JACK ABRAMOWITZ

Globe
Fearon

Upper Saddle River,
New Jersey

Jack Abramowitz, Ph.D.

Dr. Abramowitz has had a distinguished career as a teacher of social studies. His work includes over twenty years of classroom experience at a variety of levels, and curriculum development and consulting for school districts in Oregon, Ohio, New York, Texas, California, Indiana, Georgia, and New Hampshire. Dr. Abramowitz is the author of numerous texts and journal articles in the social sciences, and speaks frequently to teachers and other professional groups. He was a Visiting Professor at the University of London's Goldsmith's College.

Consultants:

Donald Schwartz, Ph.D.

Dr. Schwartz is Assistant Principal of Social Studies,
Sheepshead Bay High School, Brooklyn, New York.

Sara Moore, M.A.

Ms. Moore is a teacher of History and English,
Palo Duro High School, Amarillo, Texas.

Project Editor: Adriana R. Ruggiero
Map Editor: Patricia A. Rodríguez
Photo Editor: Adelaide Garvin Ungerald

Photo Acknowledgments begin on page 250

Maps by: General Cartography, Mel Erikson

Key to Abbreviations:

PGM: Primera Guerra Mundial
SGM: Segunda Guerra Mundial

ISBN: 0-835-90810-0

PRINTED IN THE UNITED STATES OF AMERICA.

5 6 7 8 9 10 04 03 02 01 00

Contenido

Mapas, tablas y gráficas

Mapas, tablas y gráficas

Enriquecimientos

Unidad 1

Las potencias imperialistas buscan colonias

Para el siglo XIX, los primeros países industriales del mundo eran Gran Bretaña, los Estados Unidos, Alemania, Francia e Italia. Necesitaban materias primas para sus fábricas. Además necesitaban lugares para vender sus productos. Las materias primas y los mercados para los productos se hallaban en África, el Oriente Medio, Asia e Hispanoamérica. Con el tiempo, los países industriales se apoderaban de estas partes del mundo. Este dominio se llama imperialismo.

En la Unidad 1, leerás sobre las causas y consecuencias del imperialismo. Aprenderás cómo Gran Bretaña se apoderó de la India y la convirtió en colonia. También aprenderás cómo los países europeos extendieron su influencia en China. Al principio, establecieron allí factorías, o sea, centros de intercambio comercial. Una de éstas se ve en la ilustración de la página anterior. A principios del siglo XX, Japón había llegado a ser un país industrial. Empezó a buscar colonias también. Los países imperialistas pudieron extender su dominio hasta África y el sudeste de Asia. Por último, aprenderás qué pensaban las personas de las colonias acerca de ser gobernadas.

En la Unidad 1, leerás los siguientes capítulos:

Capítulo 1

El imperialismo y el racismo

Para comprender la historia mundial

Piensa en lo siguiente al leer sobre el imperialismo.

1. Nuestra cultura influye en nuestra perspectiva de otras personas.
2. Las naciones del mundo dependen económicamente unas de otras.
3. La interacción entre pueblos y naciones conduce a cambios culturales.

Esta caricatura muestra a Gran Bretaña como un pulpo que agarra colonias.

Para aprender nuevos términos y palabras

En este capítulo se usan las siguientes palabras. Piensa en el significado de cada una.

imperialismo: sistema por el cual un país se apodera de otros países y los gobierna como colonias

madre patria: un país que se apodera de otro país y lo gobierna como su colonia

occidental: relacionado con las ideas, las costumbres y los modos de vivir de Europa y América

racismo: creencia que tienen las personas de una raza de que son superiores a la gente de otras razas

Piénsalo mientras lees

1. ¿Qué naciones fueron las potencias imperialistas en los siglos XIX y XX?
2. ¿Por qué participaron los países en el imperialismo?
3. ¿Cuál era el vínculo entre el imperialismo y el racismo?

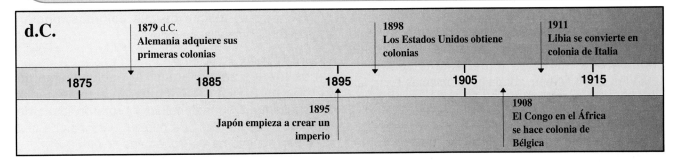

La necesidad de materias primas y mercados

Debido a la revolución industrial, los países necesitaban cada vez más materias primas para sus fábricas. No siempre tenían suficientes en sus propios países. Aun cuando tenían suficientes, las materias primas generalmente eran costosas. Algunas les salían más baratas en otras partes del mundo.

Además de las materias primas, los países industrializados necesitaban mercados en los cuales podían vender sus productos elaborados. Los países industrializados empezaban a buscar materias primas y mercados en otras tierras.

¿Qué es el imperialismo?

Los países industrializados empezaban a apoderarse de otros países. Cuando un país se apodera de otros países con el fin de gobernarlos, está creando un imperio. Esta idea de crear un imperio se llama **imperialismo.**

El imperialismo ha existido desde tiempos antiguos. Los romanos tenían un imperio. El tipo de imperio que empezó en el siglo XIX era diferente del Imperio Romano. En el nuevo imperialismo, los países industrializados se apoderaban de los países menos desarrollados y comenzaban a gobernarlos.

Los países industrializados empiezan a crear sus imperios

En el siglo XIX, la mayoría de los países industrializados se hallaba en Europa. Entre ellos estaban Gran Bretaña, Francia, Alemania, Italia, Bélgica y Holanda. Gran Bretaña y Francia empezaron a crear sus imperios antes que los otros. Comenzaron durante los siglos XVII y XVIII. Una parte de sus imperios eran tierras en América del Norte. Estas tierras que controlaban les brindaban mucho dinero.

Alemania no consiguió su primera colonia en el extranjero hasta 1879. En aquella época, se apoderó de Samoa. Samoa es el nombre de unas islas en el Pacífico. Alemania también adquirió tierras en África. Italia obtuvo Libia, en el norte de África, en 1911. Bélgica empezó a apoderarse del Congo en las décadas de 1870 y 1880. El Congo se convirtió en una colonia oficial en 1908. El Congo, en África, hoy en día es principalmente el país de Zaire.

Los países no europeos adquieren colonias

Dos países no europeos también empezaron a conseguir colonias. Los Estados Unidos consiguió colonias de España después de ganar la guerra hispanonorteamericana en 1898. Estas colonias eran Puerto Rico, Guam y las islas Filipinas. Cuba también perteneció a España hasta la guerra entre España y los Estados Unidos. Cuba llegó a ser una nación independiente en vez de una colonia. A pesar de ser independiente, Cuba seguía bajo la influencia de los Estados Unidos.

Japón, en Asia, empezó su imperio en 1895. Japón se apoderó de Taiwan en 1895. En 1910, Japón se apoderó por completo de Corea. En 1931, se apoderó de toda Manchuria.

Los países ricos y los países pobres

Gran Bretaña era la nación imperialista más fuerte. Los ingleses y los franceses poseían la mayoría de las colonias más ricas. Por esta razón, Gran Bretaña y Francia se llamaban los países "ricos". Alemania, Italia, Bélgica y otras naciones europeas no obtenían tantas riquezas de sus colonias. A ellas se les consideraba naciones imperialistas "pobres". Después de un tiempo, surgieron problemas entre las potencias imperialistas "ricas" y las "pobres".

Qué pensaban las madres patria de sus colonias

Los países imperialistas, o sea, las **madres patria**, generalmente pensaban en las personas de sus colonias como si fueran niños. Las madres patria creían que tenían que enseñarles a las personas de sus colonias cómo vivir y comportarse.

Como los países que gobernaban no estaban industrializados, las madres patria creían que estaban atrasados. Las personas de las madres patria no comprendían las costumbres, las tradiciones ni las culturas de sus colonias. La mayoría de las madres patria eran tierras al oeste de sus colonias. Su modo de vivir llegó a conocerse como **occidental.** Puesto que las colonias tenían costumbres diferentes, las madres patria creían que las colonias tenían que aprender a vivir en la manera "correcta". Esto significaba la manera occidental.

Gran Bretaña, la nación imperialista más importante

Para el siglo XIX, Gran Bretaña era la nación imperialista más importante. La mayoría de los británicos estaban orgullosos de que su país fuera una potencia mundial. Para mantener su imperio, Gran Bretaña mantenía un ejército grande y una marina fuerte. A finales del siglo XIX, a los británicos les gustaba decir que "el sol nunca se pone en el Imperio Británico". Si examinas el mapa de la página siguiente, verás que lo que decían era cierto. Entre las colonias británicas estaban Canadá, la India, Birmania (ahora llamada Myanmar), Sudáfrica, Rodesia (ahora llamada Zimbabue) y muchas otras tierras grandes y pequeñas. Siempre en alguna parte del mundo, era de día en el Imperio Británico.

Las razones para adquirir colonias

Había tres razones principales por las cuales los países imperialistas se apoderaban de otros países.
- Querían conseguir materias primas y establecer mercados para sus productos.
- Querían tener lugares seguros donde sus barcos y sus vendedores pudieran obtener alimentos y provisiones, sobre todo en caso de guerra.
- La posesión de colonias hacía que la madre patria fuera importante y poderosa. Aunque algunos países no conseguían mucho de sus colonias, podían considerarse potencias mundiales.

Las ideas sobre el racismo

Los fuertes sentimientos de nacionalismo en Europa en el siglo XIX ayudaron a fomentar el imperialismo. Del nacionalismo brotaron ideas de **racismo**, o sea, la idea de que las personas de una raza eran superiores a las personas de otra raza.

La mayoría de las personas de las madres patria tenía la piel blanca o clara. La mayoría de las personas de las colonias tenía la piel negra, morena o amarilla. Las personas de las madres patria creían que estaban más avanzadas que las de sus colonias. Decían que era la comprobación de que las personas blancas formaban una raza superior o mejor. Todas las otras personas —según esa gente— pertenecían a razas inferiores o menos capaces. Hasta intentaron comprobar sus ideas racistas con métodos científicos.

Lo malo del racismo

Los científicos de hoy han estudiado la idea del racismo. Han estudiado a personas de muchas razas y de muchos colores. Han aprendido que el color de la piel no hace que una persona sea mejor o peor. Los científicos de la actualidad dicen que no existe una raza superior o inferior. Hay personas muy inteligentes y de grandes habilidades en todas las razas.

Los historiadores ahora saben mucho más sobre las civilizaciones del pasado. Saben que las primeras grandes civilizaciones no se encontraban en Europa sino en Asia, el Oriente Medio y África. Durante la Edad Media, las personas de Europa estaban atrasadas en comparación con las personas de muchos lugares de Asia, el Oriente Medio y África. Mientras que el arte, las ciencias, las matemáticas y

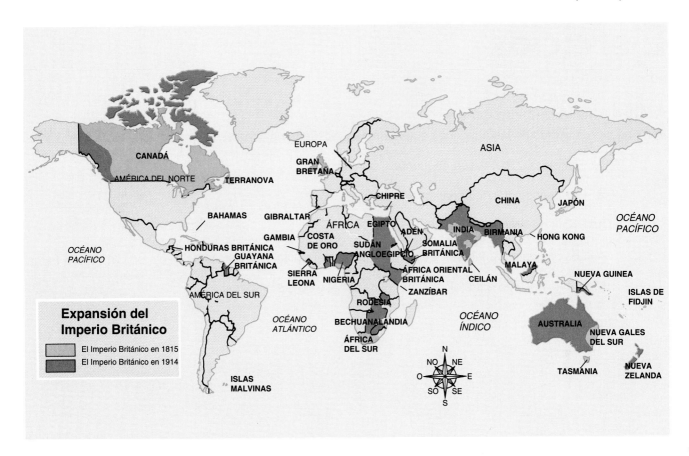

Expansión del Imperio Británico

- El Imperio Británico en 1815
- El Imperio Británico en 1914

CANADÁ
AMÉRICA DEL NORTE
TERRANOVA
EUROPA
ASIA
GRAN BRETAÑA
CHIPRE
CHINA
JAPÓN
BAHAMAS
GIBRALTAR
ÁFRICA
EGIPTO
ADÉN
INDIA
BIRMANIA
HONG KONG
OCÉANO PACÍFICO
GAMBIA
COSTA DE ORO
SUDÁN
ANGLOEGIPCIO
SOMALIA BRITÁNICA
OCÉANO PACÍFICO
HONDURAS BRITÁNICA
GUAYANA BRITÁNICA
MALAYA
NUEVA GUINEA
SIERRA LEONA
NIGERIA
ÁFRICA ORIENTAL BRITÁNICA
CEILÁN
AMÉRICA DEL SUR
ZANZÍBAR
ISLAS DE FIDJIN
RODESIA
OCÉANO ATLÁNTICO
BECHUANALANDIA
OCÉANO ÍNDICO
AUSTRALIA
NUEVA GALES DEL SUR
ÁFRICA DEL SUR
ISLAS MALVINAS
TASMANIA
NUEVA ZELANDA

N NO NE O E SO SE S

la literatura estaban muy avanzados en Asia, el Oriente Medio y África, la cultura de los países de Europa avanzaba a un paso mucho más lento.

Las personas de Europa del siglo XIX sabían muy poco o casi nada sobre las culturas de los países que gobernaban. Se lo impedían sus ideas racistas. En gran parte, los europeos no se interesaban por la historia ni la cultura de sus colonias. Consideraban que los países que gobernaban estaban subdesarrollados. Creían que su propia cultura era mejor e intentaban hacer que sus colonias adoptaran esa cultura.

La "obligación de la raza blanca"

Las personas en los países industrializados creían que era su deber gobernar a los países que ellos consideraban subdesarrollados. La mayoría de las colonias estaba en Asia, África y América del Sur. Las personas de estas colonias no eran blancas. Las personas de las madres patria eran, en su mayor parte, blancas. Estas personas de los países imperialistas empezaron a hablar de la "obligación de la raza blanca". Querían decir que civilizar a las personas y a los países menos industrializados era el deber de las personas blancas.

Las personas de los países industrializados usaban la idea de la "obligación de la raza blanca" como su razón para gobernar a otras personas. En algunos casos, es verdad que los imperialistas les daban a sus colonias mejor asistencia médica, un gobierno más centralizado y más industrias. Pero al introducir estas cosas buenas, también destruían muchas de las cosas buenas que las colonias ya tenían.

Los efectos del imperialismo

El imperialismo y el racismo ocasionaron algunos problemas entre las personas de diferentes culturas en muchas partes del mundo. Todavía nos enfrentamos con algunos de estos problemas.

A pesar de los problemas, había un intercambio de ideas. Los imperialistas les llevaban a sus colonias sus ideas occidentales sobre el comercio, la industria, el transporte, la asistencia médica y el gobierno. Al mismo tiempo, llegaban a conocerse mejor en Europa y en los Estados Unidos las ideas, las costumbres, las culturas y las religiones no occidentales.

5

Ejercicios

A. Busca las ideas principales:

Pon una marca al lado de las oraciones que expresan las ideas principales de lo que acabas de leer.

_____ **1.** El imperialismo existía en tiempos antiguos.

_____ **2.** Había potencias imperialistas en Europa.

_____ **3.** Había racismo en el mundo.

_____ **4.** Los países imperialistas tenían razones para realizar sus acciones.

_____ **5.** Había vínculos entre el racismo, el nacionalismo y el imperialismo.

B. ¿Qué leíste?

Escoge la respuesta que mejor complete cada oración. Escribe la letra de tu respuesta en el espacio en blanco.

_____ **1.** Entre los países imperialistas principales del siglo XIX *no* figuraba
   a. Francia.
   b. China.
   c. Italia.
   d. Bélgica.

_____ **2.** Debido a la guerra hispano-norteamericana, los Estados Unidos se apoderó de
   a. Cuba y Puerto Rico.
   b. Cuba y las islas Filipinas.
   c. Puerto Rico y las islas Filipinas.
   d. Puerto Rico y Panamá.

_____ **3.** Entre las colonias de Gran Bretaña estaban
   a. la India, Siria y Sudáfrica.
   b. Canadá, Rodesia y Arabia.
   c. Birmania, la India y Canadá.
   d. Siria, Birmania y Sudáfrica.

_____ **4.** Entre los países imperialistas "pobres" *no* figuraba
   a. Francia.
   b. Bélgica.
   c. Italia.
   d. Alemania.

C. Comprueba los detalles:

Lee cada oración. Escribe H en el espacio en blanco si la oración es un hecho. Escribe O en el espacio en blanco si es una opinión. Recuerda que los hechos se pueden comprobar, pero las opiniones, no.

_____ 1. Cuba quedó bajo la influencia estadounidense después de la guerra hispanonorteamericana.

_____ 2. Es mejor tener colonias que no tenerlas.

_____ 3. La industrialización fue una de las causas del imperialismo moderno.

_____ 4. Gran Bretaña era el principal país imperialista del mundo.

_____ 5. El imperialismo aportó a las regiones colonizadas nuevas ideas sobre el comercio, la industria y la cultura a las regiones coloniales.

_____ 6. Canadá era la colonia más importante de Gran Bretaña.

_____ 7. Una de las razones por las cuales las naciones querían ser potencias imperialistas era porque querían ser importantes en el mundo.

_____ 8. Los imperialistas creían que una raza era superior a las otras.

D. Los significados de palabras:

Encuentra para cada palabra de la Columna A el significado correcto en la Columna B. Escribe la letra de cada respuesta en el espacio en blanco.

Columna A

_____ 1. imperialismo

_____ 2. racismo

_____ 3. madre patria

_____ 4. occidental

Columna B

a. un país que tiene colonias

b. sistema por el cual un país se apodera de otros países y los gobierna como colonias

c. lo que tiene que ver con las ideas de Europa y los Estados Unidos

d. creer en su propio país

e. la creencia de que una raza es superior a otra

E. Para comprender la historia mundial:

En la página 2 leíste sobre tres factores de la historia mundial. ¿Cuál de estos factores corresponde a cada afirmación de abajo? Llena el espacio en blanco con el número de la afirmación correcta de la página 2. Si no corresponde ningún factor, escribe la palabra NINGUNO.

_____ 1. Aunque había desacuerdos entre culturas, las madre patrias y las colonias intercambiaron ideas.

_____ 2. Los países imperialistas querían las materias primas y los mercados de tierras lejanas.

_____ 3. Los países imperialistas no comprendían ni querían comprender las costumbres, las tradiciones y las culturas de otras personas.

Capítulo 2

La India: Del Imperio Maurya hasta el reino de los mogoles

Piensa en lo siguiente al leer sobre la India antigua.

1. La interacción entre pueblos y naciones conduce a cambios culturales.
2. Los países adoptan y adaptan ideas e instituciones de otros países.
3. Los sucesos en una parte del mundo han influido en los desarrollos en otras partes del mundo.

El mausoleo del Tadj Mahal es uno de los edificios más famosos del mundo. Fue construido por el soberano mogol de la India, Shah Yahan, como un sepulcro para su esposa.

Para aprender nuevos términos y palabras

En este capítulo se usan las siguientes palabras. Piensa en el significado de cada una.

métodos no violentos: enfrentarse con problemas de una forma pacífica

suttee: una costumbre en que una esposa tiene que morir cuando se muere su esposo; la viuda se tira en la pira funeraria de su esposo

Decán: la parte al sur de la India, sobre todo la meseta grande en la parte central del sur de la India

mogol: uno de los soberanos musulmanes de la India en los siglos XVI y XVII d.C.

regente: una persona que gobierna en lugar del gobernador que es demasiado joven o que no puede gobernar por otras razones

Piénsalo mientras lees

1. ¿Cómo llegaron la ideas griegas a la India en los tiempos antiguos?

2. ¿Qué contribuciones importantes se hicieron durante la dinastía Gupta?

3. ¿Cómo eran las relaciones entre los hindúes y los musulmanes en la India?

4. ¿Cómo influyó en la India Akbar y la dinastía mogol?

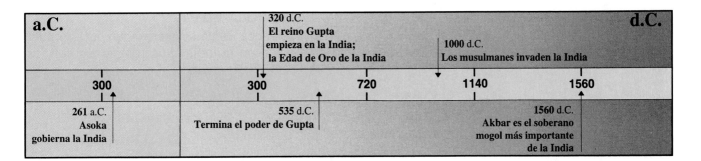

a.C.						d.C.

320 d.C.
El reino Gupta empieza en la India; la Edad de Oro de la India

1000 d.C.
Los musulmanes invaden la India

| 300 | 300 | 720 | 1140 | 1560 |

261 a.C.
Asoka gobierna la India

535 d.C.
Termina el poder de Gupta

1560 d.C.
Akbar es el soberano mogol más importante de la India

Las primeras civilizaciones de la India

Hubo grandes civilizaciones en la India antes de que un país occidental llegara a reinar allá. En realidad, en la India estaban algunas de las primeras grandes ciudades del mundo. A lo largo del río Indo había dos grandes culturas. Una era Harapa. La otra era Mohenjo-Daro. La Harapa tenía un sistema de escritura. También tenía relaciones con la Mesopotamia. Tanto Harapa como Mohenjo-Daro existieron desde el 2500 a.C. hasta el 1500 a.C. aproximadamente.

Alrededor del 1500 a.C., los indoarios, o los arios, de Persia empezaron a entrar en el valle del Indo. Lograron dominar el valle. A diferencia de las personas que ya vivían allí, los arios no eran gente de ciudad. Ellos criaban animales.

Fueron los arios quienes escribieron los primeros grandes libros sagrados de la India, los Vedas. También fueron ellos los que iniciaron el sistema de castas. El sistema de castas fue prohibido en el siglo XX. Sin embargo, algunos rasgos del sistema de castas todavía existen en algunas partes de la India.

El efecto de los ejércitos de Alejandro

Los ejércitos de Alejandro Magno invadieron la India entre el 327 y 325 a.C. Para entonces, las ideas griegas empezaron a difundirse a través de partes de la India que gobernaba Alejandro. Sucedieron grandes cambios luego de la partida de su ejército.

El Imperio Maurya

En los años 300 a.C., después que el ejército de Alejandro se fue de la India, el reino de la familia Maurya llegó a ser un imperio. El Imperio Maurya se extendió por casi toda la India, menos la parte del sur. Abarcó la mayor parte de lo que hoy se llama Afganistán. El reino Maurya duró del 321 a.C. hasta el 184 a.C. Los soberanos Maurya tenían comunicaciones con Siria, Egipto y Sri Lanka. Su cultura incorporó las ideas de Grecia y de Persia, pero era una cultura principalmente de la India.

Asoka, un gran soberano Maurya

El más famoso de los soberanos de los Maurya fue Asoka. Él empezó su reino al declarar la guerra. Asoka quería tantas tierras como fuera posible. Después de una batalla sangrienta, cerca del año 261 a.C., él cambió por completo.

Asoka abandonó las guerras. Se hizo budista y empezó a ejercer la filosofía de **métodos no violentos**. Esta filosofía significa enfrentarse con los problemas de una forma pacífica. Asoka animó a las personas a convertirse al budismo y declaró al budismo la religión oficial del imperio. Sin embargo, permitió que todas las religiones existieran en paz. Mandó a misioneros a otros países para difundir el budismo.

Asoka fue un gran soberano. Hizo que su gobierno funcionara bien. Intentó ayudar a la gente para que tuvieran una vida buena. Construyó pilares que contenían grandes máximas. Algunos de esos pilares todavía existen.

El fin del Imperio Maurya

Después de que murió Asoka en el 232 a.C., el Imperio Maurya empezó a desintegrarse. En lugar de un gran imperio, había muchos reinos más pequeños en el norte de la India. Estos reinos mantenían comunicaciones con los imperios del Asia central, que estaban cerca.

Algunas de las personas del Asia central invadieron partes de la India. Otra vez, los ejércitos invasores traían consigo las ideas de Grecia.

Otras partes de la India mantenían el comercio con otros países. Comerciaban mercancías e intercambiaban ideas con las personas del Asia central, del Imperio Romano y de China.

Comienza la dinastía Gupta

En los años 300 y 400 d.C., una nueva dinastía, o familia soberana, empezó a hacerse más fuerte. Fue la dinastía Gupta. La dinastía Gupta se apoderó de la misma área que había tenido la dinastía Maurya. El período Gupta duró del 320 d.C. hasta el 535 d.C. Los soberanos Gupta trajeron una "Edad de Oro" a la India.

La "Edad de Oro" Gupta

Los soberanos Gupta se interesaban por adelantar la educación en la India. Sus relaciones con los

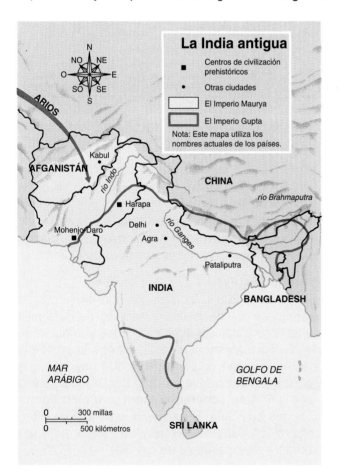

La India antigua

- ■ Centros de civilización prehistóricos
- • Otras ciudades
- El Imperio Maurya
- El Imperio Gupta

Nota: Este mapa utiliza los nombres actuales de los países.

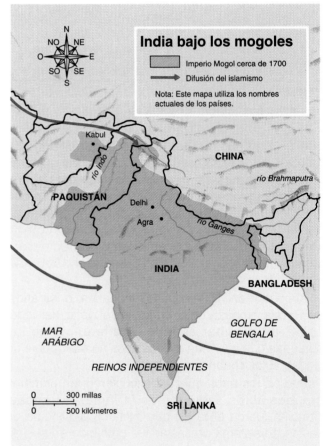

India bajo los mogoles

- Imperio Mogol cerca de 1700
- Difusión del islamismo

Nota: Este mapa utiliza los nombres actuales de los países.

griegos y los árabes los ayudaron a apreciar la necesidad de una educación. Durante el período Gupta, la India llegó a conocerse por sus buenas escuelas. Los indios estudiaron ciencias, medicina y matemáticas. La India también fue un lugar de grandes obras de arte. El período Gupta fue una "Edad de Oro" para la India. Florecieron la literatura, la escultura y el arte indios.

La cultura de la India adquirió importancia en otros países también. Tanto Birmania como Tailandia fueron influidos por la cultura india. El arte indio se extendió hasta Camboya y a partes de lo que hoy es Indonesia.

Los matemáticos indios inventaron una nueva forma de escribir los números. A los comerciantes árabes les gustó este sistema y empezaron a usarlo. Se lo enseñaron a los europeos. Los europeos pensaban que los árabes lo habían inventado. Ellos lo llamaron números arábigos. Todavía usamos este sistema hoy en día y seguimos llamándolo números arábigos.

Las mujeres en el Imperio Gupta

Durante la dinastía Gupta, las mujeres disfrutaron de un nivel social alto en la India. Algunas mujeres servían como líderes de los pueblos y como gobernadoras de regiones.

Sin embargo, durante este período, la costumbre de *suttee* empezó a extenderse a través de la India. *Suttee* era una costumbre en que se esperaba que la esposa muriera cuando moría su esposo. Por lo general, el cuerpo del hombre era quemado en un montón de palitos y la esposa se tiraba en el fuego. La costumbre *suttee* no decía que el esposo debía morir cuando moría la esposa. La costumbre parece indicar que aunque las mujeres se encargaran de puestos altos, había reglas distintas para los hombres y las mujeres. La costumbre de *suttee* duró aun hasta principios del siglo XX, cuando fue prohibida por el gobierno indio.

El budismo durante el período Gupta

El hinduismo seguía siendo la religión más importante de la India. No obstante, el budismo permanecía fuerte. El budismo se difundió fuera de la India. Llegó a ser una religión importante en China y en otras tierras asiáticas. Esta difusión de creencias religiosas indica cómo suceden los cambios como resultado de la interacción entre personas y naciones.

Una estatua de Buda

Termina el poder de los Gupta

Después de que murieron los primeros emperadores Gupta, el poder de los Gupta se debilitó. Las tribus del centro de Asia empezaron a invadir la India. Las invasiones ayudaron a poner fin a la dinastía Gupta.

Ahora, la India estaba abierta al ataque de otros invasores. Los guerreros musulmanes, los hunos y otros invasores asiáticos entraron a chorros en el norte de la India. La mayoría aceptó la religión hindú.

Los invasores musulmanes, sin embargo, mantenían su fe en el islam. Además, trataron de convertir a los hindúes a la religión islámica. Surgieron rencores entre los grupos religiosos. Estos rencores permanecieron como una faceta de la vida india durante los próximos 1.400 años.

La región al sur de la India

Ni el Imperio Maurya ni el Imperio Gupta llegaron hasta el sur de la India. Los invasores islámicos tampoco llegaron hasta el sur. El sur de la India tenía sus propios reinos y soberanos. Las dinastías locales gobernaron diferentes partes de **Decán**, o tierras del sur, hasta el siglo XIV. Los pueblos dravidianos vivían en la parte más al sur de la India.

Más invasiones musulmanas

La India comenzó a ser atacada por un mayor número de invasores musulmanes. Estos ataques comenzaron cerca del 1000 d.C. Durante más de 400 años, los invasores destruyeron partes de la India. Las invasiones agravaron los desacuerdos entre hindúes y musulmanes.

Los emperadores mogoles

A principios del siglo XVI, un nuevo grupo de musulmanes derrotó el norte de la India. Fueron dirigidos por un hombre que se llamaba Baber. Los indios pensaban que Baber era mongol. Usaron la palabra **mogol** para describir a Baber y su ejército. En realidad, los mogoles provenían de tierras al oeste de la India. Eran de Turquía y de Afganistán.

Baber estableció una nueva dinastía en la India y gobernó hasta 1530. Era un soberano muy capaz. Su nieto Akbar gobernó la India durante la época más destacada de los mogoles.

Akbar el Magno

Akbar empezó su reino a los catorce años de edad. Al principio, un **regente**, o sea, un guardián, reinó en su lugar. En 1560, Akbar despidió a su regente y empezó a gobernar por su propia cuenta. Entonces, se adueñó de otras tierras para su imperio.

Akbar creía que las personas de religiones distintas debían convivir en paz. Intentó tomar ideas del islamismo, del hinduismo, de otras religiones indias y del cristianismo y formar de ellas una sola religión. Creía que lo más importante era la creencia en un solo Dios. Después de la muerte de Akbar en 1605, se acabó la religión que él había tratado de establecer.

El fin del imperio mogol

Hubo muchos otros emperadores mogoles después de Akbar. El arte, la literatura y la arquitectura mantuvieron su alto nivel durante las épocas de los mogoles.

Esta ilustración muestra a Akbar el Magno.

Akbar había intentado mejorar las relaciones entre los hindúes y los musulmanes. Después de su muerte, los desacuerdos surgieron de nuevo. La mayoría de los emperadores mogoles después de Akbar trataron de hacer que el islamismo fuera la religión de la India. Algunos de los emperadores mogoles maltrataron a los hindúes. Otra vez, la India fue dividida por las creencias religiosas.

El último emperador mogol fuerte murió en 1707. El imperio llegó a ser un conjunto de reinos. Frecuentemente, estos reinos luchaban entre sí.

Ejercicios

A. Busca las ideas principales:

Pon una marca al lado de las oraciones que expresan las ideas principales de lo que acabas de leer.

_____ **1.** Alejandro Magno se apoderó de una parte de la India.

_____ **2.** En la India, los desacuerdos entre los hindúes y los musulmanes llevan siglos.

_____ **3.** La cultura de la India se difundió hasta Camboya y Tailandia.

_____ **4.** Muchas otras áreas del mundo influyeron en la cultura de la India.

_____ **5.** Había tres grandes dinastías con imperios que gobernaban la India.

_____ **6.** Los dravidianos vivían en el sur de la India.

B. ¿Qué leíste?

Escoge la respuesta que mejor complete cada oración. Escribe la letra de tu respuesta en el espacio en blanco.

_____ **1.** Después de la caída del Imperio Maurya, la India comerciaba con las siguientes regiones, _menos_
  a. el centro de Asia.
  b. China.
  c. Japón.
  d. Roma.

_____ **2.** Durante el período Gupta, la India llegó a conocerse por
  a. sus ciencias.
  b. su medicina.
  c. sus escuelas.
  d. sus habilidades en todo lo anterior.

_____ **3.** La costumbre de _suttee_ afectó mayormente a
  a. los musulmanes.
  b. los guerreros indios.
  c. los budistas.
  d. las mujeres indias.

_____ **4.** El término "mogol" está asociado con todo lo siguiente, _menos_
  a. Baber.
  b. el budismo.
  c. Akbar.
  d. los musulmanes.

C. Habilidad con la línea cronológica:

¿En qué período sucedió cada uno de los siguientes acontecimientos? Puedes mirar el texto y la línea cronológica de la página 9.

_____ **1.** El reino mogol de la India

_____ **2.** El Imperio Gupta en la India

_____ **3.** El Imperio Maurya en la India

_____ **4.** La invasión del noroeste de la India por personas del centro de Asia

D. Para comprender lo que has leído:

Indica si cada una de las siguientes afirmaciones tiene que ver con aspectos (P) políticos, (E) económicos o (R) religiosos de la vida en la India. Escribe la respuesta correcta en el espacio en blanco.

_____ **1.** El budismo fue difundido por la dinastía Maurya.

_____ **2.** La India comerciaba con Roma y China.

_____ **3.** El hinduismo seguía su popularidad en la India.

_____ **4.** La dinastía Maurya gobernaba la India.

_____ **5.** Los invasores musulmanes trajeron el islamismo a la India.

_____ **6.** Los reinos locales gobernaban la región del Decán.

_____ **7.** El Imperio Mogol terminó en 1707.

E. Comprueba los detalles:

Lee cada afirmación. Escribe C en el espacio en blanco si la afirmación es cierta. Escribe F en el espacio si es falsa. Escribe N si no puedes averiguar en la lectura si es cierta o falsa.

_____ **1.** Asoka era un gran guerrero y un rey sabio.

_____ **2.** La dinastía Gupta llevó a las mujeres de la India a un nivel social más alto.

_____ **3.** El budismo era la religión más importante de la India.

_____ **4.** Los chinos eran más religiosos que los indios.

_____ **5.** La "Edad de Oro" de la India tuvo lugar durante la época de los Gupta.

_____ **6.** En realidad, los números arábigos tuvieron su origen en la India.

_____ 7. Los invasores musulmanes aceptaron la religión hindú en la India.

_____ 8. Los dravidianos poblaron el sur de la India.

_____ 9. Akbar era un soberano muy erudito.

_____ 10. La cultura de la India se difundió hasta Birmania y Tailandia.

F. Para comprender la historia mundial:

En la página 8 leíste sobre tres factores de la historia mundial. ¿Cuál de estos factores corresponde a cada afirmación de abajo? Llena el espacio en blanco con el número de la afirmación correcta de la página 8. Si no corresponde ningún factor, escribe la palabra NINGUNO.

_____ 1. El budismo empezó en la India y se expandió a China y a otras tierras asiáticas donde llegó a ser muy importante.

_____ 2. Las invasiones al norte de la India por tribus del centro de Asia ayudaron a acabar con la dinastía Gupta.

_____ 3. Las personas del centro de Asia ayudaron a llevar la cultura griega a la India.

Siva es uno entre muchos dioses del hinduismo.

El imperialismo llega a la India

Piensa en lo siguiente al leer sobre el imperialismo en la India.

1 Los sucesos en una parte del mundo han influido en los desarrollos en otras partes del mundo.

2 Las personas deben aprender a comprender y a apreciar las culturas que son diferentes de la suya.

3 Los países adoptan y adaptan ideas e instituciones de otros países.

Una mezquita musulmana en Delhi, India. La mezquita fue construida por los soberanos

Para aprender nuevos términos y palabras

En este capítulo se usan las siguientes palabras. Piensa en el significado de cada una.

rajá: un príncipe de la India

arancel: un impuesto sobre la mercancía que entra en un país

cipayos: indios que sirvieron como soldados para los ingleses

dominio indirecto: el dominio de una tierra al apoderarse de sus líderes o de sus instituciones; la otra tierra no llega a ser una colonia verdadera del país imperialista

motín: una rebelión contra los que gobiernan

dominio directo: el dominio de una colonia por un país imperialista

virrey: la persona encargada de una colonia; el virrey manda en nombre del soberano del país imperialista

segregado: separado; cuando las personas de razas diferentes están separadas unas de otras

Piénsalo mientras lees

1. ¿Cómo se apoderaron los ingleses de la India?
2. ¿Cómo cambió el Motín Cipayo la forma en que los ingleses gobernaban la India?
3. ¿Cuáles eran los beneficios que los británicos decían que habían traído a la India?

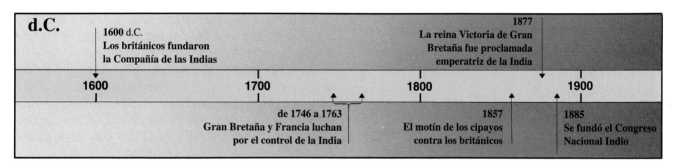

d.C.

1600 d.C.
Los británicos fundaron la Compañía de las Indias

1877
La reina Victoria de Gran Bretaña fue proclamada emperatriz de la India

1600 — 1700 — 1800 — 1900

de 1746 a 1763
Gran Bretaña y Francia luchan por el control de la India

1857
El motín de los cipayos contra los británicos

1885
Se fundó el Congreso Nacional Indio

Los primeros europeos en la India

Durante la década de 1490, la India se abrió al comercio europeo mediante una ruta oceánica. Vasco de Gama había encontrado una ruta a la India al navegar alrededor de África. De Gama salió a navegar a pedido de Portugal. Por consiguiente, los portugueses establecieron las primeras factorías europeas en la India.

A principios del siglo XVII, otras naciones europeas empezaron a establecer factorías en la India. Los franceses, los británicos y los holandeses empezaron a comerciar con la India.

La mayoría de los europeos llegó mientras el Imperio Mogol gobernaba la India. Al principio, los mogoles eran fuertes. Después de la muerte de Akbar en 1605, el poder de los mogoles disminuyó. A medida que el gobierno indio se iba debilitando, los comerciantes europeos trataron de controlar a algunos **rajás,** o soberanos más débiles. Después de 1707, cuando murió el último emperador mogol, sólo quedaban soberanos pequeños y débiles. Hubo un soberano mogol hasta mediados del siglo XIX, pero no tenía poder.

Los ingleses y los franceses en la India

Los comerciantes ingleses fundaron la Compañía de las Indias en 1600. La Compañía de las Indias era una empresa comerciante particular. Vendía productos ingleses en la India y productos indios en Gran Bretaña.

Más tarde en el siglo XVII, la Compañía Francesa de las Indias Orientales empezó a comerciar. La compañía inglesa quería ser la única compañía que comerciara en la India. Pero la compañía francesa quería lo mismo.

Qué pensaban los ingleses del comercio con la India.

Al principio, el pueblo británico estaba contento de comprar telas y otros productos de la India. Después de un tiempo, los ingleses que fabricaban los textiles vieron que se iba hundiendo su negocio. Los ingleses estaban comprando las telas indias más baratas en lugar de las telas británicas. Los fabricantes textiles en Gran Bretaña epezaron a quejarse.

17

Al poco tiempo, el gobierno británico promulgó nuevas leyes. Las compañías británicas podían vender sus telas y otros productos elaborados en la India sin pagar un **arancel,** o sea un impuesto, sobre ellos. La India sólo podía vender materias primas a Gran Bretaña. Los productos de la India llevaban un arancel tan alto que no se podían vender en Gran Bretaña.

Entonces los tejedores de textiles indios perdieron sus negocios debido a las leyes británicas sobre los textiles y el arancel.

Dividir y conquistar

La Compañía de las Indias británica inició un plan de dividir y conquistar para controlar la India. La compañía sabía que había desacuerdos entre los hindúes y los musulmanes. Sabía que algunos rajás querían adueñarse de las tierras de sus vecinos. Sabía que en la India se hablaban muchos idiomas diferentes. Entonces, los ingleses se pusieron de parte de diferentes grupos. Esta acción sirvió para dividir aún más al pueblo indio. La compañía francesa inició el mismo plan. Al hacer esto, los ingleses y los franceses hicieron que los diferentes grupos indios pensaran que los europeos luchaban de parte de ellos.

Las guerras entre los ingleses y los franceses

A mediados del siglo XVIII, Francia y Gran Bretaña luchaban por el control de la India. Los dos países también luchaban en otros lugares. Gran Bretaña derrotó a Francia en una guerra que tuvo lugar en tres continentes. En Europa, la guerra se llamó la Guerra de los Siete Años. Esta misma guerra se llamó la guerra franco-norteamericana en América del Norte. En la India, esta guerra se llamó la Guerra de Clive.

Al principio los británicos trataron de instalar en los tronos de la India a los soberanos que eran amistosos con Gran Bretaña. Los franceses trataron de instalar en los tronos de la India a los que eran amistosos con Francia. Entre 1746 y 1763 la India se convirtió en un campo de batalla entre los franceses y los ingleses.

La Guerra de Clive

Robert Clive había llegado a la India para trabajar por la Compañía de las Indias británica. En 1757 llevó a las fuerzas británicas a la victoria contra los franceses en la India. Tenía solamente 25 años.

En el ejército de Clive había 1.000 soldados ingleses y 2.000 soldados indios. Los soldados indios se llamaban **cipayos.** El pequeño ejército de Clive derrotó a un ejército mucho más grande de un rajá aliado con los franceses. La victoria de Clive logró que los ingleses gobernaran la India por los próximos 190 años.

El dominio indirecto mediante la Compañía de las Indias

Al principio, Gran Bretaña no gobernaba la India directamente. Tenía **dominio indirecto.** La Compañía de las Indias controlaba a la mayoría de los soberanos indios. Esta compañía particular tenía representantes en muchos lugares. Como muchos soberanos indios locales eran débiles, los representantes podían controlarlos y controlar también otros aspectos de la vida india.

La Compañía de las Indias ganó mucho dinero para las personas que tenían acciones en la compañía. Los representantes de la compañía también se hicieron ricos. Ellos ganaron dinero al hacer negocios especiales o al aceptar sobornos. Muchos ingleses jóvenes que trabajaban en la India se ganaron sus fortunas.

Gran Bretaña gobernó la India por medio de la Compañía de las Indias durante casi 100 años. La compañía tenía su propia fuerza armada de soldados indios o cipayos. Los oficiales militares británicos mandaban y entrenaban a los cipayos.

Un rajá de la India.

Robert Clive, quien se ve a la izquierda, fue el fundador de la India británica.

El Motín Cipayo

Muchos de los oficiales británicos sabían muy poco o casi nada sobre la cultura y las costumbres indias. No entendían que a los cipayos no les gustaba la forma en que los ingleses trataban con algunos soberanos indios. Los ingleses tampoco comprendían algunas de las costumbres sociales y religiosas de los indios. No se esforzaban por aprender sobre las creencias indias.

Algunas veces los británicos querían mandar a los cipayos al extranjero. Muchos cipayos no lo querían hacer. Según las creencias indias, ellos perderían su casta durante un viaje por el océano. Perder su casta les parecía espantoso a los indios.

Entonces, los ingleses trajeron a la India un nuevo tipo de cartucho para los fusiles. Los cartuchos se engrasaban con grasa de vaca y de cerdo. Los hindúes no comen carne de vaca. Los musulmanes no comen carne de cerdo. Los cipayos fueron mandados a morder los cartuchos para abrirlos. Este insulto fue el colmo para los cipayos.

En 1857 los cipayos iniciaron un **motín.** Un motín es una rebelión contra las personas que mandan. Finalmente, los soldados británicos pusieron fin al motín sólo después de muchas pérdidas de vidas por ambos lados.

La India bajo el dominio directo inglés

A causa del Motín Cipayo, los ingleses cambiaron de plan. La Compañía de las Indias perdió su poder en la India. El gobierno británico empezó a gobernar la India directamente como una colonia. Esto se conoce como el **dominio directo.**

La colonia de la India fue dirigida por un **virrey,** una persona nombrada por el gobierno británico. El virrey gobernaba en nombre del soberano británico. En 1877, la reina Victoria de Gran Bretaña fue coronada como emperatriz de la India. Ahora los británicos tenían posesión total sobre la India.

La posesión de la India le dio dinero y prestigio a

19

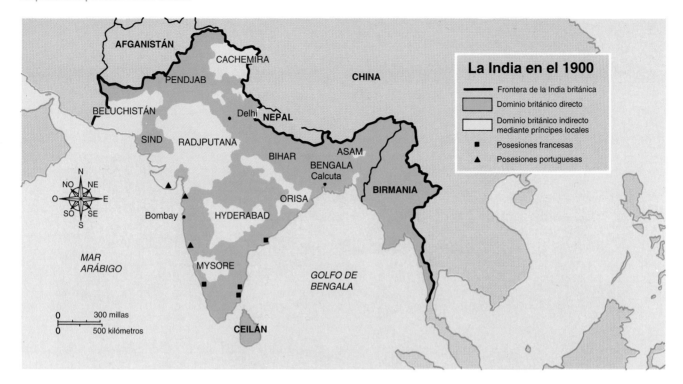

La India en el 1900

——	Frontera de la India británica
▒	Dominio británico directo
☐	Dominio británico indirecto mediante príncipes locales
■	Posesiones francesas
▲	Posesiones portuguesas

Gran Bretaña. La India fue nombrada la joya del Imperio Británico. Era fácil ver lo que los ingleses ganaron al poseer la India. Ellos decían que la India también se beneficiaba con el imperialismo.

Los ingleses creían que ayudaban a la India

Los ingleses decían que la India se beneficiaba del dominio británico. Por ejemplo:

• Los indios tenían mejores oportunidades para educarse. La mayoría de los indios no sabía leer, pero algunos jóvenes sí se educaron. El inglés se enseñaba en las escuelas. Algunos indios hasta fueron mandados a escuelas inglesas para la enseñanza avanzada.

• El orden y las leyes mejoraron en la India. Los ingleses organizaron a la policía para que dispersara bandas de ladrones.

• Los ingleses mejoraron la asistencia médica y las condiciones sanitarias en muchas ciudades de la India y en algunos pueblos más grandes.

• Pusieron fin a la costumbre de *suttee.* Una esposa ya no tenía que morir cuando moría su esposo.

• La India consiguió nuevas industrias y un sistema de ferrocarriles que unía las regiones del país.

Lo que a los indios no les gustaba del dominio británico

Los indios decían que también el dominio británico tenía muchas cosas malas. Decían que algunas de las cosas perjudicaban a la India.

• Las riquezas y los recursos de la India se usaban para ayudar a Gran Bretaña, no a la India. Todos los productos que traían los ingleses estaban destruyendo las industrias indias.

• El dominio británico destruía la cultura de la India.

• El plan inglés de dividir y conquistar acentuó la discordia religiosa y política entre los indios. Al agravar la discordia, los ingleses perjudicaban a la India.

• Los indios con educación escolar no tenían mucha oportunidad para avanzar en la India. Los puestos de gobierno más altos los ocupaban los ingleses.

• Muchos indios con educación formal se sentían como si no tuvieran patria. La enseñanza en las universidades inglesas no les ayudaba a comprender su propio país. Tampoco llegaban a ser ingleses.

• A muchos indios no les gustaba la forma en que eran **segregados,** o separados, por los ingleses. Después del Motín Cipayo, los ingleses impedían que los indios entraran en los hoteles, los clubes y los restaurantes patrocinados por los británicos. Debido a esto, surgieron resentimientos.

Los indios empiezan a organizarse

Muchos indios no querían permanecer bajo el dominio británico. En 1885, algunos indios empezaron a unirse para ayudar a conseguir más para los indios. Querían que los británicos les consultaran cuando tomaran decisiones sobre la India. Nombraron a su grupo el Congreso Nacional Indio.

Ejercicios

A. Busca las ideas principales:

Pon una marca al lado de las oraciones que expresan las ideas principales de lo que acabas de leer.

_____ **1.** Los ingleses y los indios no estaban de acuerdo sobre cómo el dominio británico afectó a la India.

_____ **2.** Los indios con educacíon formal tenían pocas oportunidades para avanzar.

_____ **3.** Tanto Francia como Gran Bretaña trataron de apoderarse de la India.

_____ **4.** Al principio los ingleses controlaban la India mediante la Compañía de las Indias.

_____ **5.** Después de 1707, el poder mogol en la India se fue debilitando.

B. ¿Qué leíste?

Escoge la respuesta que mejor complete cada oración. Escribe la letra de tu respuesta en el espacio en blanco.

_____ **1.** Los cipayos luchaban para los
    a. mogoles.
    b. franceses.
    c. británicos.
    d. portugueses.

_____ **2.** Un virrey gobernaba la India en nombre
    a. de la Compañía de las Indias.
    b. del emperador mogol.
    c. de los rajás indios.
    d. del soberano británico.

_____ **3.** Las primeras factorías europeas en la India fueron fundadas por los
    a. franceses.
    b. portugueses.
    c. británicos.
    d. holandeses.

_____ **4.** El dominio británico aportó a la India todo lo siguiente _menos_
    a. mejor orden público.
    b. mejor asistencia médica y condiciones sanitarias.
    c. un sistema de ferrocarriles que unió toda la India.
    d. la paz entre los distintos grupos indios.

C. Comprueba los detalles:

Lee cada oración. Escribe H en el espacio en blanco si la oración es un hecho. Escribe O en el espacio si es una opinión. Recuerda que los hechos se pueden comprobar, pero las opiniones, no.

_____ **1.** A la India la llamaron la joya del Imperio Británico.

_____ **2.** Los ingleses enviaron productos elaborados a la India.

_____ **3.** Los estudiantes indios se beneficiaron al no asistir a las escuelas británicas.

_____ **4.** Los ingleses ocuparon todos los puestos más altos del gobierno en la India.

_____ **5.** El Motín Cipayo ocasionó un cambio en la forma en que Gran Bretaña gobernaba la India.

_____ **6.** Vasco de Gama halló una ruta oceánica a la India para Portugal.

_____ **7.** Los comerciantes europeos llegaron cuando los mogoles gobernaban la India.

_____ **8.** Los ingleses eran los mejores comerciantes en la India.

_____ **9.** Los representantes de la Compañía de las Indias perjudicaban la vida india.

_____ **10.** Muchos oficiales del ejército británico no sabían nada sobre la cultura india.

D. Habilidad con la cronología:

En cada espacio en blanco, escribe la letra del acontecimiento que sucedió primero. Puedes mirar el texto y la línea cronológica de la página 17.

_____ **1. a.** la Guerra de Clive
   b. el viaje de Vasco de Gama
   c. el poder mogol disminuye

_____ **2. a.** el Motín Cipayo
   b. un virrey gobierna la India
   c. la Guerra de Clive

_____ **3. a.** el poder mogol disminuye
   b. el dominio directo de la India por Gran Bretaña
   c. el Motín Cipayo

_____ **4. a.** la Compañía de las Indias gobierna la India
   b. el viaje de Vasco de Gama
   c. la Guerra de Clive

_____ **5. a.** la reina Victoria fue coronada emperatriz de la India
   b. el Motín Cipayo
   c. el dominio indirecto de la India por Gran Bretaña

E. Para comprender lo que has leído:

Indica si cada oración tiene que ver con aspectos (M) militares, (P) políticos o (E) económicos de la vida y la historia en la India. Escribe la respuesta correcta en el espacio en blanco.

_____ **1.** Durante el siglo XVIII, India fue gobernada por muchos soberanos locales.

_____ **2.** Los portugueses, británicos, franceses y holandeses tenían factorías en la India.

_____ **3.** Los británicos derrotaron a los franceses en la Guerra de Clive.

_____ **4.** La Compañía de las Indias tenía su propio ejército en la India.

_____ **5.** La colonia británica de la India fue gobernada por un virrey.

_____ **6.** Los ingleses fundaron nuevas industrias en la India.

_____ **7.** La industria textil de la India fue destruida por los productos británicos traídos a la India.

F. Los significados de palabras:

Encuentra para cada palabra de la Columna A el significado correcto en la Columna B. Escribe la letra de cada respuesta en el espacio en blanco.

Columna A   Columna B

_____ **1.** motín   **a.** un soldado indio que luchó para los británicos
_____ **2.** virrey   **b.** un príncipe indio
_____ **3.** segregar   **c.** un impuesto sobre la mercancía que entra en un país
_____ **4.** rajá   **d.** una rebelión contra las personas que mandan
_____ **5.** dominio directo   **e.** separar las personas de razas distintas
_____ **6.** dominio indirecto **f.** la persona encargada de una colonia
_____ **7.** arancel   **g.** el dominio de una colonia por el país imperialista
                                  h. el dominio de un país mediante el control sobre sus líderes

G. Para comprender la historia mundial:

En la página 16 leíste sobre tres factores de la historia mundial. ¿Cuál de estos factores corresponde a cada afirmación de abajo? Llena el espacio en blanco con el número de la afirmación correcta de la página 16. Si no corresponde ningún factor, escribe la palabra NINGUNO.

_____ **1.** Los ingleses contribuían a la India nuevas formas de educación, leyes, asistencia médica e industria.

_____ **2.** Los indios capaces y educados no tenían oportunidades para avanzarse.

_____ **3.** A mediados del siglo XVIII, Francia y Gran Bretaña batallaron por el control de la India.

_____ **4.** La mayoría de los ingleses que estaban en la India no comprendía las lenguas ni las culturas indias.

Capítulo 4

China: De la dinastía Hia hasta las dinastías Tang y Song

Para comprender la historia mundial

Piensa en lo siguiente al leer sobre China en tiempos antiguos.

1. La gente usa el medio ambiente para lograr metas económicas.
2. La interacción entre pueblos y naciones conduce a cambios culturales.
3. Los países adoptan y adaptan ideas e instituciones de otros países.

Mujeres chinas pegándole a la seda. La seda era un producto importante de comercio en los principios de China.

Para aprender nuevos términos y palabras

En este capítulo se usan las siguientes palabras. Piensa en el significado de cada una.

administración pública: gente que trabaja para el gobierno en la mayoría de los puestos, menos los militares

protectorado: un país dominado por otro país más fuerte pero que no es una colonia del país más fuerte

Piénsalo mientras lees

1. ¿Cuáles son tres características importantes de la historia de China?
2. ¿Por qué se construyó la Gran Muralla China?
3. ¿Cuáles fueron algunas de las contribuciones de la dinastía Han?
4. ¿Cuáles fueron algunas de las contribuciones de la dinastía Tang?

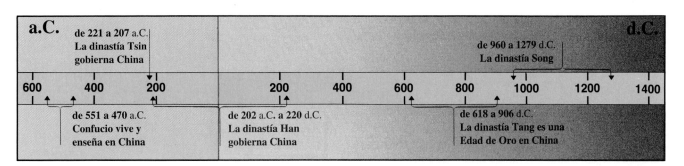

Datos importantes de la historia china

Hay que tener en cuenta tres hechos importantes acerca de la historia de China.

- La civilización y la historia chinas comenzaron en el valle de Hoangho. Este río queda en el norte de China. China ha crecido a través de los siglos. Sus fronteras se han extendido. Aun así, el Hoangho siempre ha sido importante en China.

- Desde los primeros tiempos hasta 1911, el pueblo chino fue gobernado por familias. A estas familias les llamaban dinastías. Las más grandes dinastías gobernaban toda China. Cuando no había una dinastía lo suficientemente fuerte para gobernar, diferentes partes de China fueron gobernadas por soberanos locales. Cuando una dinastía perdía su poder, la reemplazaba otra gran dinastía o gobernaban soberanos locales. Estos soberanos luchaban para apoderarse de la tierra.

- Los muchos invasores y conquistadores que entraron en China llegaron a formar parte de la cultura china. Trajeron algunas ideas nuevas. También se hicieron chinos. Debido a esto, la cultura china está compuesta por muchas culturas.

Las dinastías Hia y Chang

La primera dinastía de la que hablan los chinos es la dinastía Hia. Se cree que gobernó desde,

aproximadamente, el 2000 a.C. hasta el 1700 a.C. Se sabe poco sobre esta dinastía. Gobernó las tierras a lo largo del Hoangho.

La dinastía Chang es la primera dinastía china de la cual existen registros históricos. También gobernaba a lo largo del Hoangho. Durante la dinastía Chang, se empezó a utilizar una de las primeras formas del sistema de escritura chino. Las personas de aquella época usaban utensilios de cerámica y de bronce. También adoraban los espíritus de sus antepasados.

La dinastía Chu: aproximadamente del 1027 a.C. al 256 a.C.

Los soberanos Chu venían del norte del Hoangho. Invadieron China y formaron parte de la vida china. La dinastía gobernó China por casi 800 años. Su tierra quedaba principalmente entre dos ríos, el Hoangho y el Yang-tse-kiang (ver el mapa de la página 27).

La dinastía Chu gobernaba una sociedad feudal. Se construyeron canales, represas y sistemas de riego. Se construyeron murallas en algunas partes para impedir que pasaran las tribus que podrían invadir China. Las personas comenzaron a usar hierro en lugar de bronce durante la dinastía Chu.

Un hombre que vivió durante la dinastía Chu influyó mucho en la historia china. Él se llamaba Confucio.

Confucio y sus enseñanzas

Confucio vivió, aproximadamente, desde el 551 hasta el 470 a.C. Era un gran maestro. La obediencia y el orden eran dos de las cosas más importantes que él enseñaba. Confucio enseñaba que había cinco relaciones importantes:

- la de un hombre hacia su soberano
- la de un hijo hacia su padre
- la de un hermano menor hacia un hermano mayor
- la de una esposa hacia su esposo
- la de la lealtad entre amigos

A los chinos de mayor edad les gustaban las ideas que Confucio enseñaba. Les gustaba la idea de que los hijos debían honrar y respetar a los padres aun después de que estos murieran. Hasta una persona pobre sabía que sus hijos lo honrarían después de su muerte.

El comportamiento correcto

Confucio enseñaba la importancia de la forma correcta de comportarse. El comportamiento correcto servía de ejemplo para los demás. Este tipo de ejemplo correcto era especialmente importante para los soberanos. Confucio decía que "Las personas son como las hierbas, el soberano es como el viento. El soplar del viento es lo que dobla la hierba".

Mientras vivía, sólo un pequeño grupo le hizo caso a Confucio. Algunos de ellos reunieron sus refranes en libros. Después de más de cien años, un hombre que se llamaba Mencio comenzó a decirle a la gente que siguiera las ideas de Confucio. Gracias a Mencio, las ideas de Confucio más tarde llegaron a ser la base del modo de vida china.

La dinastía Chu se debilita

Había una razón por la cual Confucio empezó a enseñar la obediencia y el orden. La dinastía Chu ya no podía mantener al país en estado de paz. Las personas no obedecían a su emperador. Tampoco mantenían el orden. Las tierras que gobernaba la dinastía Chu se hicieron cada vez más pequeñas. Durante los últimos 500 años de la dinastía Chu, había guerras en el territorio. Finalmente, las luchas entre los soberanos locales obligaron a los soberanos Chu a abandonar el trono. Pasaron 35 años de guerra civil en China antes de que la próxima dinastía se adueñara del país.

La dinastía Tsin: del 221 al 207 a.C.

El nombre de China proviene de la dinastía Tsin. El primer soberano Tsin, sin embargo, era un invasor de China. La meta principal de la dinastía Tsin era la de

Confucio, el filósofo chino.

unir a China y fortalecerla. La mayoría de las cosas que hicieron los soberanos Tsin fueron hechas para lograr esta meta.

Los soberanos Tsin intentaron hacer que las cosas fueran iguales en todo el país. Establecieron un sistema de pesos y medidas para el uso de todos los chinos. Esto les resultó muy útil a los agricultores, a los comerciantes y a cualquier persona que quería comprar y vender productos que tenían que ser pesados o medidos. El tamaño de los ejes de las carretas tenían que ser igual para todas las carretas. De esta forma, las carretas chinas harían las mismas carriladas en las carreteras. Las carretas de tierras lejanas no cabrían en las mismas carriladas.

Bajo la dinastía Tsin, se simplificó el sistema de escritura. Llegó a ser el mismo para todo el país. La dinastía Tsin también estableció un fuerte gobierno central. Estableció 36 distritos en el país. Los distritos fueron gobernados por el gobierno Tsin, no por los soberanos locales.

La dinastía Tsin también intentaba hacer que todas las personas pensaran igual. Quemaron los libros escritos por sus enemigos. No querían que nadie que no estuviera de acuerdo con ellos difundiera ideas.

Además, la dinastía Tsin tenía que enfrentarse con el peligro de invasiones por las personas que vivían al norte y al oeste de China. Los chinos temían a los hunos. Los soberanos Tsin construyeron una Gran Muralla para impedir que entraran los hunos.

La Gran Muralla

Había algunas murallas pequeñas en muchas partes del norte de China. Fueron construidas para impedir la entrada de los invasores. El emperador Tsin mandó construir la famosa Gran Muralla. Ésta tiene una extensión de 1.400 millas (2.253 kilómetros). La gente fue obligada a construir la muralla. Miles de personas murieron durante la construcción de la Gran Muralla.

Por casi 500 años los invasores no cruzaron la muralla. Después, aunque las dinastías Han y Ming volvieron a construir la muralla, los invasores sí lograron cruzarla. Además de impedir la entrada de los invasores, la muralla impedía la salida de los chinos.

La dinastía Tsin no duró mucho tiempo. La muerte del primer emperador Tsin condujo al fin de la dinastía Tsin.

La dinastía Han: del 202 a.C. hasta el 220 d.C.

La dinastía Han tuvo un reino bastante largo y pacífico por casi 400 años. Durante la dinastía Han, el Imperio Chino creció. Las fronteras del norte llegaban hasta Manchuria y Corea y las del sur, hasta Vietnam. La mayoría del pueblo chino en la actualidad dice ser el pueblo de Han.

La dinastía Han fue un período de grandes logros:

- El comercio en el centro de Asia y el área a lo largo del golfo Pérsico se intensificó. El comercio con Europa se llevó a cabo por tierra. Esta ruta terrestre se llamaba la Ruta de la Seda porque la seda era uno de los productos más importantes que China vendía. La dinastía Han también comerciaba mucho con el Imperio Romano.
- La religión budista llegó a China desde la India.
- El arte, la literatura y la arquitectura eran importantes.
- Se escribió la primera historia completa de China.
- Se inventó el papel.
- Gobernaban tanto las mujeres como los hombres.
- Las ideas de Confucio llegaron a ser importantes en China. Se convirtieron en las ideas fundamentales del gobierno. Las personas que querían trabajar en la **administración pública** tenían que rendir exámenes basados en las ideas de Confucio y aprobarlos.

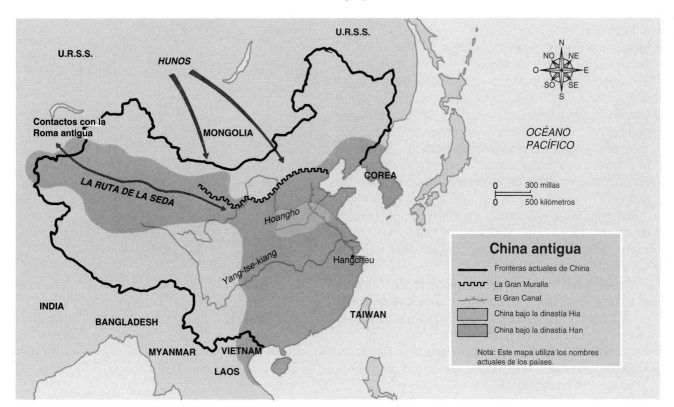

La administración pública está compuesta por personas que trabajan para el gobierno en la mayoría de los puestos, menos los militares.

Entre dos dinastías

Varios generales Han comenzaron a querer ganar cada vez más poder. Algunos de ellos se hicieron jefes militares. Empezaron a pelear entre sí por el poder. Al principio había tres reinos. Después, vinieron otros soberanos y gobernaron partes del país por un tiempo.

Durante esta época se empezó a construir un canal. Se extendió desde el Yang-tse-kiang hasta el río Huai y desde el Yang-tse-kiang hasta la ciudad de Hangcheu. Por el canal se transportaban granos del sur hacia el norte. Ésto fue el principio de lo que llegaría a ser el Gran Canal.

Durante este período, el cristianismo y el islamismo empezaron a llegar a China.

La dinastía Tang: del 618 al 906 d.C.

La dinastía Tang fue una "Edad de Oro" para China. Fue una época de grandes artistas, poetas y eruditos. Fue también una época de inventos, tal como la imprenta en bloque. Hubo mejoras en la agricultura.

La dinastía Tang volvió a emplear los exámenes para los puestos de administración pública. Mediante los exámenes, los soberanos esperaban que se emplearan a las mejores personas. Estos exámenes, al igual que los anteriores durante la dinastía Han, se basaban en las obras de Confucio.

No había castas en China como las de la India. Tampoco había una clase noble como había en la mayor parte de Europa. Las clases sociales se basaban en lo que hacían las personas. Los eruditos eran de la clase más alta. Ellos eran los que aprobaban los exámenes para la administración pública. Un hijo de una familia pobre podía llegar a ser erudito. El hijo de un erudito podía no pertenecer a la misma clase que su padre.

Sucedieron otras cosas importantes durante la dinastía Tang.

- Se unificó China. Se adueñó de secciones grandes hacia el oeste.
- Corea llegó a ser un **protectorado** del Imperio Chino. Un protectorado es un país que depende de otro país más fuerte que no lo gobierna, pero sí lo controla hasta cierto grado.
- Se hizo más fuerte el gobierno central de China.
- Siguió creciendo el comercio con Japón, el Oriente Medio y el centro de Asia.

- El sur de China llegó a ser importante. Fue un centro de la cultura china.

Algunas personas chinas de la actualidad piensan que la dinastía Tang fue el período más grande de China. Ellos se llaman "el pueblo de Tang". A pesar de sus grandes logros, la dinastía Tang cayó como las dinastías anteriores. La guerra constante con países vecinos debilitó al gobierno.

La dinastía Song: del 960 al 1279

Después de casi 50 años de jefes militares que luchaban en una China dividida, comenzó la dinastía Song. Gobernó una región de China más pequeña que la que había gobernado la Tang. La dinastía Song fue una época de gran cultura y crecimiento artístico.

Había un gobierno fuerte pero un sistema militar débil. Debido al sistema militar débil, los soberanos Song no podían controlar todo el país. La dinastía Song comenzó en el norte pero fue obligada a irse al sur. Las tribus del norte estaban invadiendo el país.

Un león de porcelana de la dinastía Tang.

Ejercicios

A. Busca las ideas principales:

Pon una marca al lado de las oraciones que expresan las ideas principales de lo que acabas de leer.

_____ **1.** Los chinos construyeron una Gran Muralla.

_____ **2.** La imprenta se inventó en China.

_____ **3.** Las primeras dinastías chinas tuvieron muchos grandes logros.

_____ **4.** Las enseñanzas de Confucio se desarrollaron y llegaron a ser importantes en China.

_____ **5.** Las dinastías aparecieron y desaparecieron en China.

B. ¿Qué leíste?

Escoge la respuesta que mejor complete cada oración. Escribe la letra de tu respuesta en el espacio en blanco.

_____ **1.** La dinastía Tsin dio a China un sistema uniforme de
    a. gobierno y agricultura.
    b. pesos y medidas.
    c. pesos e industria.
    d. artes y ciencias.

_____ **2.** La Gran Muralla se construyó para impedir que entraran
    a. invasores japoneses.
    b. invasores indios.
    c. invasores europeos.
    d. invasores hunos.

_____ **3.** La idea de los funcionarios eruditos y pruebas de administración pública se desarrolló primero
    a. durante la dinastía Tsin.
    b. durante la dinastía Han.
    c. durante la dinastía Tang.
    d. durante la dinastía Hia.

_____ **4.** Durante la dinastía Tang
    a. el budismo fue traído a China.
    b. el confucianismo llegó a ser importante en China
    c. el sur de China llegó a ser un centro de cultura china.
    d. la cerámica se fabricó por primera vez en China.

_____ **5.** La dinastía Song tenía problemas porque
    a. era una época de pocos artistas.
    b. tenía un área de China más grande que cualquier otra dinastía.
    c. tenía un gobierno central débil.
    d. no tenía un gobierno militar fuerte.

C. Habilidad con la cronología:

En cada espacio en blanco, escribe la letra del acontecimiento que sucedió primero. Puedes mirar el texto y la línea cronológica de la página 25.

_____ **1. a.** la dinastía Chang
b. la dinastía Han
c. la dinastía Tang

_____ **2. a.** la escritura ideográfica
b. la imprenta en bloque
c. el invento del papel

_____ **3. a.** la construcción de la Gran Muralla
b. vive Confucio
c. la caída de la dinastía Tang

_____ **4. a.** la dinastía Song
b. la construcción de la Gran Muralla
c. el budismo llega a China

_____ **5. a.** el budismo llega a China
b. Mencio reintroduce las ideas de Confucio
c. empieza el sistema de pruebas para la administración pública y los funcionarios eruditos

D. Comprueba los detalles:

Lee cada afirmación. Escribe C en el espacio en blanco si la afirmación es cierta. Escribe F en el espacio si es falsa. Escribe N si no puedes averiguar en la lectura si es cierta o falsa.

_____ **1.** Confucio advirtió que era malo tener un fuerte gobierno central.

_____ **2.** Los soberanos Tsin mandaron a construir la Gran Muralla.

_____ **3.** Corea llegó a ser un protectorado chino durante la dinastía Hia.

_____ **4.** La civilización china comenzó en el valle del Hoangho.

_____ **5.** El budismo llegó a la India desde China.

_____ **6.** La dinastía Chu nunca llegó a formar parte de la vida en China.

_____ **7.** El confucianismo llegó a ser una parte importante de la vida durante la dinastía Han.

_____ **8.** China fue el primer país en usar la imprenta con tipografía movible.

_____ **9.** El sistema chino de escritura ideográfica fue adoptado de la India.

_____ **10.** Durante la dinastía Han, las fronteras de China llegaron hasta Manchuria y Vietnam.

E. Detrás de los titulares:

Escribe dos o tres oraciones que respalden o cuenten sobre cada uno de los siguientes titulares. Usa una hoja de papel en blanco.

CHINA ENTRA EN LA "EDAD DE ORO"

LA DINASTÍA HAN DOMINA CHINA

SE TOMAN ACCIONES PARA ENFRENTAR LA AMENAZA DE LOS HUNOS

F. Los significados de palabras:

Encuentra para cada palabra de la Columna A el significado correcto en la Columna B. Escribe la letra de cada respuesta en el espacio en blanco.

Columna A

_____ **1.** protectorado

_____ **2.** administración pública

_____ **3.** confucianismo

_____ **4.** dinastía

Columna B

a. puestos de trabajo para el gobierno

b. un sistema de clases

c. un país controlado por otro país pero que no es una colonia de ese país

d. un sistema de creencias que dice que una persona debe obedecer y honrar a los padres, a las personas mayores y al emperador

e. una familia de soberanos

G. Para comprender la historia mundial:

En la página 24 leíste sobre tres factores de la historia mundial. ¿Cuál de estos factores corresponde a cada afirmación de abajo? Llena el espacio en blanco con el número de la afirmación correcta de la página 24. Si no corresponde ningún factor, escribe la palabra NINGUNO.

_____ **1.** La civilización china comenzó en el valle del Hoangho.

_____ **2.** Muchas personas que invadieron China llegaron a ser parte de la cultura china. La cultura china es una mezcla de muchas culturas.

_____ **3.** Los contactos con la India condujeron al comienzo del budismo en China.

_____ **4.** El uso de la seda comenzó en China y se difundió en Europa.

Un emperador de la dinastía Tang tiene una audiencia pública.

Capítulo 5

China: De la dinastía de los mongoles hasta la dinastía Manchú

Piensa en lo siguiente al leer sobre las últimas dinastías de China.

1. Los sucesos en una parte del mundo han influido en los desarrollos en otras partes del mundo.
2. Nuestra cultura influye en nuestra perspectiva de otras personas.
3. La interacción entre pueblos y naciones conduce a cambios culturales.
4. La cultura del presente nace en el pasado.

Beijin, la capital de China. En esta foto se ve el Templo del Cielo. Los soberanos de los mongoles, de los Ming y de los Manchú construyeron muchos palacios y templos en Beijin.

Para aprender nuevos términos y palabras

En este capítulo se usan las siguientes palabras. Piensa en el significado de cada una.

minoría: menos de la mitad de las personas de un país o un lugar

mayoría: más de la mitad de las personas de un país o un lugar

coleta: un estilo del cabello masculino; una trenza larga en la parte posterior de la cabeza y la mayor parte del resto de la cabeza rasurada

bárbaro: una persona que no tiene una cultura verdadera y que no es civilizada

tecnología: el uso de las ciencias y de los inventos para hacer la vida de la gente más práctica

Piénsalo mientras lees

1. ¿Quiénes eran los mongoles? ¿Cómo influyeron en China?

2. ¿Cuáles fueron algunas de las contribuciones de la dinastía Ming?

3. ¿De qué forma influyó en la vida china la dinastía Manchú?

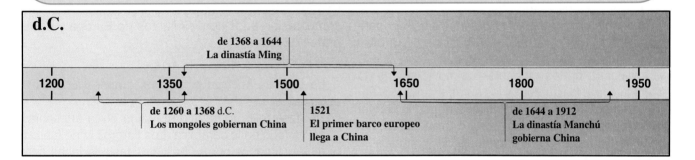

d.C.

	de 1368 a 1644 La dinastía Ming			
1200	1350	1500	1650	1800	1950

de 1260 a 1368 d.C.
Los mongoles gobiernan China

1521
El primer barco europeo llega a China

de 1644 a 1912
La dinastía Manchú gobierna China

La dinastía de los mongoles, o de los Yuan: de 1260 a 1368

El pueblo mongol gobernaba Mongolia en el Asia central. Su líder era Gengis Kan. Los mongoles salieron de Mongolia en grandes números y se apoderaron de la mayor parte de Asia, la India, Persia y el sur de Rusia. Para fines del siglo XIII, se apoderaron de China.

El Kan Kubilai, un nieto de Gengis Kan, gobernaba Mongolia y China. Se nombró a sí mismo emperador en 1271. El Gran Kan Kubilai fundó la dinastía Yuan.

La forma de los mongoles de gobernar China

Los soberanos mongoles no trataban de cambiar demasiado a China. No obligaban a los chinos a adoptar su religión. Permitían que los chinos ayudaran a encargarse del gobierno. Ellos adoptaron la forma china de gobierno, la lengua china y hasta la forma de vestirse de los chinos. Pero, al mismo tiempo, conservaron algunos de sus propias formas de vida. Eran un pueblo que criaba animales. Creían que la ganadería era un mejor modo de vida que la agricultura.

Kan Kubilai.

En la dinastía de los mongoles había un gobierno central. Era el gobierno del emperador. El país se dividió en provincias. Cada provincia era gobernada por una persona que gobernaba en nombre del emperador y del gobierno central.

Los europeos se enteraron de los mongoles y del Gran Kan Kubilai de Marco Polo. Él pasó 17 años en Beijing, la capital de los mongoles. Trabajó para el Gran Kan Kubilai durante parte de ese período. El libro de Marco Polo sobre su viaje despertó el interés de los europeos en China y en el Asia oriental.

Los logros de la dinastía de los mongoles

Dos de los grandes logros de la dinastía de los mongoles fueron los siguientes:

- Los soberanos ampliaron el Gran Canal para que llegara hasta Beijing, su capital. El canal ligó el norte y el sur de China. Igual que antes, el canal era importante para transportar los granos del sur para alimentar a las personas del norte. También mejoraron las carreteras en China.
- La dinastía de los mongoles promovió el arte, la arquitectura, la literatura y las obras teatrales.

A muchos chinos no les gustaba el hecho de ser gobernados por personas que no eran de China. Después de un tiempo, el imperio de los mongoles se debilitó y algunos chinos decidieron acabar con éste.

La dinastía Ming: del 1368 al 1644

En 1368 un antiguo monje budista derribó la dinastía de los mongoles. Empezó una nueva dinastía. Él llegó a ser emperador. La nueva dinastía se llamaba "Ming", que quiere decir "glorioso". El nuevo emperador quería regresar a lo que él creía que eran las mejores de las antiguas dinastías chinas, principalmente las Song y Tang. Quería deshacerse de todas las influencias de los mongoles en China. El nuevo emperador Ming reintrodujo muchas de las viejas tradiciones y estableció un código de leyes.

Un regreso a las viejas costumbres

Los emperadores Ming reinstalaron las pruebas para la administración pública para los funcionarios del gobierno. Como los antiguos exámenes, se basaban principalmente en las enseñanzas de Confucio. Estos exámenes ayudaron a atraer a personas cultas al gobierno. Sin embargo, a estas personas no les interesaban las ciencias ni las matemáticas. Al poco tiempo los conocimientos chinos en estos campos se quedaron atrás en comparación a los conocimientos de Europa y otras partes de Asia.

Lo que logró la dinastía Ming

La dinastía Ming tuvo algunos grandes logros en otros campos.

- Se desarrolló un trabajo muy fino en la artesanía, sobre todo en la cerámica. Los floreros Ming fueron muy estimados por su belleza. Hasta la fecha son valiosos.
- Se desarrolló una gran arquitectura. Algunos de los edificios más famosos de los Ming están en la Ciudad Prohibida. Esta ciudad queda en el centro de Beijin.

Un plato y un frasco de porcelana. Estos objetos se fabricaron durante la dinastía Ming.

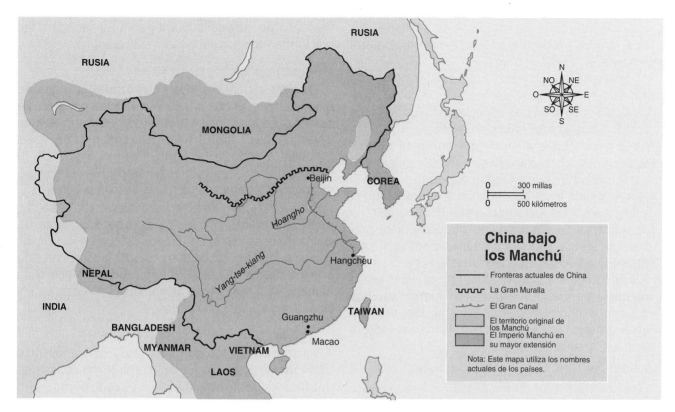

China bajo los Manchú

——— Fronteras actuales de China

ᴖᴖᴖᴖ La Gran Muralla

∼∼∼∼ El Gran Canal

El territorio original de los Manchú

El Imperio Manchú en su mayor extensión

Nota: Este mapa utiliza los nombres actuales de los países.

- Se intensificó el comercio con el extranjero. Los Ming tenían una marina muy buena. Una flota de barcos chinos navegó a la India. Este viaje sucedió antes del primer viaje de Vasco de Gama desde Portugal hasta la India.

Los europeos y los japoneses en China

El primer barco europeo llegó a China en 1521. Fue un barco portugués. Llegó a la ciudad de Guangzhu. Los funcionarios Ming les concedieron a los comerciantes portugueses los mismos derechos que tenían los comerciantes árabes y pérsicos que ya estaban allí. Sin embargo, no los trataban bien, y creían que los europeos eran inferiores a ellos. Cuando los capitanes portugueses se comportaron mal con los chinos, los funcionarios pusieron límites en sus derechos de comercio. En 1557, los portugueses se instalaron en la ciudad de Macao.

Una flota de barcos japoneses atacó Corea y China a fines del siglo XVI. Los chinos se defendieron bien en el ataque y derrotaron a los japoneses.

A pesar de sus victorias, la dinastía Ming empezó a debilitarse. Los invasores Manchú del norte persistían en entrar en China. Una rebelión en Beijin debilitó aún más a los soberanos Ming. El gobierno no podía controlar a los bandidos y a los jefes militares. China estaba al punto de ser invadida de nuevo.

La dinastía Manchú (Ching): de 1644 a 1912

En una época, los Manchú formaban parte del grupo grande de los invasores mongoles. Ellos habían poblado la parte noreste de China que se llamaba Manchuria. En 1644, los Manchú fueron al norte de China. Un general chino que trataba de luchar contra unos bandidos, abrió una puerta en la Gran Muralla para dejar entrar a los Manchú. Quería que los Manchú lo ayudaran a luchar contra los bandidos.

Poco a poco los Manchú se apoderaron de China. Llegaron a ser la clase gobernante. Su ejército grande puso fin a todas las protestas contra el gobierno Manchú. Los Manchú formaban una **minoría.** Su grupo constituía menos de la mitad de toda la población. Ellos pudieron gobernar a la **mayoría** china. Los chinos constituían más de la mitad de toda la población.

A diferencia de otros soberanos, los Manchú jamás formaron parte de la vida china. Tomaron iniciativas para asegurar que los chinos estuvieran en posiciones inferiores. No querían asociarse con los chinos. Hasta promulgaron leyes que prohibían que un Manchú se casara con una persona china. Obligaron a los hombres a llevar el cabello en el estilo de la **coleta.** La coleta era una trenza larga en la parte posterior de la cabeza. Muchas veces, se rasuraba el resto de la cabeza.

35

Las contribuciones de los Manchú a China

Los Manchú hicieron algunas contribuciones importantes a la vida en China.

- Al principio, su gobierno funcionó mejor que la mayoría de los otros gobiernos.
- Mejoraron el sistema de escoger a los funcionarios eruditos para la administración pública.
- Aceptaron tanto el budismo como el confucianismo. Muchos chinos seguían el budismo y el confucianismo. Las enseñanzas de las dos religiones ayudaron a que el control de los Manchú sobre los chinos fuera más fuerte. Por ejemplo, la enseñanza de Confucio de obediencia al emperador hacía que las personas pensaran que debían obedecer a los soberanos Manchú.
- Aceptaron el arte y la literatura chinos. Muchas de las más grandes novelas chinas fueron escritas durante el gobierno de los Manchú. Los Manchú crearon uno de los grandes diccionarios de la lengua china.

Los problemas que tenían los Manchú

Una gran debilidad de los Manchú era su sentido de orgullo. Creían que eran superiores a los demás. Se creían superiores a las personas que gobernaban.

Además de los problemas con las personas que gobernaban, los Manchú tenían problemas con los europeos. Ellos despreciaban a los europeos y los consideraban **bárbaros.** Creían que los europeos eran personas con poca o ninguna cultura ni civilización. Los europeos querían más derechos de comercio en China. Pero los Manchú no querían darles mayores derechos de comercio. Su negativa, en realidad, fue una indicación de la debilidad de los Manchú.

La tecnología y los productos

Durante muchos siglos, la **tecnología** china en algunos campos había sido superior a la tecnología europea. La tecnología es el uso de las ciencias y los inventos para elaborar productos y hacer más práctica la vida de la gente. Para el siglo XIX, la tecnología europea había mejorado. La tecnología china ya no estaba a la par de la de los europeos.

Todavía había muchas cosas, tales como la seda y el té, por ejemplo, que los europeos querían de China. El deseo de los europeos de comerciar con los chinos penetró el casco que protegía la forma de vida antigua de los chinos. Sin embargo, los soberanos Manchú sólo permitieron el comercio europeo en las ciudades de Guangzhu y Macao.

El gobierno de los Manchú se debilita

La presión de los europeos para conseguir más derechos de comercio fue sólo una de las cosas que debilitó el gobierno Manchú. Había demasiada corrupción en el gobierno. Los agricultores se empobrecían. Los dueños de tierras cobraban arrendamientos tan altos que las personas no podían pagarlos y quedarse con dinero para comer. La inquietud de los campesinos empezó a hacerse sentir.

El imperialismo llegó a China durante el dominio de los Manchú. Esa fue otra cosa que contribuyó al fin de la dinastía Manchú. La dinastía Manchú habría de ser la última dinastía de China.

Los europeos visitan la corte del emperador Manchú, siglo XIX.

Ejercicios

A. Busca las ideas principales:

Pon una marca al lado de las oraciones que expresan las ideas principales de lo que acabas de leer.

_____ **1.** La dinastía Ming tuvo muchos grandes logros.

_____ **2.** Los Manchú influían en la vida en China.

_____ **3.** El comercio chino mejoró.

_____ **4.** La dinastía de los mongoles se destacó por sus carreteras, canales y arte.

_____ **5.** Marco Polo conoció al Gran Kan Kubilai.

_____ **6.** La dinastía Ming tomaba exámenes para los puestos de la administración pública.

B. ¿Qué leíste?

Escoge la respuesta que mejor complete cada oración. Escribe la letra de tu respuesta en el espacio en blanco.

_____ **1.** A principios del siglo XVI, los comerciantes portugueses en China tenían
a. derechos completos de comercio.
b. ningún derecho de comercio.
c. los mismos derechos de comercio que los comerciantes árabes.
d. que irse de China.

_____ **2.** Todo lo siguiente sobre los Manchú es verdadero, menos que ellos
a. llegaron a China como invasores.
b. fundaron un gobierno eficaz en China.
c. debilitaron el arte y la literatura de China.
d. aceptaron el budismo y el confucianismo.

_____ **3.** El Gran Canal de China fue
a. construido por los portugueses.
b. empezado por los soberanos Ming.
c. ampliado por los soberanos mongoles para llegar hasta Beijin.
d. extendido más al oeste por la dinastía Manchú.

_____ **4.** La dinastía Manchú
a. animó a los Manchú a casarse con los chinos.
b. intentó conseguir más comercio con Europa.
c. creía que los europeos eran bárbaros.
d. dejó de usar los exámenes para los puestos de administración pública.

C. Comprueba los detalles:

Lee cada oración. Escribe H en el espacio en blanco si la oración es un hecho. Escribe O en el espacio si es una opinión. Recuerda que los hechos se pueden comprobar, pero las opiniones, no.

_____ 1. Durante la dinastía Ming, los conocimientos chinos de las matemáticas y las ciencias se quedaron atrás en comparación a los conocimientos europeos.

_____ 2. La arquitectura de los Ming fue la mejor de la historia china.

_____ 3. Hubo más corrupción en el gobierno Manchú que en toda la historia de China.

_____ 4. Las narrativas de Marco Polo despertaron el interés de los europeos por China.

_____ 5. La dinastía Ming destruyó todas las influencias de los mongoles en China.

_____ 6. La presión de los europeos por el comercio ayudó a debilitar el gobierno de los Manchú.

_____ 7. Los portugueses eran mejores comerciantes que los chinos.

_____ 8. El Gran Kan Kubilai era mejor soberano que Gengis Kan.

_____ 9. Los exámenes de la dinastía Ming atraían a personas más cultas al trabajo en la administración pública.

_____ 10. Las normas de los Manchú ayudaron a que los chinos permanecieran en una posición inferior.

D. Habilidad con la línea cronológica:

¿En qué período sucedió cada uno de los siguientes acontecimientos? Puedes mirar el texto y la línea cronológica de la página 33.

_____ 1. La dinastía Ming gobierna China

_____ 2. Los Manchú gobiernan China

_____ 3. El primer barco europeo llega a China

_____ 4. Los mongoles gobiernan China

_____ 5. Los japoneses tratan de invadir China y Corea

E. Piénsalo de nuevo:

Contesta cada una de las siguientes preguntas con tres o cuatro oraciones. Usa una hoja de papel en blanco.

1. ¿De qué manera ayudaron las actitudes de los soberanos Manchú a debilitar su dinastía?

2. ¿Merece la dinastía Ming ser llamada una dinastía "gloriosa"?

F. ¿Qué significa?

Escoge el mejor significado para cada una de las palabras en letras mayúsculas.

_____ **1.** MINORÍA
   a. la mitad
   b. más de la mitad
   c. menos de la mitad

_____ **2.** MAYORÍA
   a. la mitad
   b. más de la mitad
   c. menos de la mitad

_____ **3.** TECNOLOGÍA
   a. mejoras en el arte y la literatura
   b. el estudio de culturas antiguas
   c. las ciencias y los inventos empleados para propósitos útiles

_____ **4.** BÁRBARO
   a. una persona con poca o casi ninguna cultura
   b. una persona cuya cultura es mejor que la tuya
   c. una persona de otro país

_____ **5.** COLETA
   a. un estilo de cabello
   b. un estilo de ropa
   c. una forma de agricultura

G. Para comprender la historia mundial:

En la página 32 leíste sobre cuatro factores de la historia mundial. ¿Cuál de estos factores corresponde a cada afirmación de abajo? Llena el espacio en blanco con el número de la afirmación correcta de la página 32. Si no corresponde ningún factor, escribe NINGUNO.

_____ **1.** Las dinastías de los mongoles, los Ming y los Manchú contribuyeron al arte, la arquitectura y la literatura de China.

_____ **2.** El Kan Kubilai, soberano de Mongolia y China, comenzó la dinastía de los mongoles o Yuan.

_____ **3.** El budismo y el confucianismo siguen siendo importantes en China bajo la dinastía Manchú.

_____ **4.** Los europeos supieron de China y de la dinastía de los mongoles a través de Marco Polo. Empezaron a interesarse en el Asia.

_____ **5.** Los Manchú se apoderaron de China pero nunca adoptaron las costumbres chinas ni sus modos de vivir.

Capítulo 6

El imperialismo en China

Para comprender la historia mundial

Piensa en lo siguiente al leer sobre el imperialismo en China.

1. Los sucesos en una parte del mundo han influido en los desarrollos en otras partes del mundo.
2. Nuestra cultura influye en nuestra perspectiva de otras personas.
3. Las personas deben aprender a comprender y a apreciar las culturas que son diferentes de la suya.
4. La cultura del presente nace en el pasado.

El puerto de Shangai en la actualidad. La ciudad de Shangai llegó a ser un centro importante de comercio con el extranjero en el siglo XIX. Es uno de los grandes puertos marítimos del mundo además de ser la primera ciudad industrial de China.

Para aprender nuevos términos y palabras

En este capítulo se usan las siguientes palabras. Piensa en el significado de cada una.

esfera de influencia: el área en que un país adquiere el derecho de comerciar en otro país más débil y el de impedir que entren otros países. Generalmente, el país más fuerte tiene cierto grado de control sobre el gobierno también.

extraterritorialidad: un derecho especial que pueden tener los ciudadanos de un país extranjero. Se les juzga según las leyes y los tribunales de su propio país.

indemnizaciones: pagos hechos para compensar algunas acciones perjudiciales

Piénsalo mientras lees

1. ¿Cómo consideraban los soberanos Manchú a otras personas y a otros países?

2. ¿De qué forma influyó la debilidad de China en sus relaciones con otros países?

3. ¿De qué forma influyó el imperialismo europeo en el gobierno de China?

4. ¿Qué fue la rebelión de los Bóxers?

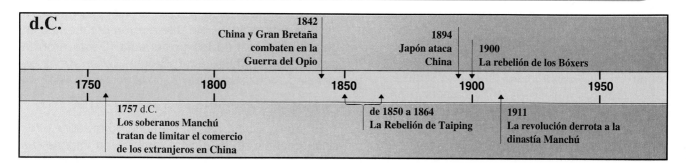

d.C.

| 1757 d.C. Los soberanos Manchú tratan de limitar el comercio de los extranjeros en China | 1842 China y Gran Bretaña combaten en la Guerra del Opio | de 1850 a 1864 La Rebelión de Taiping | 1894 Japón ataca China | 1900 La rebelión de los Bóxers | 1911 La revolución derrota a la dinastía Manchú |

1750   1800   1850   1900   1950

China: Un imperialismo diferente

El imperialismo en China era distinto del imperialismo en la India y en la mayoría de los otros países. Los países europeos nunca tuvieron colonias verdaderas en China. Hubo un fuerte gobierno central durante la mayor parte del tiempo que estuvieron los europeos allí. Los países europeos no construyeron escuelas ni ferrocarriles en China. Tampoco fundaron gobiernos dirigidos por los europeos.

Las esferas de influencia europeas

El imperialismo europeo en China sucedió mediante una **esfera de influencia.** Una esfera de influencia es un área en la que un país extranjero tiene el derecho de comercio. Por lo general, otros países no tienen el derecho de comercio dentro de esta esfera de influencia. A menudo, un país con una esfera de influencia participa en los planes políticos del otro país.

La historia del imperialismo europeo en China es una historia de esferas de influencia crecientes, no de establecimientos de colonias.

Los europeos en China trataban de conseguir tantos beneficios como pudieran para sí mismos.

También ayudaron a mantener a la dinastía gobernante en el poder. Los europeos pensaban que si no había un gobierno verdadero, ellos no podrían comerciar como quisieran. Muchas veces mandaron sus ejércitos para ayudar al gobierno chino a mantener control sobre sus súbditos.

Los primeros comerciantes europeos

Los europeos habían estado comprando productos chinos durante siglos. Generalmente, los europeos no viajaban hasta China para conseguir las mercancías. Las compraban mediante comerciantes árabes y persas. Era difícil para los europeos viajar a China por rutas terrestres. No eran bien acogidos en algunos países. Viajar era difícil y peligroso.

Los comerciantes europeos sabían que debían comerciar directamente con China. Así podrían ganar más dinero. Por esa razón, los portugueses buscaban una ruta a China por mar. La ruta por mar —aunque tuviera sus peligros— era más segura.

Los portugueses llegaron a China en el siglo XVI. La dinastía Ming aún gobernaba en aquel tiempo. Los españoles llegaron más tarde durante el siglo XVI.

Los barcos ingleses bombardean Guangzhu durante la Guerra del Opio. China fue vencida en esta guerra contra Gran Bretaña.

Los holandeses, los ingleses y los franceses llegaron a China en el siglo XVII. La dinastía Ming iba debilitándose. Los Manchú tomaron el poder en 1644.

Guangzhu, la ciudad comercial principal

En 1757 el gobierno Manchú declaró que todo el comercio con el extranjero tenía que realizarse en Guangzhu. Los ingleses querían comerciar en otros puertos. Mandaron a funcionarios para convencer a los soberanos de que cambiaran de idea. Los chinos dijeron que no.

Los chinos actuaron tal como habían actuado durante toda su historia. Ellos formaban el gran país en esta parte del Asia. Los extranjeros tenían que obedecer sus reglas.

El opio y la Guerra del Opio

Había muchas cosas que los europeos querían comprar a China. Entre estas cosas estaban la seda, el té y la porcelana. Además China tenía muchas materias primas que los europeos querían.

No había muchas cosas que los chinos quisieran comprarles a los europeos. Los chinos todavía pensaban que la mayor parte de lo que tenían era mejor que lo que tenían los otros países. Creían que los europeos eran bárbaros. Para el siglo XIX, los europeos habían empezado a creer que los chinos eran bárbaros.

Los ingleses descubrieron una cosa que los chinos sí querían. Era el opio, una droga a la que la gente se hacía adicta. En 1729, el gobierno chino promulgó una ley en contra de la entrada del opio en China. Los soberanos sabían que destruiría la salud de las personas y las empobrecería. No obstante, los ingleses seguían comprando el opio en la India y vendiéndolo cada vez más en China.

En 1839, un funcionario chino fue enviado a Guangzhu a investigar el problema del opio. Cuando llegó, encontró 20.000 baúles de opio. Los mandó a destruir. Los ingleses se enfurecieron porque habían destruido algo que les pertenecía. Declararon la guerra contra China. Gran Bretaña tenía armas de tecnología más avanzada. Ganó la guerra en 1842.

Los efectos de la Guerra del Opio

En 1842, China estuvo de acuerdo en abrir otros cinco puertos al comercio y también en imponer un arancel del 5% en todos los productos exportados e importados. Este arancel era bastante bajo. Además, China se puso de acuerdo en darle la ciudad y puerto de Hong Kong a Gran Bretaña.

Como otro resultado de la guerra, los europeos ganaron el derecho de **extraterritorialidad.** La extraterritorialidad significaba que un extranjero no podía ser juzgado por un tribunal chino. Ni siquiera podía ser juzgado por delitos que había cometido en China. Los extranjeros no tenían la obligación de obedecer las leyes de China. Los que violaron una ley fueron entregados a sus propios gobiernos para ser juzgados. Los chinos que perjudicados por un extranjero no podían hacer nada. Por supuesto, el orgullo de los chinos fue herido. Esto dejó a los chinos desamparados contra los criminales extranjeros. También hizo que los chinos sintieran resentimiento contra los extranjeros.

Más beneficios para los europeos

Francia, Alemania y Rusia rápidamente entraron en China. En 1860, una fuerza de barcos ingleses y franceses derrotaron a los chinos. Se apoderaron de la capital de Beijin y quemaron el palacio del emperador.

Entre 1858 y 1910, China perdió su control sobre Vietnam, Birmania y otros lugares en el sudeste de Asia. Al mismo tiempo, se abrieron más puertos chinos al comercio exterior. Alemania se apoderó de Chantung. Rusia recibió un contrato de arrendamiento para Liuta y se apoderó de Manchuria.

La rebelión de Taiping, de 1850 a 1864

Mientras tanto, un grupo de chinos en el sur de China empezaban a rebelarse contra los soberanos Manchú. Decían que los agricultores se empobrecían debido a los propietarios codiciosos y a la corrupción del gobierno. Llamaron a su rebelión "Taiping", que significa "la Gran Paz". La rebelión se extendió por el valle oriental del Yang-tse-kiang. El grupo de Taiping hasta fundó una capital en Nankín.

Con el tiempo, el movimiento de Taiping se fue desanimando. Los ingleses temían que si la dinastía Manchú se desintegraba, perderían su comercio. Ayudaron a los Manchú a luchar contra el grupo de Taiping. Juntos, reprimieron la rebelión de Taiping.

Se necesita un cambio

Después de perder la Guerra del Opio, los soberanos Chinos entendieron que necesitarían un ejército y una marina más modernos. Sería la única manera de impedir que los extranjeros obtuvieran cada vez más derechos que los chinos no querían cederles. Pero los soberanos Manchú no entendían que tendrían que cambiar sus ideas y la forma de gobernabar el país. Pensaban que podrían ser fuertes con un ejército moderno y tradiciones antiguas.

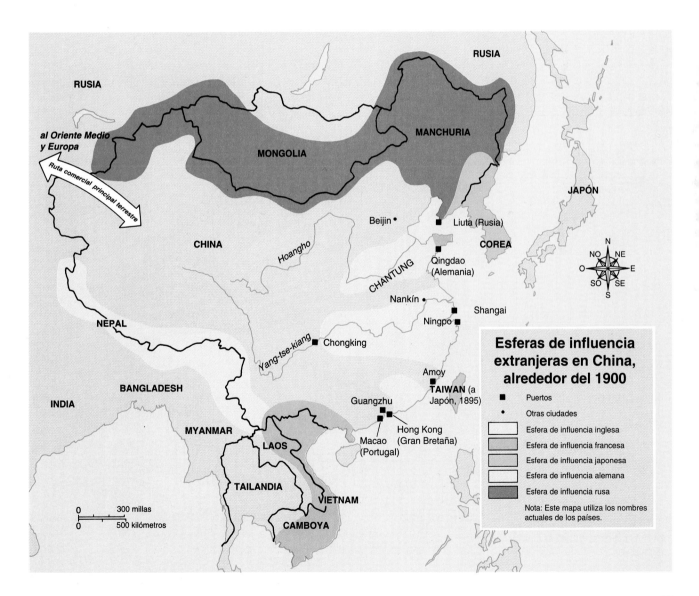

La guerra contra Japón

China empezó a tener problemas con su vecino asiático, Japón. Japón había creado un ejército y una marina modernos. Había cambiado muchas de sus ideas tradicionales. Quería hacerse moderno, lo cual significaba que quería hacerse un país imperialista.

Japón atacó a China en 1894. Para 1895, los japoneses habían derrotado a los chinos. Después de la guerra contra Japón, China tuvo que darle a Japón la isla de Taiwan. También tuvo que cederle independencia a Corea. En 1910 los japoneses se adueñaron de Corea. El prestigio y el poder de los Manchú estaban en su punto más bajo.

El plan de Libre Acceso

Ya que China se debilitaba, los países de Europa querían adueñarse de aún más tierras. Parecía que los países occidentales estaban por dividir a China en colonias.

Los Estados Unidos no tenía una esfera de influencia en China y no quería que China se dividiera en colonias. El ministro de relaciones exteriores de los Estados Unidos sugirió la política de Libre Acceso para China. Ésta quería decir que todos los países tendrían derechos de comercio iguales en China. El plan de Libre Acceso ganó la buena voluntad de los chinos hacia los Estados Unidos, pero no logró casi nada más. Sin embargo, China no se dividió en colonias.

La emperatriz Cixi

En 1861, el emperador Manchú murió. Su emperatriz, Cixi, gobernaba ahora como regente en vez de su hijo. Cuando su hijo murió, ella nombró a su sobrino emperador y gobernó como regente en su lugar. En 1898, ella empezó a gobernar en su propio nombre.

Cixi estaba en contra de tener una China moderna. Más que cualquier otra persona, ella mantenía a China tal como había sido por muchos años.

La emperatriz Cixi. Ella se oponía a los cambios en China. En secreto, Cixi apoyaba a los Bóxers contra los extranjeros.

Un "Bóxer". Los Bóxers querían expulsar a los extranjeros de China.

La rebelión de los Bóxers

En 1900, surgió un grupo de chinos que se oponían a los extranjeros. Una sociedad secreta dirigió la rebelión. Su nombre en chino significaba algo como "la sociedad de los puños armoniosos". Los otros países les llamaron los Bóxers. La emperatriz Cixi animó a los Bóxers. Esperaba que los Bóxers salvaran a China al acabar con las potencias extranjeras.

Los Bóxers atacaron los edificios en Beijin donde estaban los representantes de países extranjeros. Iniciaron una guerra contra los extranjeros.

Las fuerzas militares de 11 países, incluso la de los Estados Unidos, reprimieron la rebelión de los Bóxers. Después, los chinos tuvieron que pagarles **indemnizaciones** a los gobiernos extranjeros. Una indemnización es dinero que se paga para compensar un acto incorrecto. Los Estados Unidos usó su dinero de indemnización para crear un fondo para contribuir con la educación de estudiantes chinos que asistían a escuelas estadounidenses. Este uso del dinero ganó la buena voluntad de China hacia los Estados Unidos.

Se acaba el poder de los Manchú

A principios del siglo XX, China había sido dividida en esferas de influencia por los países imperialistas. Los imperialistas trataban a China como si fuera una colonia. Los soberanos Manchú no tenían casi poder. En ciertas partes de China no había un gobierno verdadero. Los jefes militares, quienes eran bandidos o generales, gobernaban en estas partes. El gobierno chino no tenía control en estos lugares.

El imperialismo había provocado en China la amargura y la vergüenza. Los chinos odiaban al emperador y al gobierno Manchú casi tanto como odiaban a los extranjeros.

En 1911, un médico chino, que había estudiado fuera de China, dirigió una revolución para acabar con la dinastía Manchú. El movimiento nacionalista del Dr. Sun Yat-sen puso fin al mando de los Manchú. A principios de 1912, los nacionalistas fundaron un nuevo gobierno. Éste era la República de China. Señaló el fin de los miles de años de dinastías.

Sun Yat-sen

Ejercicios

A. Busca las ideas principales:

Pon una marca al lado de las oraciones que expresan las ideas principales de lo que acabas de leer.

_____ **1.** China está en el sudeste de Asia.

_____ **2.** Los soberanos Manchú tenían que tratar con los imperialistas europeos en China.

_____ **3.** Los jefes militares se apoderaron de partes de China.

_____ **4.** El gobierno Manchú iba debilitándose cada vez más.

_____ **5.** China perdió su control sobre Corea.

B. ¿Qué leíste?

Escoge la respuesta que mejor complete cada oración. Escribe la letra de tu respuesta en el espacio en blanco.

_____ **1.** La idea de la política de Libre Acceso vino de
a. China.
b. los Estados Unidos.
c. Japón.
d. Rusia.

_____ **2.** La Guerra del Opio resultó en
a. una derrota para China.
b. más puertos abiertos al comercio extranjero en China.
c. que China le diera Hong Kong a Gran Bretaña.
d. todos los anteriores.

_____ **3.** Los soberanos Manchú se consideraban a sí mismos como
a. los líderes religiosos en Asia.
b. bárbaros.
c. tan buenos como otras personas.
d. superiores a otras personas.

_____ **4.** La rebelión de los Bóxers fue en contra de
a. los Manchú.
b. el plan de Libre Acceso.
c. todos los extranjeros en China.
d. las indemnizaciones.

C. Comprueba los detalles:

Lee cada afirmación. Escribe C en el espacio en blanco si la afirmación es cierta. Escribe F en el espacio si es falsa. Escribe N si no puedes averiguar en la lectura si es cierta o falsa.

_____ **1.** La mayoría de los funcionarios Manchú eran corruptos.

_____ **2.** China no tenía muchas materias primas.

_____ **3.** Los jefes militares gobernaban muchas partes de China.

_____ 4. La extraterritorialidad les dio derechos especiales a los extranjeros en China.

_____ 5. Los emperadores Manchú se hicieron más poderosos a principios del siglo XX.

_____ 6. Las esferas de influencia eran buenas para los países imperialistas.

_____ 7. Los ingleses trataron de acabar con el comercio del opio en China.

_____ 8. China derrotó a Japón en una guerra de 1894 hasta 1895.

D. Los significados de palabras:

Encuentra para cada palabra de la Columna A el significado correcto en la Columna B. Escribe la letra de cada respuesta en el espacio en blanco.

Columna A

_____ 1. extraterritorialidad

_____ 2. indemnizaciones

_____ 3. esfera de influencia

Columna B

a. pagos para compensar acciones perjudiciales

b. un área en que un país tiene derechos especiales pero no tiene colonias

c. el derecho de los extranjeros de ser juzgados en sus propios tribunales en vez de los del país en que están

d. la antipatía hacia los extranjeros

E. Para comprender la historia mundial:

En la página 40 leíste sobre cuatro factores de la historia mundial. ¿Cuál de estos factores corresponde a cada afirmación de abajo? Llena el espacio en blanco con el número de la afirmación correcta de la página 40. Si no corresponde ningún factor, escribe la palabra NINGUNO.

_____ 1. Cuando el gobierno Manchú se debilitó en el siglo XIX, pudieron ingresar las potencias imperialistas.

_____ 2. Los sentimientos nacionalistas del pueblo chino aumentaban a medida que los imperialistas asumían cada vez más poder.

_____ 3. Los soberanos Manchú se creían superiores a las demás personas y no estaban dispuestos a aceptar ideas nuevas.

_____ 4. Los imperialistas europeos pensaban que China era un lugar donde podían conseguir materias primas y vender sus productos elaborados.

Capítulo 7

Emperadores, shogunes e imperialistas en Japón

Para comprender la historia mundial

Piensa en lo siguiente al leer sobre los primeros soberanos de Japón.

1. La interacción entre pueblos y naciones lleva a cambios culturales.
2. Las naciones escogen lo que adoptan y adaptan de otras naciones.
3. La gente usa el medio ambiente para lograr objetivos económicos.
4. La cultura del presente nace en el pasado.

Esta puerta es parte de un gran templo sintoísta. El sintoísmo es la religión más vieja de Japón. Hoy en día, los japoneses visitan muchos de los templos sintoístas que se encuentran por todo Japón.

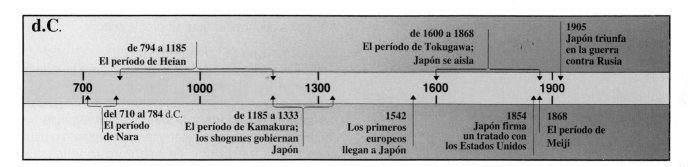

Los primeros japoneses

Los primeros pobladores de Japón fueron los ainu. Es probable que provinieran del continente asiático. Luego, después del 1000 a.C., más personas llegaron a Japón. Las personas nuevas probablemente vinieron de China, Corea, Manchuria, Malasia e Indonesia. Obligaron a los ainu a irse al norte. Las personas nuevas poblaron las islas sureñas de Japón.

Al principio, muchos aspectos de la cultura de Japón se parecían a los de las culturas de China y Corea. Después del 250 a.C., sin embargo, Japón tenía su propia cultura especial. El budismo llegó a Japón desde China en el 552 d.C. Los japoneses seguían esta nueva religión a su manera. Esto contribuyó a darle a la cultura japonesa una forma distinta de todas las otras culturas.

El emperador

Los japoneses creen que el primer emperador gobernó alrededor del 660 a.C. Se creía que la familia del emperador era descendiente del dios del Sol. En toda la historia japonesa, hubo una sola familia de emperadores, a diferencia de las dinastías cambiantes de la India y China. También es muy diferente de los países de Europa. Los japoneses creen que tener sólo una familia de emperadores los hace muy diferentes respecto de todos los otros países.

La Gran Reforma

Al principio, los emperadores japoneses no tenían mucho poder. Sólo gobernaban parte de Japón. Entonces, en el 645 d.C., un nuevo emperador inició una Gran Reforma. Ésta dio lugar a grandes cambios. El emperador empezó a controlar la tierra y los impuestos. Un nuevo código de leyes le dio más poder al emperador.

El período de Nara: del 710 al 784

En el 710 d.C., el emperador japonés construyó una ciudad capital en Nara. Adoptó la idea para una ciudad capital de la capital de los soberanos Tang de China. Ésta fue sólo una de las ideas que Japón adoptó de China.

Desde el siglo VI hasta el IX, Japón envió a miles de personas a China. Allí, los japoneses vieron por qué China era tan grande y poderosa. Los japoneses

Los templos budistas en Nara.

visitaron la corte Tang. Luego, cuando regresaron a Japón, llevaron consigo nuevas ideas y costumbres. Los japoneses empezaron a emplear el sistema de escritura chino. También adoptaron el modo de vestir de los chinos. Los japoneses adoptaron muchas ideas sobre el arte y el modo de vivir de los chinos.

Nara quedaba cerca de unos grandes templos budistas. El budismo fue muy importante durante el período de Nara. No obstante, muchos japoneses de mayor edad preferían el sintoísmo. El sintoísmo es la religión más vieja y tradicional de los japoneses. A ellos no les gustaba que la capital estuviera tan cerca de los templos budistas más importantes en Japón. No pasaron 100 años antes de que se trasladara la capital.

El período de Heian: del 794 al 1185

En el 794 d.C., el emperador construyó una nueva capital en Heian. Heian quedaba cerca de donde queda la ciudad de Kyoto en la actualidad. Esta época en la historia japonesa se llama el período de Heian.

Sucedieron algunos cambios importantes en Japón durante el período de Heian.

- Tanto el budismo como el sintoísmo llegaron a ser importantes en la vida japonesa. Los japoneses seguían las dos religiones y mezclaron sus ideas.
- Comenzó un sistema feudal de posesión de tierras. Los campesinos tenían pequeñas parcelas de tierra. Pagaban a los dueños aristócratas con parte de sus cosechas. Hacían los pagos por el derecho de usar la tierra.
- El poder de los **daimios,** o sea, de los aristócratas, aumentó. El poder del gobierno central disminuyó.
- Las personas empezaron a considerar al emperador como una figura religiosa y no como un líder del gobierno. La idea de que era descendiente

de un dios lo convertía en una figura de adoración.

Los cambios que sucedieron en China empezaron a influir en Japón. La dinastía Tang perdió su poder. Japón empezó a poner fin a sus vínculos con China y empezó a desarrollar más su propia cultura.

Kana, una nueva forma de escribir

Un ejemplo de los cambios en la cultura japonesa es la escritura kana. Al principio, los japoneses usaron la ideografía de los chinos. Cada caracter representaba una idea distinta. Luego, sucedió un cambio. Cada vez más japoneses comenzaron a usar kana. Kana es un tipo de escritura fonética. La escritura representa sonidos en vez de ideas. Al principio, las mujeres japonesas usaron la escritura kana. Durante el período de Heian, kana empezó a reemplazar la forma de escribir de los chinos.

La familia Fujiwara llega al poder

Durante el período de Heian, muchos aristócratas tuvieron más poder real que el emperador. Desde el siglo IX hasta el XII, sólo una familia gobernó a Japón: la familia Fujiwara. Muchos hijos de los Fujiwara se casaron con miembros de la familia del emperador. Muchas hijas de los Fujiwara llegaron a ser emperatrices. El emperador todavía se consideraba el soberano de Japón. Los Fujiwara, sin embargo, gobernaban gracias a que disponían de muchos nobles que les servían como **samurai.** Los samurai eran guerreros. Se parecían un poco a los caballeros feudales de la Europa medieval.

Para mediados del siglo X, la familia Fujiwara empezó a perder su poder. El gobierno central no pudo mantener la paz. Los samurai locales empezaron a luchar para los dueños de tierras locales. Luego los daimios lucharon contra otros daimios por el poder.

La ascendencia de los shogunes

Por muchos años durante los siglos XI y XII, hubo guerras feudales en Japón. Para fines del siglo XII, una familia salió victoriosa sobre las otras. La familia Minamoto llegó al poder en Japón. El líder de esa familia tomó el título de **shogún.** Shogún es un título militar. Significa el jefe militar o el general principal. Por más de 600 años, Japón fue gobernado por los líderes militares llamados shogunes.

Cuando los shogunes empezaron a gobernar, el emperador y su corte se quedaron en Kyoto. Los shogunes fundaron su propia capital. Así resultó que había dos capitales. Una era la ciudad del emperador y la otra era la ciudad del shogún gobernante.

El período de Kamakura, de 1185 a 1333

La familia Minamoto estableció su capital en Kamakura. El tiempo en que gobernó se conoce como el período de Kamakura.

Yoritomo fue el primer shogún. Se le ve aquí recibiendo el título de shogún. Fíjate en la armadura del samurai en la ilustración.

Los samurai y el bushido

El período de Kamakura es el primer período en que gobernaron los shogunes. Ya que era un gobierno militar, los guerreros, o samurai, tenían prestigio especial. Como los caballeros de Europa medieval, los samurai tenían su propio código de honor. Este código de honor se llamaba **bushido.** Los samurai tenían que ser fieles a su patrón. Sobre todo, estimaban la honra.

Japón durante el período de Kamakura

Los shogunes de Minamoto fundaron un gobierno central. Les dieron a sus seguidores leales tierras en las partes del país en que los Minamoto querían tener amigos. El comercio con otros países aumentó. La pintura, el arte y la poesía llegaron a ser importantes. Las artes se hacían muy importantes en la corte de Kyoto.

El nivel social de las mujeres japonesas mejoró. Ellas tenían más derechos que los que tendrían las mujeres europeas durante los próximos 500 años.

Invasiones mongoles

El líder mongol, Gran Kan Kubilai, ganaba control sobre China en el siglo XIII. También quería Japón. Al principio, el Kan Kubilai envió a unos embajadores a Japón y exigió que los japoneses se sometieran a su poder. Los japoneses se lo negaron.

Entonces, él envió barcos para atacar Japón. Los primeros barcos fueron enviados en 1274. Un **tifón,** o sea, una tormenta muy fuerte, destruyó la mayoría de los barcos mongoles. Los mongoles lo intentaron de nuevo. En 1281, los mongoles enviaron casi 4.000 barcos para atacar Japón. Los japoneses comenzaron a armarse para la lucha. Esta vez, un tifón aún más fuerte destruyó los barcos mongoles. Al tifón, los japoneses le llamaron *kamikaze,* que significa "viento divino". Los japoneses creían que sus dioses habían enviado los tifones para protegerlos contra la invasión.

El fin del período de Kamakura

Los japoneses ahora estaban a salvo de los mongoles. Sin embargo, tenían problemas debido al intento de invasión. Los japoneses habían gastado mucho dinero para armarse contra los mongoles. Se habían fortalecido barcos y pueblos. Los guerreros tenían que tener armas y armadura. El gobierno ya tenía problemas económicos.

Los problemas de dinero fueron una razón por la cual el período de Kamakura terminó. El gobierno del shogún se desintegró en 1333. El gobierno central perdió control. Estallaron guerras locales.

Los shogunes de Ashikaga: de 1338 a 1597

Una nueva familia de shogunes tomó el poder en 1338. Ellos eran los shogunes de Ashikaga. Hasta cierto punto, restauraron el orden en el país. Trasladaron la capital a Kyoto, donde el emperador tenía su capital.

Los shogunes de Ashikaga nunca tuvieron tanto poder como la familia Minamoto. Sin embargo, sí tuvieron más poder para gobernar que cualquier otra persona durante esta época.

Llegan los europeos

En 1542 durante el shogunado de los Ashikaga, llegaron los primeros barcos europeos. Vinieron desde Portugal. Los portugueses trajeron a misioneros cristianos. También trajeron muchas ideas nuevas.

Al poco tiempo los portugueses les enseñaron a los japoneses sobre las armas. Los fusiles y otras armas pronto hicieron que los samurai con sus espadas parecieran anticuados.

Un ataque en Corea y China

Durante esta época, los aristócratas armados devolvieron al emperador una parte de su poder. Los japoneses tenían armas nuevas y nuevos sentimientos de poder. En la década de 1590, Japón decidió apoderarse de Corea y China. Los chinos, con la ayuda de los coreanos, lograron derrotar a los invasores japoneses. Poco después, la familia Tokugawa comenzó su dinastía de shogunes en Japón.

El período de los Tokugawa, de 1600 a 1868

Japón necesitaba nuevos gobernantes. Al poco tiempo los encontró en los shogunes de los Tokugawa. Los Tokugawa fundaron su nueva capital en Edo, que se llama Tokio en la actualidad.

Los Tokugawa abandonaron la idea de invadir China. En cambio, se concentraron en establecer un gobierno fuerte. Tomaron los siguientes pasos para hacerlo. El primer shogún de los Tokugawa dijo que los aristócratas tenían que asistir a la corte cuando ésta estaba en sesión. Ningún daimio podía construir un palacio nuevo ni fortalecer a sus ejércitos sin permiso. Cada daimio tenía que mantener un hogar en Edo. Al salir de Edo, tenía que dejar atrás a alguien que sirviera de rehén (persona detenida por otra persona o por un grupo de personas hasta que ciertas demandas sean cumplidas).

Estas reglas sirvieron para asegurar que ninguna persona o ningún grupo pudiera apoderarse de Japón.

El aislamiento bajo los Tokugawa

Los shogunes de los Tokugawa optaron por un plan de **aislamiento.** Aislamiento significa mantenerse aparte de los otros países.

Todos los puertos japoneses se cerraron a los barcos extranjeros. Se promulgaron límites sobre los derechos de los barcos chinos de comerciar en Japón. Durante esta época, Japón construyó barcos más grandes y mejores. Estos barcos navegaron a China y las Filipinas para comerciar. Mientras los japoneses comerciaban fuera de Japón, casi ningún otro país tenía permiso para comerciar en Japón.

Los shogunes de los Tokugawa pusieron fin al comercio extranjero en Japón. Sólo en el puerto de Nagasaki se permitía el comercio limitado con el extranjero.

Antes se había permitido el cristianismo en Japón. Bajo los shogunes de los Ashikaga, muchos japoneses llegaron a ser cristianos. Bajo los Tokugawa, sin embargo, el cristianismo fue prohibido legalmente. Mandaron a los misioneros a dejar el país.

Japón quedó cerrado a los extranjeros hasta la década de 1850. En aquella época, un estadounidense logró un gran cambio.

El comodoro Perry llega a Japón

En 1853, un oficial marino estadounidense navegó a lo que hoy se llama la bahía de Tokio. El comodoro Matthew C. Perry había llegado a Japón. Vino con cuatro barcos grandes y una carta del presidente de los Estados Unidos. Los japoneses le dijeron que tendría que irse a Nagasaki porque éste era el único puerto para los barcos extranjeros. Perry se negó a irse de la bahía de Tokio. Era difícil para los japoneses discutir con Perry, porque éste tenía barcos grandes y cañones.

Perry le exigió algunas cosas a Japón. Quería que Japón se pusiera de acuerdo en tratar bien a los marineros estadounidenses naufragados. Quería que los Estados Unidos tuviera acceso a más puertos.

Japón y los Estados Unidos firman un tratado

El comodoro Perry salió de Japón y regresó en 1854 con más barcos. Japón estuvo de acuerdo en firmar un tratado con los Estados Unidos. A los barcos estadounidenses les dieron acceso a más puertos. A los marineros estadounidenses se les trataría bien. Se permitiría el comercio. El tratado que firmó Japón fue un tratado desigual. Es decir, los Estados Unidos recibió más que Japón. El aislamiento japonés se acabó.

Los funcionarios japoneses, a la derecha, se reúnen con el comodoro Perry.

La época de Meiji

El gobierno feudal de los shogunes no funcionó bien en el mundo moderno. En 1868, Japón limitó el poder de los shogunes y de los samurai. De nuevo, el emperador se encargó de dirigir el gobierno japonés.

Este período en la historia japonesa se llama la época de Meiji. El joven emperador cambió el gobierno japonés. Meiji significa "la paz esclarecida". El nombre no era muy apto. Los cambios no condujeron a la paz. Sin embargo, condujeron a un Japón más fuerte y moderno.

Japón y el imperialismo

Por un tiempo, parecía que Japón sería otro país asiático del cual los imperialistas se apoderarían. Al principio, Japón tenía que darles más a los países occidentales de lo que recibía de ellos.

Sin embargo, no lograron apoderarse de Japón. En menos de 50 años bajo el gobierno de Meiji, Japón hizo algunos cambios asombrosos.

- Puso fin al feudalismo y a los siervos. Muchos agricultores se hicieron dueños de sus propias parcelas de tierra.
- Redactó su propia constitución. El emperador siguió gobernando. La constitución, sin embargo,

permitía que hubiera algunos representantes de los nobles y representantes elegidos.
- Estableció escuelas públicas. Casi todo el mundo aprendió a leer.
- Formó un ejército y una marina fuertes y modernos.
- Fundó industrias modernas. Japón llegó a ser una de las potencias industriales del mundo.

Japón se convierte en nación imperialista

En el siglo XX, Japón hizo lo que había hecho durante la dinastía Tang en China. Estudió las naciones fuertes para aprender cómo lograron tener éxito. Luego, Japón puso en práctica lo que había aprendido.

Japón se convirtió en una nación industrial. Con un espíritu de nacionalismo, los japoneses estaban orgullosos de su país. Japón empezó a seguir el mismo camino que las otras naciones industriales. Se convirtió en una nación imperialista.

Japón no tenía muchas de las materias primas que sus industrias requerían. Si compraba estas materias, tendría que depender mucho de otras naciones. Notó que los países asiáticos cercanos tenían muchas materias primas que Japón requería. Decidió apoderarse de estos países. Primero, Japón debía derrotar a los países que impidieran el imperialismo japonés.

La guerra contra China

Desde 1894 hasta 1895, Japón usó sus fuerzas militares para derrotar a China. Esa victoria permitió que Japón se adueñara de Taiwan. También obligó a China a darle Corea a Japón. Al principio, Corea simplemente estaba en la esfera de influencia de Japón. En 1910, Japón se apoderó de Corea.

La guerra contra Rusia

Luego el poder militar creciente de Japón se mostró en una guerra contra Rusia. Japón asombró al mundo en 1904 y 1905 al ganar victorias contra Rusia. El tratado que puso fin a la guerra le dio a Ja-pón la posesión de tierras en China por un determinado período. Japón también adquirió esferas de influencia que antes habían pertenecido a Rusia.

Un país asiático imperialista

Para 1910, Japón se había convertido en uno de los países imperialistas principales del mundo. Se adueñó de Liuta en China. Tenía una esfera de influencia en Manchuria. Cada vez más los japoneses empezaron a considerar a China y al sudeste de Asia como su área de interés especial.

En aproximadamente 50 años, Japón se convirtió en una de las más grandes potencias imperialistas.

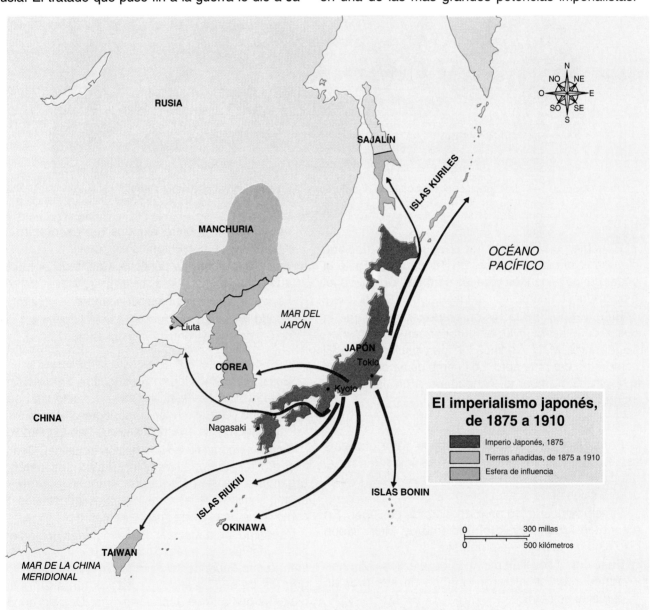

El imperialismo japonés, de 1875 a 1910

- Imperio Japonés, 1875
- Tierras añadidas, de 1875 a 1910
- Esfera de influencia

Ejercicios

A. Busca las ideas principales:

Pon una marca al lado de las oraciones que expresan las ideas principales de lo que acabas de leer.

_____ **1.** Los portugueses llegaron a Japón.

_____ **2.** El sintoísmo es la religión tradicional de Japón.

_____ **3.** La cultura japonesa adoptó mucho de la cultura china.

_____ **4.** Japón desarrolló su propia cultura.

_____ **5.** Los guerreros japoneses se llamaban samurai.

_____ **6.** Japón fundó industrias y llegó a ser un país imperialista.

B. ¿Qué leíste?

Escoge la respuesta que mejor complete cada oración. Escribe la letra de tu respuesta en el espacio en blanco.

_____ **1.** Un shogún era un
- **a.** emperador.
- **b.** empleado del gobierno.
- **c.** líder militar.
- **d.** funcionario elegido.

_____ **2.** Los primeros pobladores llegaron a Japón desde
- **a.** la India y China.
- **b.** Corea y China.
- **c.** Malasia y la India.
- **d.** Manchuria y África.

_____ **3.** Los esfuerzos de los mongoles por invadir Japón fracasaron debido a
- **a.** los generales japoneses hábiles.
- **b.** los tifones.
- **c.** la caída de la dinastía Tang.
- **d.** todo lo anterior.

_____ **4.** La religión budista
- **a.** se originó en Japón.
- **b.** llegó a Japón directamente de la India.
- **c.** hacía que los japoneses dejaran de creer en el sintoísmo.
- **d.** llegó a Japón desde China y Corea.

_____ **5.** Algo que es extraordinario acerca del gobierno de Japón y que no ocurrió en ningún otro país asiático es que
- **a.** fue gobernado por líderes militares.
- **b.** tuvo un emperador.
- **c.** hubo soberanos que eran mujeres.
- **d.** hubo una sola familia de emperadores en su historia.

_____ **6.** Japón no llegó a ser una colonia de un país occidental porque
- **a.** llegó a ser un país imperialista.
- **b.** Japón no tenía nada que los países occidentales quisieran.
- **c.** los occidentales no viajaron a Japón.
- **d.** Japón tenía suficientes materias primas para todas sus necesidades.

C. Para repasar la lectura:

Escribe la palabra o el término que mejor complete cada una de las siguientes oraciones.

ainu	Japón	poder	shogunes
derrotados	Corea	religión	impuestos
emperador	tierras	sintoísmo	comercio

1. Los esfuerzos de Japón por invadir China durante el período de Ashikaga fueron _____ por China con la ayuda de _____.

2. El comodoro Perry abrió a Japón al _____ con los Estados Unidos.

3. Los _____ eran las primeras personas que vivieron en _____.

4. La Gran Reforma le dio al _____ el control sobre las _____ y los _____.

5. La _____ más vieja y más tradicional de Japón era el _____.

6. Los _____ tuvieron el _____, en lugar del emperador, durante un largo período de la historia de Japón.

D. Habilidad con la línea cronológica:

¿En qué período sucedió cada uno de los siguientes acontecimientos? Puedes mirar la línea cronológica de la página 49.

_____ 1. Los primeros europeos llegan a Japón.

_____ 2. Nara es la capital de Japón durante esta época.

_____ 3. Los japoneses derrotan a Rusia.

_____ 4. Los Estados Unidos hace que Japón se abra a comerciar con el extranjero.

_____ 5. Los shogunes de los Tokugawa aislan a Japón.

E. Comprueba los detalles:

Lee cada afirmación. Escribe C en el espacio en blanco si la afirmación es cierta. Escribe F en el espacio si es falsa. Escribe N si no puedes averiguar en la lectura si es cierta o falsa.

_____ 1. Los chinos y los coreanos ejercían mucha influencia en el Japón antiguo.

_____ 2. Los emperadores de Japón siempre fueron muy poderosos.

_____ 3. Los soberanos del período de Heian querían difundir el budismo y acabar con el sintoísmo.

_____ 4. La escritura kana fue usada primero por las mujeres japonesas.

_____ 5. Los samurai eran importantes funcionarios de la administración pública.

_____ 6. Los *kamikaze* eran soberanos de Japón.

_____ 7. Los regalos que el comodoro Perry les llevó a los japoneses les hicieron darse cuenta de que estaban atrasados en cuanto a la tecnología.

_____ **8.** Los shogunes de los Tokugawa insistieron en que Japón se hiciera más moderno.

_____ **9.** La época de Meiji devolvió el poder al emperador.

_____ **10.** Los portugueses llevaron el cristianismo a Japón.

F. Detrás de los titulares:

Detrás de cada titular hay una historia. Escribe dos o tres oraciones que respaldan o cuentan sobre cada uno de los siguientes titulares. Usa una hoja de papel en blanco.

JAPÓN CERRADO A LOS EXTRANJEROS   GENERAL NOMBRADO PARA GOBERNAR

LA NATURALEZA GANA UNA BATALLA PARA JAPÓN   JAPÓN FIRMA TRATADOS DE COMERCIO

G. Los significados de palabras:

Encuentra para cada palabra de la Columna A el significado correcto en la Columna B. Escribe la letra de cada respuesta en el espacio en blanco.

Columna A	Columna B
_____ **1.** shogún	**a.** guerrero o caballero japonés
_____ **2.** bushido	**b.** una tormenta fuerte en el mar
_____ **3.** daimio	**c.** la creencia de que tu país es el mejor
_____ **4.** samurai	**d.** el código de honor de los guerreros japoneses
_____ **5.** aislamiento	**e.** un aristócrata feudal japonés
_____ **6.** tifón	**f.** un líder militar de Japón
	g. mantener a su país aparte de los otros países

H. Para comprender la historia mundial:

En la página 48 leíste sobre cuatro factores de la historia mundial. ¿Cuál de estos factores corresponde a cada afirmación de abajo? Llena el espacio en blanco con el número de la afirmación correcta de la página 48. Si no corresponde ningún factor, escribe la palabra NINGUNO.

_____ **1.** En Japón se desarrolló un sistema feudal de posesión de tierras.

_____ **2.** El budismo llegó a Japón desde China. Luego, se mezcló con el sintoísmo de Japón.

_____ **3.** Japón mantenía estrecho contacto con China en los tiempos antiguos. La influencia china era muy fuerte.

_____ **4.** Durante el período de Heian, comenzó el desarrollo y crecimiento de una cultura japonesa especial.

Capítulo 8

Influencias chinas, indias y europeas en el sudeste de Asia

Para comprender la historia mundial

Piensa en lo siguiente al leer sobre el sudeste de Asia.

1. Los países adoptan y adaptan ideas e instituciones de otros países.
2. La interacción entre pueblos y naciones conduce a cambios culturales.
3. Los sucesos en una parte del mundo han influido en los desarrollos en otras partes del mundo.
4. La ubicación, la topografía y los recursos afectan la interacción entre las personas.

Indonesia es uno de los principales países isleños del sudeste de Asia. Estos son campos de arroz en Bali, una de las 13.600 islas que constituyen Indonesia.

Para aprender nuevos términos y palabras

En este capítulo se usan las siguientes palabras. Piensa en el significado de cada una.

provincia: una parte de un país
monzón: un viento en la región del sudeste de Asia; sopla en una dirección en el verano y en otra dirección en el invierno

Piénsalo mientras lees

1. ¿Qué partes del sudeste de Asia recibieron mucha influencia de China?
2. ¿Qué partes del sudeste de Asia recibieron mucha influencia de la India?
3. ¿Qué países occidentales tenían colonias en el sudeste de Asia? ¿Dónde se encontraban estas colonias?

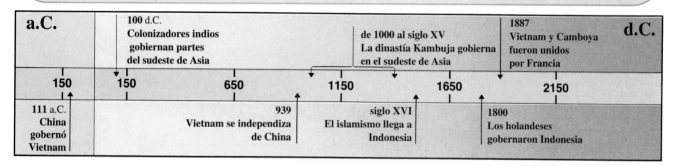

Línea de tiempo:

a.C. | **d.C.**

100 d.C. Colonizadores indios gobiernan partes del sudeste de Asia

de 1000 al siglo XV La dinastía Kambuja gobierna en el sudeste de Asia

1887 Vietnam y Camboya fueron unidos por Francia

150 — 150 — 650 — 1150 — 1650 — 2150

111 a.C. China gobernó Vietnam

939 Vietnam se independiza de China

siglo XVI El islamismo llega a Indonesia

1800 Los holandeses gobernaron Indonesia

¿Dónde queda el sudeste de Asia?

Cuando miras un mapa de Asia, puedes ver los dos países grandes de China y la India. Ubicados entre China y la India hay algunos países pequeños. También se encuentran algunas islas cerca del continente asiático. Los países del continente y las islas que se encuentran cerca del continente son las tierras del sudeste de Asia.

En la parte continental del sudeste de Asia se encuentran los países actuales de Myanmar (Birmania), Laos, Tailandia, Malasia, Camboya, Singapur y Vietnam. Los países isleños principales del sudeste de Asia son Indonesia, las Filipinas y Papuasia-Nueva Guinea.

Un cruce de caminos en el mundo

El sudeste de Asia es una de los cruces de caminos del mundo. Un cruce de caminos es un área que vincula dos o más lugares. El sudeste de Asia es un cruce de caminos que vincula la India, China y los países del océano Pacífico. Una gran cantidad de tráfico oceánico pasa por este cruce importante.

El pueblo del sudeste de Asia

Los primeros pueblos llegaron al sudeste de Asia hace más de 12.000 años. Es probable que provinieran del norte. Ellos estaban emparentados con los pueblos del Asia central. Más tarde, otros grupos se trasladaron al área.

Los malayos formaban un grupo que se trasladó al sudeste de Asia. Vinieron del Asia central y del norte alrededor del 2000 a.C. Los malayos poblaron la costa y las islas cercanas. Trajeron su propio sistema de cultivar el arroz. También aportaron sus habilidades en navegación. En los años siguientes, los marineros malayos navegaron a la India y a la costa oriental de África.

Otros grupos de personas poblaron partes del sudeste de Asia.

- Un grupo conocido como los *negritos* pobló lo que hoy se llama Malasia y las Filipinas. Los científicos creen que en algún tiempo algunas de las áreas oceánicas estuvieron vinculadas por tierra. Es probable que los *negritos* llegaran a las Filipinas por tierra.

- Los mones se trasladaron de China hasta las áreas del delta del río Mekong y de Myanmar.

- El pueblo kmer se trasladó desde el norte hasta la región cerca de Laos. Después se trasladó a Camboya.

- Los vietnamitas se trasladaron del sur de China hasta el sudeste de Asia.

Cómo influyeron China y la India en el sudeste de Asia

En algunas épocas de la historia, la India se extendió aún más al este que en la actualidad. Hubo momentos en que se extendió hasta algunas de las

Barcazas en el río Mekong en el siglo XIX. El río Mekong corre hacia el sur, desde China hasta Laos, Camboya y Vietnam. Es uno de los grandes ríos del sudeste de Asia.

tierras del sudeste de Asia. China, también, se extendía más al sur que en la actualidad, aun hasta partes del sudeste de Asia.

En otras épocas, las tierras del sudeste de Asia no formaban parte, en realidad, ni de la India ni de China. Eran protectorados. Algunas áreas eran controladas por la India o China durante períodos determinados.

China y la India influyeron en el sudeste de Asia de otras formas también. A veces pueblos de China y la India se trasladaron a las tierras del sudeste de Asia. Llevaron consigo algunas de las costumbres y las ideas de los países que habían dejado.

China y Vietnam

China influyó mucho en el área que hoy se llama Vietnam. Sabemos de la historia antigua de Vietnam mediante los cuentos que los vietnamitas han repetido oralmente de una generación a otra.

Según estos cuentos, los vietnamitas tenían su propio reino en el sur de China en tiempos antiguos. Ese reino terminó en el 333 a.C. Luego, los vietnamitas se trasladaron al sur. Vivieron bajo el dominio chino hasta la caída de la dinastía Tsin en el 207 a.C. Después, hubo otro reino vietnamita durante un tiempo.

Vietnam durante las dinastías Han y Tang

En el 111 a.C. los soberanos Han dominaron a los vietnamitas. Desde aquel entonces, existen registros por escrito de la historia de Vietnam. Los chinos convirtieron en una **provincia** china aparte de lo que hoy se conoce por el norte de Vietnam. Una provincia es una parte de un país. Más tarde, China gobernaba el área aún más directamente.

La lengua de China llegó a ser la base de la primera lengua de Vietnam. La cultura china también influyó en Vietnam. Los vietnamitas mostraban gran respeto a las influencias chinas, indias y europeas en el sudeste de Asia. También odiaban y temían al gobierno chino. Surgió una relación de amor y odio entre Vietnam y China. Algunos de esos sentimientos han perdurado hasta la actualidad.

Vietnam se gobierna a sí mismo y a otros

Cuando la dinastía Tang cayó, los vietnamitas se independizaron del gobierno chino. Esto sucedió en el 939 d.C. Durante los 900 años siguientes, la parte del norte de Vietnam fue gobernada por sus propias dinastías. Este área del norte de Vietnam empezó a apoderarse de los reinos del sur. También se apoderó de la parte sureña de Camboya.

Los vietnamitas pusieron a sus tierras el nombre de Dai-Viet que quiere decir "Viet Mayor". Conservaron este nombre hasta el siglo XIX. Después de esa época, el nombre cambió a Vietnam.

La gente del sur de lo que hoy es Vietnam era diferente de los vietnamitas. Muchos de ellos pertenecían a un pueblo llamado Champa. Los vietnamitas empezaron a apoderarse del pueblo Champa en el siglo X d.C. Este pueblo odiaba y temía a los vietnamitas. Los sentimientos de odio y temor nacieron durante la época de Dai-Viet. Algunos de estos sentimientos han perdurado hasta la actualidad.

La India y el sudeste de Asia

La mayor parte del contacto de los chinos con el sudeste de Asia era por tierra. La India hacía sus contactos por mar. Los marineros y comerciantes que vivían en las costas sureñas y orientales de la India navegaron al sudeste de Asia.

Las personas y las ideas indias viajan

La India y la mayor parte del sudeste de Asia tienen **monzones.** Los monzones son vientos que soplan en una dirección en el verano y en otra dirección en el invierno. Los marineros y los comerciantes usaban los monzones que soplan a través del océano Índico para llegar al sudeste de Asia. También usaban los monzones para volver a casa.

Los viajeros indios empezaron a influir en las áreas occidentales de la parte continental del sudeste de Asia. Se fundaron colonias indias también en el sudeste de Asia.

Para el 100 d.C., los colonos indios gobernaron varios reinos en el sudeste de Asia. Uno de estos era el reino Champa en el sur de Vietnam. Como ya sabes, los vietnamitas empezaron a apoderarse del reino Champa en el siglo X d.C.

La dinastía Kambuja del pueblo khmer

La dinastía Kambuja gobernó la mayor parte del resto de la parte continental del sudeste de Asia desde el 1000 d.C. hasta el siglo XV. Los kmeres eran el pueblo que vivía en este reino.

Los khmeres fueron muy influenciados por las religiones y la cultura de la India. La dinastía Kambuja construyó la capital de Angkor Thom en Camboya. Los famosos edificios del templo de Angkor Wat están en Angkor Thom. En ellos se ve la influencia de la India.

La península de Malaya y las islas cercanas

Se encontraron otras influencias indias en la península de Malaya. También se las encontró en algunas de las islas de lo que hoy se conoce por Indonesia. Los comerciantes indios y los monjes budistas e hindúes llevaron consigo la cultura india. Había reinos en estas áreas que estaban vinculados a la India aunque no formaban parte de la India.

A finales del siglo XIII, había un gran reino hindú en la isla de Java. En alguna época este reino controló gran parte de las islas indonesias y la península de Malaya.

Las religiones del sudeste de Asia

Entre las culturas que viajaron a través del sudeste de Asia había varias religiones. El budismo se originó en la India. Luego se difundió por China. Para el 500 d.C., se había expandido hasta el sudeste de Asia. Otra religión india, el hinduísmo, también se difundió en muchas partes del sudeste de Asia.

Para el siglo XVI, los comerciantes árabes llevaron su religión de islámica a la mayor parte de Indonesia. A partir de entonces, la mayoría de las personas de Indonesia fueron musulmanas. Una excepción es la isla de Bali. La gente de Bali permaneció siendo hindú.

El cristianismo no llegó al sudeste de Asia hasta el arribo de los exploradores y comerciantes europeos. Primero los portugueses y luego los españoles llevaron el catolicismo romano. Los ingleses y los holandeses llevaron la fe protestante al sudeste de Asia. Las Filipinas son el único país en el sudeste de Asia que es principalmente cristiano. En otras partes, el cristianismo es la religión de una minoría de los asiáticos.

Los europeos en el sudeste de Asia

Los europeos comenzaron a comerciar en el sudeste de Asia en el siglo XVI. Los primeros comerciantes europeos fueron los portugueses y los holandeses. Los portugueses fueron los primeros en fundar factorías para el comercio de especias. Los holandeses llegaron a fines del siglo XVI. A éstos les siguieron los ingleses a principios del siglo XVII.

Indonesia: Después de un tiempo, los holandeses obligaron a los portugueses a salir de la mayor parte de Indonesia. La Compañía Holandesa de las Indias se apoderó del comercio. Para el siglo XIX, el gobierno holandés se había apoderado de Indonesia.

Las Filipinas: Los españoles fueron los primeros en llegar a las Filipinas. Los barcos que Magallanes navegó alrededor del mundo (de 1519 a 1522) llegaron a las Filipinas. Para 1564, España se había apoderado de la mayor parte de las Filipinas.

Malasia: Los portugueses se apoderaron de Malaca en la península de Malaya en 1511. Luego, los comerciantes holandeses se apoderaron de ella. Por último, a principios del siglo XIX, los ingleses se apoderaron de las tierras que se llamaban Malaya.

Esta región era muy importante. El Estrecho de Malaca es una de las vías navegables más importantes del mundo (ver el mapa de abajo). El país que controlara el estrecho y las otras vías navegables cercanas podría controlar la mayor parte del comercio en el sudeste de Asia.

El imperialismo en el siglo XIX

La competencia por las colonias culminó en el siglo XIX. El gobierno Manchú en China había gobernado gran parte de la parte continental del sudeste de Asia. A medida que este gobierno se debilitaba, los países europeos iban ganando más control en el continente.

En el sudeste de Asia había muchas materias primas que los países industrializados requerían. La gran población del sudeste de Asia sería un mercado para los productos elaborados. Era exactamente lo que querían los países imperialistas: un lugar para conseguir materias primas y vender sus productos.

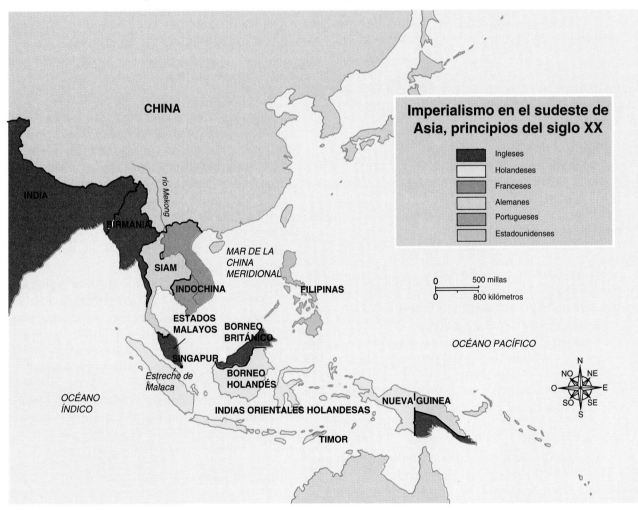

Imperialismo en el sudeste de Asia, principios del siglo XX

Ingleses
Holandeses
Franceses
Alemanes
Portugueses
Estadounidenses

Los ingleses en Birmania (ahora Myanmar): Gran Bretaña y Francia llegaron a ser los líderes imperialistas en el sudeste de Asia. Los ingleses se apoderaron de Birmania entre 1824 y 1826. Para 1885, ellos se apoderaron de la parte sureña. Los ingleses convirtieron a Birmania en parte de la India británica.

Los franceses en Indochina: Los franceses tomaron las tierras que se llamaban Indochina. Este territorio abarcaba lo que hoy es Vietnam, Laos y Camboya. La parte sur de Vietnam se convirtió en colonia francesa. Las otras partes eran protectorados gobernados por soberanos nativos a quienes los franceses controlaban. En 1887, Francia unió a Vietnam y Camboya. Y en 1893, Laos pasó al control de los franceses. Para entonces, toda la región se llamaba la Indochina Francesa.

Las Filipinas: Los españoles gobernaron las Filipinas desde mediados del siglo XVI hasta finales del siglo XIX. En 1896, los filipinos lucharon contra los españoles para ganar su libertad. Los Estados Unidos envió ayuda para los que luchaban por la libertad.

En 1898, España y los Estados Unidos lucharon en la guerra hispano-norteamericana. Cuando terminó, España fue vencida y los Estados Unidos ganó las Filipinas.

A principios del siglo XX, los Estados Unidos empezó a preparar a las Filipinas para su libertad. No todos los estadounidenses estaban de acuerdo en que las Filipinas fueran libres. Algunos querían muchas colonias. Otros creían que debían ser libres.

Aunque a las Filipinas se les prometió libertad, ésta no llegó muy rápidamente.

Papuasia-Nueva Guinea: Los ingleses también se apoderaron de la región que hoy se llama Papuasia-Nueva Guinea. Llegó a ser un protectorado. En 1905, esa región fue gobernada por Australia, que era parte de la familia británica de naciones. Además, Australia quedaba cerca de Papuasia-Nueva Guinea.

Los alemanes gobernaron la parte norte de Papuasia-Nueva Guinea a fines del siglo XIX y a principios del siglo XX. Sin embargo, la mayor parte del país fue gobernada por Australia.

Tailandia

Sólo un país en el sudeste de Asia mantenía su libertad. Éste era Tailandia, que se llamaba Siam.

Las personas de Siam provenían de su propio reino. Ese reino había estado en una parte del sur de China. Los mongoles destruyeron su reino en 1253. Entonces, esa gente se mudó al sur a un área que

antes pertenecía a los kmeres. La gente de Siam aprendió el alfabeto kmer. Ellos también estuvieron en contacto con la India.

Los primeros europeos en llegar a Siam fueron los portugueses. Ellos vinieron en 1511. Los birmanos gobernaron parte de Siam a fines del siglo XVI. Para el siglo XVII, Siam llegó a ser un reino importante.

Siam se cerró a los extranjeros a fines del siglo XVII y durante el siglo XVIII. En el siglo XIX, puso fin a su aislamiento. Siam empezó a comerciar con los países occidentales y también se hizo más moderno.

Siam estaba ubicado entre colonias inglesas y colonias francesas. Sacaba provecho de esto. Siam

El rey Choulalonkorn de Siam. Gobernó desde 1869 hasta 1910. Fíjate en su uniforme al estilo occidental. Siam tuvo contactos con países occidentales durante el siglo XIX.

hacía que los franceses y los ingleses pelearan entre sí. Probablemente por esta razón, Siam pudo mantener su independencia mientras los otros países del sudeste de Asia fueron gobernados por los imperialistas.

Ejercicios

Pon una marca al lado de las oraciones que expresan las ideas principales de lo que acabas de leer.

_____ 1. Los pueblos del sudeste de Asia pertenecen a muchos grupos diferentes.

_____ 2. Hay monzones en el sudeste de Asia.

_____ 3. Hubo muchas influencias chinas en Vietnam.

_____ 4. Algunas partes del sudeste de Asia eran hindúes.

_____ 5. La India influyó en las partes occidentales del sudeste de Asia.

_____ 6. Hay varios cruces de caminos en el mundo.

B. ¿Qué leíste?

Escoge la respuesta que mejor complete cada oración. Escribe la letra de tu respuesta en el espacio en blanco.

_____ 1. Las religiones que tenían mayor influencia en el sudeste de Asia eran
   a. budismo, islamismo y cristianismo.
   b. hinduísmo, islamismo y cristianismo.
   c. hinduísmo, budismo e islamismo.
   d. islamismo, hinduísmo y judaísmo.

_____ 2. La influencia extranjera más importante en los kmeres de Camboya provenía de
   a. Tailandia.
   b. China.
   c. Vietnam.
   d. la India.

_____ 3. Los monzones eran muy útiles para difundir
   a. el sistema de gobierno en Vietnam.
   b. las ideas chinas en el sudeste de Asia.
   c. las influencias indias en el sudeste de Asia.
   d. todo lo anterior.

_____ 4. La caída de la dinastía Tang puso fin al gobierno chino en
   a. Camboya.
   b. Indonesia.
   c. Malaya.
   d. Vietnam.

_____ 5. La mayoría de las colonias holandesas se encontraba en
       a. Tailandia.
       b. Indonesia.
       c. Vietnam.
       d. Camboya.

_____ 6. Todo lo siguiente formaba parte de la Indochina Francesa, _menos_
       a. Laos.
       b. Vietnam.
       c. Birmania.
       d. Camboya.

C. Comprueba los detalles:

Lee cada afirmación. Escribe C en el espacio en blanco si la afirmación es cierta. Escribe F en el espacio si es falsa. Escribe N si no puedes averiguar en la lectura si es cierta o falsa.

_____ **1.** La influencia de China en el sudeste de Asia era más fuerte que la de la India.

_____ **2.** Durante la dinastía Han, China controló Vietnam.

_____ **3.** El sudeste de Asia es un cruce de caminos que vincula Asia, Europa y África.

_____ **4.** La India era el país que los vietnamitas respetaban y temían.

_____ **5.** Dai-Viet fue gobernado por China.

_____ **6.** Los malayos eran los mejores marineros en el Asia.

_____ **7.** Tailandia era parte de la Indochina Francesa.

_____ **8.** En una época, Angkor Thom era la ciudad más grande del sudeste de Asia.

_____ **9.** El reino Champa se ubicaba en una parte de Vietnam.

D. Para comprender la historia mundial:

En la página 58 leíste sobre cuatro factores de la historia mundial. ¿Cuál de estos factores corresponde a cada afirmación de abajo? Llena el espacio en blanco con el número de la afirmación correcta de la página 58. Si no corresponde ningún factor, escribe la palabra NINGUNO.

_____ **1.** El contacto de los chinos con el sudeste de Asia fue por tierra. El de los indios fue por mar.

_____ **2.** Mientras los vietnamitas estaban bajo el mando de los chinos, el idioma de China llegó a ser la base del primer idioma de Vietnam.

_____ **3.** Los malayos del sudeste de Asia llevaron a la región un sistema para cultivar el arroz.

_____ **4.** Angkor Wat fue construido durante la dinastía Kambuja en Camboya.

_____ **5.** El dominio de China sobre Vietnam terminó con la caída de la dinastía Tang.

Capítulo 9

Los primeros reinos del África negra

Para comprender la historia mundial

Piensa en lo siguiente al leer sobre los primeros reinos en el África negra.

1. Las naciones se ligan por una red de interdependencia económica.
2. El medio ambiente físico puede facilitar o limitar el contacto entre personas.
3. La interacción entre pueblos y naciones conduce a cambios culturales.
4. Los sucesos en una parte del mundo han influido en los desarrollos en otras partes del mundo.
5. Los países adoptan y adaptan ideas e instituciones de otros países.

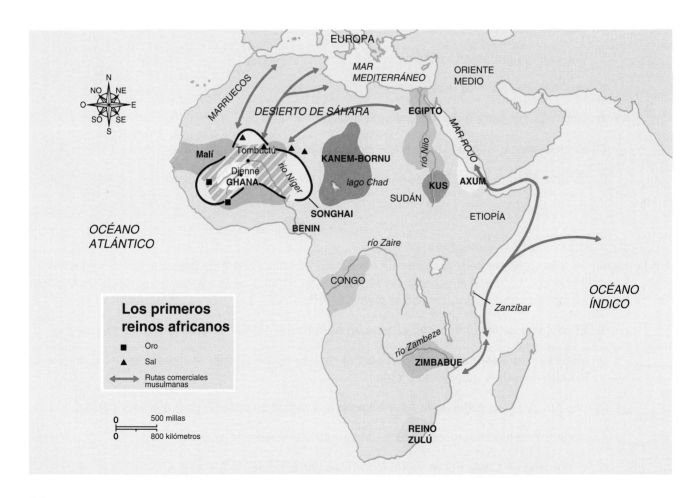

Para aprender nuevos términos y palabras

En este capítulo se usan las siguientes palabras. Piensa en el significado de cada una.

Sudán: una región de tierra de pastoreo que queda al sur de los desiertos de Sahara y de Libia; el área del Sudán se extiende desde el océano Atlántico hasta las montañas de Libia

pagano: una persona que cree en muchos dioses

hadj: un peregrinaje a la Meca que es obligatorio para todos los musulmanes

refugiados: personas obligadas a salir de su tierra natal y a buscar otro lugar donde vivir

Piénsalo mientras lees

1. ¿Qué tipo de comercio se llevó a cabo entre las personas del Sudán y los comerciantes del norte de África?
2. ¿De qué forma influyó la religión musulmana en los reinos africanos de Ghana, Malí y Songhai?
3. ¿Cuáles eran los grandes reinos del África oriental?
4. ¿Qué efecto tuvieron las acciones de los zulúes en el sur de África?

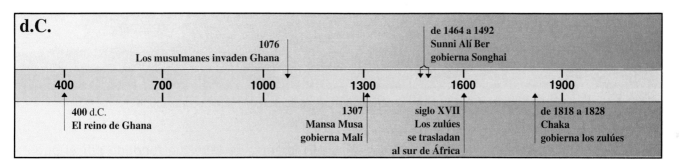

d.C.

				de 1464 a 1492 Sunni Alí Ber gobierna Songhai	
	1076 Los musulmanes invaden Ghana				
400	700	1000	1300	1600	1900
400 d.C. El reino de Ghana			1307 Mansa Musa gobierna Malí	siglo XVII Los zulúes se trasladan al sur de África	de 1818 a 1828 Chaka gobierna los zulúes

Los primeros reinos

Los africanos negros viven principalmente en las partes de África que están al sur del desierto de Sáhara. Por centenares de años ha habido reinos en el África negra. Sabemos de muchos de estos primeros reinos por trabajos escritos de gente de Europa, de Asia y de la parte norte de África.

El reino de Kus se encontraba al este de África. El de Axum también estaba en el este. Los reinos de Ghana, Malí y Songhai se ubicaban en el oeste de África. Los zulúes estaban en el sur.

El Sudán

El área que se llama el **Sudán** se extiende desde el océano Atlántico hasta las montañas de Etiopía. El área del Sudán se encuentra entre los desiertos de Sahara y Libia (al norte) y las selvas tropicales (al sur). El Sudán consiste principalmente en una región de tierras de pastoreo y algunas tierras áridas.

Durante muchos siglos, el comercio se llevó a cabo entre el Sudán y el norte de África. Los comerciantes del norte de África dirigían caravanas a través del desierto de Sahara. Las caravanas son grupos de viajeros que viajan en conjunto por tierra con sus mercancías. Las caravanas del norte de África querían llegar a los mercados en el Sudán.

Se intercambian productos e ideas

Los africanos del norte tenían sal, herramientas, ropa y espadas finas. Querían cambiarlas por oro, marfil y esclavos del Sudán. No había mucha sal en el Sudán. No obstante, la sal era muy importante. Era necesaria para impedir que se pudrieran los alimentos. También era necesaria para la salud de las personas.

Los comerciantes del norte de África traían más que sal y otros productos. También traían la religión del islamismo al Sudán. El islamismo hacía un papel importante en los primeros reinos sudaneses. La mayoría de estos reinos fueron gobernados por los musulmanes. En las cortes de la mayoría de estos reinos, los eruditos y los jueces eran musulmanes.

Ghana

El primer reino del que se sabe en el Sudán fue el de Ghana. Nadie sabe con seguridad cuándo comenzó. Muchas personas creen que fue cerca del siglo V d.C.

La ciudad de Tombuctú en la actualidad. Las casas son de barro seco, o adobe.

Se encontraba en un área de cruce de caminos. Ghana unía el norte de África, la parte occidental del Sudán y el este de África (ver el mapa de la página 66). Ghana controlaba las minas de oro en el oeste del Sudán. El control del oro ayudaba a que Ghana controlara el comercio con el norte de África.

La religión contribuyó a la caída de Ghana. Los soberanos de Ghana eran musulmanes, pero la mayoría de la gente de Ghana no era musulmana. Muchos de los musulmanes no seguían su religión estrictamente. Mantenían muchas de sus creencias **paganas** junto con las del islamismo.

Las invasiones del norte de África

En 1076, los musulmanes del norte de África invadieron Ghana. Querían obligar a la gente a seguir el islamismo más estrictamente. Los musulmanes mataron a muchos paganos. También se apoderaron del comercio de oro de Ghana.

Luego de diez años, Ghana ganó su libertad de nuevo. Los invasores del norte fueron derrotados. Sin embargo, Ghana quedó más débil. Los diversos estados que habían sido gobernados por el emperador empezaron a luchar entre sí. Ghana jamás recobró sus fuerzas como un imperio. A principios del siglo XIII, cayó ante el reino de Malí.

Malí

El imperio de Malí fue fundado por el pueblo mandingo. Ellos se dieron cuenta de que el imperio de Ghana iba debilitándose. Un grupo que estaba al norte de Malí trató de destruir a los reyes mandingos. Pero su plan fracasó. En vez de perder la batalla, el rey mandingo reunió a su ejército. Destruyó al ejército del grupo del norte cerca de 1240. Luego, al sentirse fuerte por la victoria, el rey volvió a apoderarse del área que había sido Ghana.

Malí se adueñó de los campos de oro que Ghana había gobernado. El nuevo imperio también amplió el comercio entre los comerciantes musulmanes y los pueblos del Sudán. Las ciudades de Malí llegaron a ser centros de comercio, religión y cultura. Tombuctú era una de las ciudades más famosas de Malí.

Un gran emperador malí

En 1307, un emperador malí que se llamaba Mansa Musa ascendió al trono. Mansa significa "rey", así que en realidad su nombre quiere decir el "rey Musa". Mansa Musa se hizo famoso en África, Asia y Europa por el *hadj* que realizó en 1324. Un *hadj* es un peregrinaje a la Meca. La Meca es una ciudad de Arabia. Para los musulmanes es una ciudad sagrada.

Las personas que vieron a Mansa Musa durante su viaje se asombraron de sus riquezas. Tenía aproximadamente 500 esclavos y 100 camellos. Durante el viaje, les dio a las personas regalos y oro. Él y sus compañeros de viaje compraron muchas cosas. En los años siguientes, la gente habló de la riqueza y la bondad de Mansa Musa. Su fama creció. Se lo veía en muchos mapas europeos de la época.

Cuando Mansa Musa regresó a Malí, mandó a construir nuevas mezquitas. Una mezquita es un lugar donde se reúnen los musulmanes para sus devociones.

El debilitamiento de Malí

Después de la muerte de Mansa Musa, Malí perdió poder. Su hijo no pudo mantener un reino fuerte ante el imperio. Los jefes de pueblos locales empezaron a sublevarse contra los soberanos malíes. Los soberanos eran musulmanes, igual que muchos de los súbditos. Pero todavía había muchas personas en Malí que se aferraban a sus creencias paganas. Estas diferencias religiosas ayudaron a debilitar el imperio.

Uno de los grupos locales que se sublevó contra Malí era Songhai. En el siglo XV, Songhai derribó al reino malí. Ahora, Songhai tenía la oportunidad de reinar en el gran imperio del Sudán.

Songhai

Songhai quedaba un poco al este de donde estaban los imperios de Ghana y Malí. Durante mucho tiempo, Songhai fue un centro comercial. Se fortaleció durante el siglo XIV bajo la dinastía Sunni.

En 1464 un nuevo soberano sunnita llegó al poder. Era Sunni Alí Ber o Sunni Alí Magno. Era un soberano cruel y un tirano en muchos aspectos. Mandó a matar a muchos eruditos y personas religiosas.

Sunni Alí Ber se adueñó de las ciudades malíes de Tombuctú y Djenné. Hizo que el gobierno de Songhai se fortaleciera. También extendió el alcance de su poder. Una flota de barcos ayudó a Songhai a controlar el comercio a lo largo del río Níger. Sunni Alí Ber se murió en 1492.

La dinastía Askia

Después de la muerte de Sunni Alí Ber, uno de sus compañeros soldados le quitó el trono al hijo de Sunni. El nuevo líder adoptó el título de Askia. Su dinastía fue la dinastía Askia. Esta dinastía extendió las fronteras de Songhai. También aumentó el comercio con otras partes de África. En su apogeo, el reino Songhai se extendía desde el Sahara (al norte) hasta la selva tropical (al sur). También abarcaba desde el

Los artistas de Benin hicieron esta máscara de marfil. Benin era un reino en el oeste de África.

océano Atlántico casi hasta el lago Chad (ver el mapa de la página 66).

Bajo el soberano Askia, la fe islámica permanecía fuerte en las ciudades. Los líderes de Songhai eran musulmanes. Pero la mayoría en los pueblos era pagana. Por eso, la mayoría de la gente del imperio era pagana. Los soberanos de Songhai favorecían a los eruditos y líderes religiosos musulmanes.

Un ataque del norte de África

A fines del siglo XVI, el reino de Marruecos del norte de África atacó a Songhai. El rey marroquí Ahmed al-Mansur quería controlar el comercio sudanés de la sal y del oro.

Los marroquíes tuvieron que intentarlo más de una vez. Durante el primer intento, casi todo el ejército de miles de soldados murió atravesando el Sahara. Su problema más grave fue que no encontraron suficiente agua.

Luego, al-Mansur, "el Victorioso", envió a más soldados a apoderarse de las minas de sal. Ellos tomaron las minas, pero los mineros se escaparon. No dejaron a nadie para minar la sal.

Por último, el rey marroquí envió a otro ejército cerca de 1590. Solamente 1.000 de los 4.000 soldados sobrevivieron la marcha a través del desierto para atacar a Songhai. Sus fusiles fueron demasiado poderosas para las lanzas y las flechas de los guerreros de Songhai. Songhai fue derrotado. Su gran imperio se convirtió en sólo un grupo de pequeños pueblos estado.

Los reinos del este de África

Al este de la región del Sudán había otros grandes reinos. El reino de Kus nació de las pequeñas poblaciones en la parte superior del río Nilo. Recibió la influencia de Egipto, Grecia y Roma. Durante el siglo IV d.C., el reino cercano de Axum derrotó a Kus.

Los soberanos de Axum declararon al cristianismo la religión del reino. El comercio con Roma, la India y las partes centrales de África ayudó a fortalecer el reino de Axum. Cuando Roma cayó, Axum quedó arruinado. Había perdido una fuente importante del comercio. Luego, en el siglo VI, el comercio entre Axum y la India se terminó. Las conquistas musulmanas en el siglo VII cortaron el comercio de Axum con Egipto y el norte de África. El poder de Axum se debilitó rápidamente.

Etiopía

Después del 700 d.C., muchas personas de Axum se trasladaron al sur. Se apoderaron de las tierras de los pueblos paganos. Convirtieron a los paganos al cristianismo. Comenzó el nuevo reino de Etiopía. Los cristianos de Axum eran sus nobles.

A principios del siglo XII, los nobles perdieron su control sobre Axum. Una nueva forma de cristianismo empezó a desarrollarse en Etiopía. Cuando los nobles recobraron su poder después de 150 años, se había desarrollado una forma etíope del cristianismo.

Con el transcurso del tiempo, la Etiopía cristiana se enfrentó con muchos ataques de sus vecinos musulmanes. En el siglo XVI, Etiopía pidió ayuda a Portugal.

Con los fusiles de Portugal, Etiopía venció a los invasores. Aún así, se había debilitado a causa de los ataques musulmanes y las disputas dentro del país.

El reino zulú del sur

Los zulúes eran un pueblo de habla bantú en el sur de África. El bantú es un grupo de idiomas africanos. Los africanos al sur del Sahara hablan idiomas bantús. Los zulúes se habían trasladado al sur de África en el siglo XVII. A fines del siglo XVIII, un jefe que se llamaba Dingiswayo los gobernaba. Dingiswayo murió en una batalla en 1818. Uno de sus líderes militares, Chaka, asumió el poder.

El reino militar de Chaka

Chaka estableció un sistema militar. Hizo que jóvenes de casi la misma edad formaran un grupo de guerreros. Tenían armas buenas, un plan fuerte para las batallas y disciplina estricta. Estos factores hicieron que fueran guerreros excelentes.

Chaka tenía un plan militar. Quería que todas las personas de habla bantú estuvieran bajo su mando. Llamó a su plan militar el *mfekane.* Esto significa "aplastamiento". Para hacer lo que quería, Chaka tenía que aplastar a los otros pueblos bantús.

El *mfekane* tuvo éxito. Muchas personas bantús huyeron aterrorizados por todas partes. Se convirtieron en **refugiados.** Tuvieron que salir de su tierra natal y buscar un nuevo hogar. Muchos refugiados decidieron defenderse. Se hicieron guerreros bravos. Las consecuencias del *mfekane* de Chaka fueron grandes movimientos de personas, muchas guerras y algunos reinos nuevos.

Chaka fue asesinado por su hermanastro en 1828. El hermano, Dingane, no pudo continuar con los éxitos militares de Chaka.

Los europeos empezaron a trasladarse al sur de África. Al poco tiempo, los zulúes luchaban contra los europeos.

Guerreros zulúes.

Ejercicios

A. Busca las ideas principales:

Pon una marca al lado de las oraciones que expresan las ideas principales de lo que acabas de leer.

_____ **1.** Ghana era un reino negro islámico.

_____ **2.** Etiopía desarrolló su propia religión y su propia monarquía.

_____ **3.** Existían muchos reinos negros en África antes de 1800.

_____ **4.** La dinastía Sunni gobernaba Songhai.

_____ **5.** El islamismo hizo un papel muy importante en los reinos del Sudán.

_____ **6.** Los zulúes influyeron mucho en los acontecimientos en el sur de África.

B. ¿Qué leíste?

Escoge la respuesta que mejor complete cada oración. Escribe la letra de tu respuesta en el espacio en blanco.

_____ **1.** Los mercaderes del norte de África cambiaban su mercancía en el Sudán por
a. esclavos.
b. oro.
c. marfil.
d. todo lo anterior.

_____ **2.** El islamismo era la religión de todos los siguientes, *menos*
a. Ghana.
b. Etiopía.
c. Malí.
d. Songhai.

_____ **3.** El pueblo Axum se convirtió posteriormente en el líder de
a. Malí.
b. Songhai.
c. Etiopía.
d. Ghana.

_____ **4.** El reino zulú se encontraba en
a. el norte de África.
b. el sur de África.
c. el Sudán.
d. el oeste de África.

_____ **5.** Mansa Musa era el emperador de
a. Marruecos.
b. Ghana.
c. Songhai.
d. Malí.

_____ **6.** La dinastía Askia gobernó el reino de
a. Songhai.
b. Malí.
c. Etiopía.
d. Ghana.

C. Comprueba los detalles:

Lee cada afirmación. Escribe C en el espacio en blanco si la afirmación es cierta. Escribe F en el espacio si es falsa. Escribe N si no puedes averiguar en la lectura si es cierta o falsa.

_____ 1. Todas las personas de Ghana aceptaron el islamismo.

_____ 2. La región del Sudán consiste principalmente en tierras de pastoreo.

_____ 3. Tombuctú era un centro religioso en el reino de Malí.

_____ 4. La sal era escasa en el Sudán.

_____ 5. Ghana era un reino en el este de África.

_____ 6. Los africanos negros viven principalmente en la parte de África que está al sur del Sahara.

_____ 7. Ghana fue el último de los reinos negros de África.

_____ 8. Los guerreros zulúes tenían una disciplina estricta.

_____ 9. El _mfekane_ de Chaka fue una guerra religiosa.

_____ 10. Etiopía se llevaba bien con sus vecinos musulmanes.

D. ¿Quiénes eran?

Escribe el nombre de la persona o de los grupos de personas que se describen en cada oración. Escribe la respuesta en el espacio en blanco.

_____ 1. Derrocamos al reino de Malí.

_____ 2. Fuimos vencidos por los ataques de Marruecos.

_____ 3. Vencimos al reino de Kus.

_____ 4. Fuimos una potencia militar en el sur de África.

_____ 5. Fuimos el primer reino negro en controlar las minas de oro del oeste del Sudán.

_____ 6. Nosotros somos los que fundamos el reino Malí.

_____ 7. Inicié el _mfekane_.

_____ 8. Inicié la dinastía Sunni en Songhai.

_____ 9. Quedamos arruinados por la caída de Roma.

_____ 10. Desarrollamos una nueva forma del cristianismo.

E. Habilidad con la cronología:

En cada espacio en blanco, escribe la letra del acontecimiento que sucedió primero. Puedes mirar el texto y la línea cronológica de la página 67.

_____ **1.** **a.** el reino de Kus
            b. el reino de Etiopía
            c. el reino de Axum

_____ **2.** **a.** el reino de Malí
            b. el reino de Ghana
            c. el reino de Songhai

_____ **3.** **a.** el reino de Ghana
            b. el reino zulú
            c. el reino de Axum

_____ **4.** **a.** el *hadj* de Mansa Musa
            b. la dinastía Askia
            c. el *mfekane* de Chaka

_____ **5.** **a.** el reino de Dingiswayo
            b. los europeos fundan pueblos en el sur de África
            c. el *mfekane* de Chaka

_____ **6.** **a.** los portugueses ayudan a Etiopía
            b. el ascenso de Axum
            c. el cristianismo se desarrolla en Etiopía

F. Piénsalo de nuevo:

Contesta cada una de las siguientes preguntas con tres o cuatro oraciones. Usa un papel en blanco.

1. Varias naciones africanas de hoy han tomado los nombres de los primeros reinos negros. Entre ellas figuran Malí, Benin, Ghana y Zimbabue. ¿Por qué crees que escogieron estos nombres? ¿Qué indica sobre lo que piensan los africanos de su historia?

2. El *hadj* de Mansa Musa fue uno de los más famosos de todos los musulmanes en la historia. ¿Cómo pudo esa fama beneficiar a su imperio? ¿Cómo ha ayudado a que las personas de hoy se enteren de su imperio?

G. Para comprender la historia mundial:

En la página 66 leíste sobre cinco factores de la historia mundial. ¿Cuáles de estos factores corresponden a cada afirmación de abajo? Llena el espacio en blanco con el número de la afirmación correcta de la página 66. Si no corresponde ningún factor, escribe la palabra NINGUNO.

_____ **1.** Las regiones del norte de África estaban separadas del Sudán por el desierto del Sahara.

_____ **2.** Los soberanos de Ghana eran musulmanes.

_____ **3.** La caída de Roma arruinó al reino de Axum.

_____ **4.** Los africanos del norte cambiaban sal, herramientas y espadas finas por oro, marfil y esclavos del Sudán.

_____ **5.** El islamismo llegó a ser la religión de muchos soberanos del Sudán.

_____ **6.** En Etiopía surgió una nueva forma de cristianismo.

El imperialismo en África

Para comprender la historia mundial

Piensa en lo siguiente al leer sobre el imperialismo en África.

1. El medio ambiente físico puede facilitar o limitar el contacto entre personas.

2. Los sucesos en una parte del mundo han influido en los desarrollos en otras partes del mundo.

3. Las personas deben aprender a comprender y a apreciar las culturas que son diferentes de la suya.

3. La interacción entre pueblos y naciones conduce a cambios culturales.

Las Cataratas de Victoria del río Zambeze. El Dr. David Livingstone, explorador y misionero, descubrió las cataratas en 1855. Les dió su nombre en honor a la reina Victoria de Inglaterra.

Para aprender nuevos términos y palabras

En este capítulo se usan las siguientes palabras. Piensa en el significado de cada una.

bóer: un granjero de los Países Bajos (Holanda) que pobló el área que hoy es Sudáfrica.

assegais: lanzas delgadas con puntas de hierro; las usaban los guerreros zulúes del sur de África

jornada: un largo y duro viaje a pie

Piénsalo mientras lees

1. ¿Por qué pudieron los europeos apoderarse de tantos territorios en África?

2. ¿De qué forma influyeron los sucesos en Europa en la toma de colonias en África?

3. ¿Qué países europeos tenían colonias en África? ¿Dónde estaban las colonias? ¿Qué países africanos permanecían libres?

4. ¿Cuáles fueron los efectos buenos y malos del imperialismo en África?

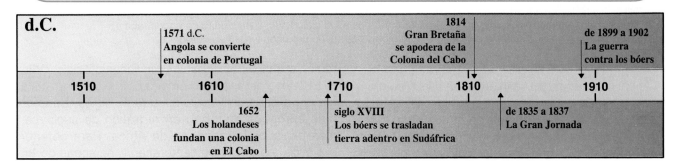

Línea del tiempo (d.C.):

1571 d.C.	Angola se convierte en colonia de Portugal
1652	Los holandeses fundan una colonia en El Cabo
siglo XVIII	Los bóers se trasladan tierra adentro en Sudáfrica
1814	Gran Bretaña se apodera de la Colonia del Cabo
de 1835 a 1837	La Gran Jornada
de 1899 a 1902	La guerra contra los bóers

Marcas: 1510, 1610, 1710, 1810, 1910

Conocimientos sobre África antes de 1400

Los europeos sabían muy poco sobre África antes del siglo XV. Los marineros europeos tenían miedo de navegar muy lejos hacia el sur del Atlántico. No tenían mapas. No sabían si había lugares para parar y conseguir alimentos frescos y provisiones. Estos problemas limitaban los viajes por mar al oeste de África.

El desierto del Sahara impedía los viajes por tierra desde Europa. Sólo los comerciantes del norte del África se atrevían a atravesar el Sahara.

Ni siquiera los africanos conocían todo África. Muchos ríos en África tienen cataratas que los hacen malas vías navegables para los barcos. La única manera de llegar a algún lugar era por tierra. Esto significaba viajar por climas distintos. También significaba encontrar a personas que podrían ser poco amistosas. La mayoría de los africanos sólo conocían sus propios lugares y los lugares donde comerciaban.

Algunos asiáticos habían navegado alguna vez hasta la costa oriental de África. Los marineros malayos y otros habían llegado a la costa oriental.

Los primeros europeos en África negra

La vida en Europa cambió durante el siglo XV, la era del Renacimiento. Los europeos mejoraron sus barcos veleros. Hicieron mejores instrumentos de navegación. Mejores barcos y mejor equipo hacían que los marineros estuvieran dispuestos a probar nuevos mares. El Renacimiento fue una época de creciente interés en el comercio. Los marineros y los dueños de barcos estaban listos para arriesgarse a explorar la costa africana.

Los portugueses navegan por la costa de Africa

Los marineros de Portugal fueron los primeros europeos en tener contacto directo con el África al sur del Sahara. El príncipe Enrique de Portugal alentó la exploración. Se entrenó a los capitanes de barcos en la escuela de navegación del príncipe Enrique. Utilizaron sus habilidades para explorar la costa occidental de África a mediados del siglo XV.

Los marineros portugueses se enteraron del comercio de oro del Sudán. A la parte sur de la costa del Sudán la nombraron "la costa de oro". Al poco tiempo, Portugal tenía esperanzas de hallar oro en África. Su meta principal, sin embargo, era encontrar una nueva ruta por mar a la India.

En noviembre de 1497, Vasco de Gama halló la ruta marítima alrededor del África. Llegó a la India en mayo de 1498. Poco tiempo después, Portugal fundó factorías a lo largo de África oriental y en la India. También participó activamente en el tráfico de esclavos.

La ciudad de Loango en el oeste del África en el siglo XVIII. Esta ciudad se encontraba en el reino del Congo. Este dibujo fue hecho por unos visitantes europeos.

Los objetivos portugueses en África

Al principio, Portugal se interesó en África como un lugar de descanso en el camino a la India. Unos cuantos portugueses se quedaron en la costa de África. Sin embargo, no fundaron colonias por mucho tiempo. No fue hasta 1571 que Portugal tomó a Angola como una colonia (ver el mapa de la página 79).

Cómo ayudaron a los europeos los problemas en África

Cuando los marineros de Portugal exploraron por primera vez la costa de África, había algunos reinos africanos fuertes. Songhai todavía seguía poderoso. Había también un reino en la desembocadura del río Zaire (llamado entonces el río Congo).

Generalmente, los portugueses hacían pactos con los soberanos de los lugares donde hacían paradas. Los portugueses acordaban en cambiar productos por alimentos, agua y provisiones. En esa época los portugueses no representaban una amenaza para los africanos.

Songhai se iba debilitando. El reino de la desembocadura del Zaire desapareció. No quedó ningún imperio fuerte en África. Songhai ya había aprendido que lanzas, espadas y arcos y flechas no ganarían contra los fusiles. Cuando los países europeos estuvieron listos a tomar colonias, no había ni un reino africano fuerte que se los impidiera.

El tráfico de esclavos

Había cuentos en Europa sobre las ganancias posibles en el tráfico de esclavos. Estos cuentos atraían a más europeos hacia África. Inglaterra y Francia entraron en el tráfico de esclavos a mediados del siglo XVII.

El tráfico de esclavos empeoró la situación. África había traficado con esclavos durante siglos. Cuantos más europeos entraban en el tráfico de esclavos, más esclavos se sacaban de África. Para obtener esclavos, los africanos capturaban a personas de tribus cercanas. Como resultado, las tribus peleaban entre sí. Estas peleas impidieron que los africanos se unieran para acabar con los europeos.

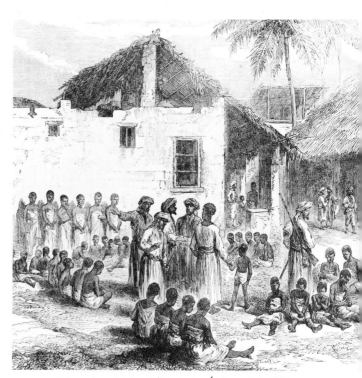

Un mercado de esclavos en África, siglo XIX.

Los holandeses en África

Los holandeses son de Holanda, o los Países Bajos. A finales del siglo XVI, lograron independizarse de España. Llegaron a ser una potencia de alta mar.

Los barcos holandeses entraron en el tráfico de esclavos a principios del siglo XVII. Los holandeses tomaron centros de comercio en la costa de oro africana. También se trasladaron más al sur. En 1652 fundaron una factoría en el sur de África. Estaba cerca de donde está El Cabo hoy en día. Una colonia holandesa, la Colonia del Cabo, se desarrolló allí.

Los bóers van tierra adentro

Llegaron más colonizadores holandeses a la Colonia del Cabo. Eran los **bóers.** Ésta es una palabra holandesa que significa granjero o campesino. Los bóers eran muy independientes. A ellos no les gustaban las reglas que los funcionarios holandeses habían promulgado.

Muchos bóers se trasladaron tierra adentro. Fundaron ranchos de ganadería grandes. Para finales del siglo XVIII, lucharon contra los pueblos de habla bantú en el sur de África. Tuvieron conflictos con los hábiles guerreros zulúes. Sin embargo, los bóers tenían mejores armas. Las flechas y los **assegais,** o lanzas, de los africanos no sirvieron contra los fusiles de los bóers. A principios del siglo XIX, los bóers gobernaron grandes regiones tierra adentro del sur de África.

Por un tiempo, parecía que los bóers iban a controlar el sur de África. Luego, aproximadamente en 1800, llegaron los ingleses para poblar la región.

Gran Bretaña añade más colonias

Inglaterra tomó el nombre de Gran Bretaña a principios del siglo XVIII, cuando se unió con Escocia. Gran Bretaña añadió más colonias a las que tenía en América del Norte y en otras partes del mundo. Los ingleses perdieron algunas colonias norteamericanas en 1783, cuando las trece colonias se convirtieron en los independientes Estados Unidos de América. Canadá, sin embargo, permanecía siendo una colonia norteamericana. En Asia, Gran Bretaña todavía conservaba la India.

Durante el siglo XIX, Gran Bretaña se convirtió en una potencia importante en el África.

El Congreso de Viena ayuda a Gran Bretaña

Los acontecimientos a principios del siglo XIX ayudaron a que Gran Bretaña tomara control sobre el sur de África. La primera derrota de Napoleón en Europa en 1814 condujo al Congreso de Viena. Este congreso fue convocado principalmente para establecer las fronteras de Europa luego de haber sido destruidas por las guerras de Napoleón. También debía decidir quién sería soberano de cada país europeo.

Además de realizar estas cosas, el Congreso de Viena decidió qué países europeos tendrían colonias en las otras partes del mundo.

Gran Bretaña, Austria, Prusia y Rusia controlaron el Congreso de Viena. Ellos cambiaron las fronteras y las colonias. Una consecuencia de su obra fue el hecho de que los Países Bajos perdieran la Colonia del Cabo en África. La Colonia del Cabo pasó a ser posesión de Gran Bretaña en 1814.

Las luchas en el sur de África

Ahora, los bóers se convirtieron en súbditos británicos, algo que les desagradaba. Los africanos negros, sobre todo los zulúes, consideraban a los europeos como enemigos. No les importaba si eran bóers o británicos.

El momento era propicio para muchos tipos de peleas. Se enfrentaron los bóers y los británicos. Se enfrentaron los bóers y los zulúes. Se enfrentaron los británicos y los zulúes.

La Gran Jornada

Durante la década de 1830, los bóers se fueron de la región del cabo. Su viaje al norte se conoce como la Gran **Jornada.** Una jornada es una caminata larga y dura. La Gran Jornada duró de 1835 hasta 1837.

Los bóers se encontraron peleando contra los zulúes. Los zulúes fueron dirigidos por Dingane, el hermano de Chaka (ver la página 70). Ellos lucharon y los bóers ganaron. Esto les abrió el camino a los bóers para poblar la parte norte del sur de África.

Los bóers contra los británicos

Los bóers fundaron el Estado Libre de Orange y el Transvaal como áreas independientes. Luego se descubrieron diamantes y oro en el área. Muchos pobladores ingleses acudieron a la región. Esperaban enriquecerse. Cuando los bóers trataron de detenerlos, comenzó la lucha.

Algunos ingleses ayudaron a que se declarara la guerra. Muchos imperialistas en Gran Bretaña querían esta guerra contra los bóers. Duró desde 1899 hasta 1902. Los bóers perdieron y los ingleses fundaron la colonia de la Unión Sudafricana.

Los europeos exploran el continente africano

Hasta cerca de 1850, la mayoría de las poblaciones europeas estaban ubicadas a lo largo de la costa de África. Aún después de más de 300 años, se sabía poco del interior del continente.

El Dr. David Livingstone era un médico escocés. Viajó a África como misionero médico a mediados del siglo XIX. También exploró África. Cuando nadie había recibido noticias de él por mucho tiempo, un periódico estadounidense mandó a un periodista a buscarlo. Éste fue Henry Stanley. Este dibujo muestra el encuentro de Stanley, a la izquierda, con Livingstone en 1871.

Muchos exploradores comenzaron a viajar por África. Algunos querían trazar mapas del continente. Muchos de ellos buscaban aventuras. Pocos estaban allí, en realidad, para ayudar a los africanos.

El rey Leopoldo y el Congo

Los países europeos querían saber más sobre el centro del África. El rey Leopoldo II de Bélgica formó una compañía privada. La formó para explorar el área que en aquel tiempo se conocía como el Congo, que quedaba en el centro de África. El ecuador atraviesa el Congo. Esta compañía también iba a ayudar a mejorar el área. Esto quería decir construir ferrocarriles e introducir otras cosas modernas.

El rey Leopoldo empleó a Henry Stanley (ver arriba) para explorar la región cerca del ecuador.

El Congreso de Berlín

Otros países europeos iban entrando en África. A muchos países les preocupaba el libre comercio. En 1884, Alemania convocó un congreso de todas las naciones europeas para decidir lo que iban a hacer con África. Los Estados Unidos y Turquía también asistieron al Congreso de Berlín. Se convocó el congreso para fundar un sistema de libre comercio en África. También iba a formular reglas para formar colonias en África.

El Congreso de Berlín no logró ninguno de estos objetivos. Estableció un sistema que ayudó a los europeos a apoderarse de casi todo África. También le concedió al rey Leopoldo II de Bélgica los derechos sobre el Congo.

Poco después del congreso, el rey Leopoldo empezó a gobernar el Congo como si fuera su propiedad particular. Al poco tiempo, surgieron cuentos del Congo sobre el trato muy cruel hacia los africanos. Leopoldo fue obligado a devolver el Congo a Bélgica.

La carrera entre los europeos por las colonias

¡Empezó la carrera! Gran Bretaña se apoderó de colonias en las costas del este y oeste de África. También controlaba el Canal de Suez. El canal fue construido entre 1859 y 1869. Era la ruta más rápida a la India para los británicos.

Francia se apoderó de algunas colonias también. Algunas de sus colonias estaban en el norte de África, en el mar Mediterráneo. Otras colonias estaban en la región de África que estaba al sur del Sahara. El mapa de la página 79 indica qué países europeos tenían colonias en África. ¿Puedes encontrar algunos países libres?

Cómo funcionaba el imperialismo en África

Los países europeos querían en África las mismas cosas que querían en otros lugares. Querían lugares para conseguir materias primas. Querían lugares para vender sus productos elaborados.

La gran mayoría de las veces, los europeos no necesitaban luchar contra los africanos para conseguir sus colonias. A menudo hacían pactos con los soberanos locales. Estos acuerdos les daban a los soberanos las oportunidades de comerciar. También les prometían que llegarían a África productos modernos. Muchas veces, los soberanos se beneficiaron de los tratos con los europeos, pero la mayoría de los demás africanos, no.

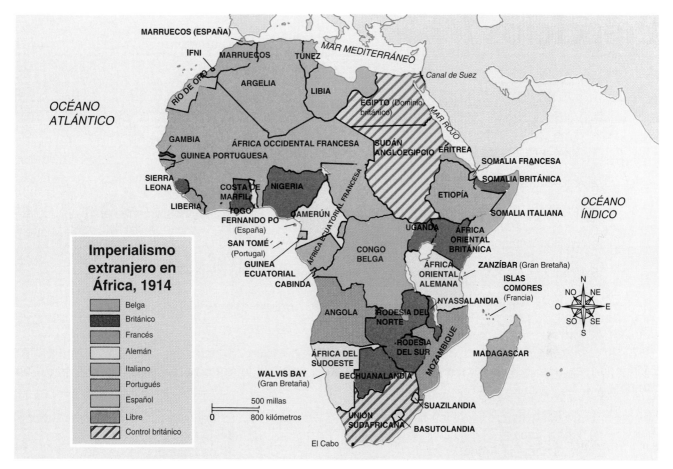

Imperialismo extranjero en África, 1914

- Belga
- Británico
- Francés
- Alemán
- Italiano
- Portugués
- Español
- Libre
- Control británico

500 millas

0   800 kilómetros

La mayoría de los países imperialistas también enviaba a misioneros al África. Los misioneros iban a convertir a los africanos al cristianismo. No siempre eran bien recibidos. A menudo, los africanos consideraban a los misioneros como sólo otra manera de favorecer los intereses de los países imperialistas.

Las fronteras entre las colonias

Los europeos establecieron fronteras entre las colonias africanas. Estas fronteras tenían sentido desde el punto de vista europeo. Pero no tenían sentido desde el punto de vista africano. Muchas veces juntaron en la misma colonia a las tribus que no se llevaban bien. A veces una tribu quedaba dividida entre dos o más colonias. Esto no siempre se hacía a propósito. Generalmente, los países europeos no sabían nada de las distintas tribus.

Lo bueno y lo malo del imperialismo

Es bastante fácil darse cuenta de algunos de los aspectos malos del imperialismo en África. Las culturas africanas no eran consideradas importantes. Los europeos trataban de hacer que los africanos se sintieran inferiores a los europeos. Ni siquiera se usaban los idiomas africanos.

Muchos europeos maltrataron a los africanos. Durante muchos años, se pretendía que los africanos que trabajaban en las haciendas o en las minas hicieran cierta cantidad de trabajo por día lloviera o tronara. Si no lo podían hacer, eran castigados. A muchos africanos los trataban como esclavos.

Debido a los imperialistas, muchas familias y tribus quedaron separadas. El interés principal de las potencias imperialistas era obtener las materias primas. No les importaba el sufrimiento de los africanos.

Algunos africanos sí se beneficiaban del imperialismo. Muchos recibían enseñanza formal. Incluso algunos asistían a escuelas en Europa para recibir una educación avanzada. Se construyeron ciudades y fábricas. El transporte se mejoró. Mucho de esto se hizo para los europeos. Pero ayudó a los africanos también.

Un resultado importante fue que los africanos empezaron a tener comunicaciones con las personas de otros continentes y las de su propio continente. Había un intercambio de ideas. La interacción cultural estaba surtiendo efecto.

Ejercicios

A. Busca las ideas principales:

Pon una marca al lado de las oraciones que expresan las ideas principales de lo que acabas de leer.

_____ **1.** La guerra contra los bóers tuvo lugar en el sur de África.

_____ **2.** Los zulúes usaban lanzas que se llamaban *assegais*.

_____ **3.** El imperialismo europeo en África comenzó en el siglo XVI y se intensificó más en el siglo XIX.

_____ **4.** El Renacimiento en Europa influyó en África.

_____ **5.** Para el siglo XX, los imperialistas se habían apoderado de la mayor parte de África.

B. ¿Qué leíste?

Escoge la respuesta que mejor complete cada oración. Escribe la letra de tu respuesta en el espacio en blanco.

_____ **1.** La costa de oro de África se encontraba en
- **a.** el norte de África.
- **b.** la región del sur del Sudán occidental.
- **c.** la costa oriental de África.
- **d.** la punta sur de África.

_____ **2.** Los primeros europeos en la Colonia del Cabo fueron los
- **a.** holandeses.
- **b.** portugueses.
- **c.** británicos.
- **d.** españoles.

_____ **3.** La Gran Jornada fue realizada por los
- **a.** zulúes.
- **b.** británicos.
- **c.** bóers.
- **d.** portugueses.

_____ **4.** Los esfuerzos europeos por explorar África fueron fomentados por
- **a.** el interés en el comercio.
- **b.** mejores barcos.
- **c.** mejores instrumentos de navegación.
- **d.** todo lo anterior.

_____ **5.** El Congreso de Viena dio la Colonia del Cabo a
- **a.** los holandeses.
- **b.** los franceses.
- **c.** Napoleón.
- **d.** los británicos.

_____ **6.** Se convocó el Congreso de Berlín para
- **a.** establecer las fronteras europeas.
- **b.** tratar de conseguir el libre comercio en África.
- **c.** resolver un problema entre los bóers y los británicos.
- **d.** explorar el centro de África.

C. ¿Quiénes eran?

Escribe el nombre del país, de la persona o de los grupos de personas que se describen en cada oración. Escribe la respuesta en el espacio en blanco.

_____ 1. Nuestros capitanes de marina fueron entrenados en la escuela del príncipe Enrique.

_____ 2. Nuestro país logró independizarse de España. Llegamos a ser una potencia de alta mar.

_____ 3. Nos trasladamos tierra adentro y poblamos el sur de África.

_____ 4. Nuestro país recibió la Colonia del Cabo como resultado del Congreso de Viena.

_____ 5. Luchamos contra los bóers y los británicos en el sur de África.

_____ 6. Fui dueño del Congo Belga después del Congreso de Berlín.

_____ 7. Nuestro país controlaba el Canal de Suez.

_____ 8. Vasco de Gama estableció una ruta por mar alrededor de África para nuestro país.

D. Correspondencias:

Encuentra para cada potencia imperialista de la Columna A las áreas que controlaba en la Columna B. Mira el mapa de la página 79.

Columna A	Columna B
_____ 1. Gran Bretaña	a. Túnez
_____ 2. Francia	b. Angola
_____ 3. Alemania	c. Camerún
_____ 4. Portugal	d. Nigeria
_____ 5. Italia	e. Libia

E. Para comprender la historia mundial:

En la página 74 leíste sobre cuatro factores de la historia mundial. ¿Cuál de estos factores corresponde a cada afirmación de abajo? Llena el espacio en blanco con el número de la afirmación correcta de la página 74. Si no corresponde ningún factor, escribe la palabra NINGUNO.

_____ 1. El Congreso de Viena ayudó a los británicos a apoderarse del sur de África.

_____ 2. La mayoría de los europeos no se esforzaba por comprender las culturas de los diferentes pueblos africanos.

_____ 3. Inglaterra y Francia entraron en el tráfico de esclavos a mediados del siglo XVII.

_____ 4. Los europeos no podían llegar al Sudán por tierra porque era difícil cruzar el Sahara.

_____ 5. A algunos africanos se les envió a escuelas en Europa. Allí, se comunicaron con personas de otras culturas.

Capítulo 11

El imperialismo y las Américas

Para comprender la historia mundial

Piensa en lo siguiente al leer sobre el imperialismo en las Américas.

1 Las naciones se ligan por una red de interdependencia económica.
2 Los sucesos en una parte del mundo han influido en los desarrollos en otras partes del mundo.
3 Nuestra cultura influye en nuestra perspectiva de otras personas.

Los Estados Unidos luchó contra España en 1898. La lucha tuvo lugar en Cuba, como se ve aquí, y en las Filipinas. Cuba se independizó de España como consecuencia de la guerra Los Estados Unidos ganó Puerto Rico, las Filipinas y Guam.

Para aprender nuevos términos y palabras

En este capítulo se usan las siguientes palabras. Piensa en el significado de cada una.

dictador: un soberano que tiene todo el poder para tomar decisiones y que trata a las personas del país de una forma no democrática

arbitraje: método para resolver una lucha que consiste en pedirle a una persona (que no participa en la lucha) que escuche a ambos lados y tome una decisión

Piénsalo mientras lees

1. ¿Cuál fue el interés principal de los Estados Unidos en las Américas después de 1865?
2. ¿De qué forma influyó la guerra hispano-norteamericana de 1898 en la tendencia de los Estados Unidos hacia el imperialismo?
3. ¿Cómo amplió los Estados Unidos el significado de la Doctrina Monroe?
4. ¿Qué pensaron los hispanoamericanos de las políticas del "palo grande" de los Estados Unidos?

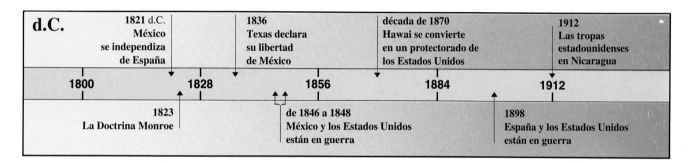

d.C.

| 1821 d.C. México se independiza de España | 1836 Texas declara su libertad de México | década de 1870 Hawai se convierte en un protectorado de los Estados Unidos | 1912 Las tropas estadounidenses en Nicaragua |

1800 — 1828 — 1856 — 1884 — 1912

1823 La Doctrina Monroe | de 1846 a 1848 México y los Estados Unidos están en guerra | 1898 España y los Estados Unidos están en guerra

Los principios del imperialismo en las Américas

Los europeos habían traído un principio de imperialismo a las Américas del Norte y del Sur. Del siglo XVI al siglo XIX, vinieron algunos europeos a poblar las colonias de las Américas. Con el tiempo, los países imperialistas comenzaron a tratar a los pobladores de forma diferente de como trataban a las personas que se quedaban en Europa. A veces se les trataba como a otros colonos.

A mediados del siglo XIX, los países europeos perdieron la mayoría de sus colonias americanas. Canadá aún pertenecía a Gran Bretaña. Alaska pertenecía a Rusia. Muchas islas del Caribe todavía eran colonias de países europeos. Las Guayanas Británicas, Holandesas y Francesas eran colonias. La mayoría de las demás áreas de las Américas había logrado su independencia (ver el mapa de la página 84).

La independencia en las Américas

Las trece colonias británicas que llegaron a ser los Estados Unidos fueron las primeras en ganar su libertad. Inglaterra había tratado de usar estas colonias como una fuente de materias primas y para vender sus productos elaborados. Los colonos se rebelaron.

Los Estados Unidos ganó su libertad en 1783. Otros países de las Américas lucharon también por su libertad. Haití declaró su independencia en 1804. México se liberó de España en 1821. América Central se independizó de España entre 1821 y 1823. Simón Bolívar ayudó a liberar a lo que hoy son los países de Venezuela, Colombia, Panamá, Ecuador, el Perú y Bolivia. Para la década de 1820, se liberaron de España. José de San Martín y Bernardo O'Higgins ayudaron en la independencia de Argentina y Chile.

Los Estados Unidos tenía esperanza de que estos países libres llegaran a ser democracias. En cambio, muchos fueron gobernados por **dictadores.** Éstos son gobernantess que tienen todo el poder en un país. No permiten que otros tomen decisiones. Prohíben que la gente vote en elecciones abiertas.

La Doctrina Monroe

En 1823, el presidente James Monroe de los Estados Unidos pronunció un discurso importante. En ese discurso dijo que no se podrían fundar más colonias en los continentes de América del Norte y América del Sur. Dijo también que los Estados Unidos no iba a interferir en asuntos europeos. Al mismo

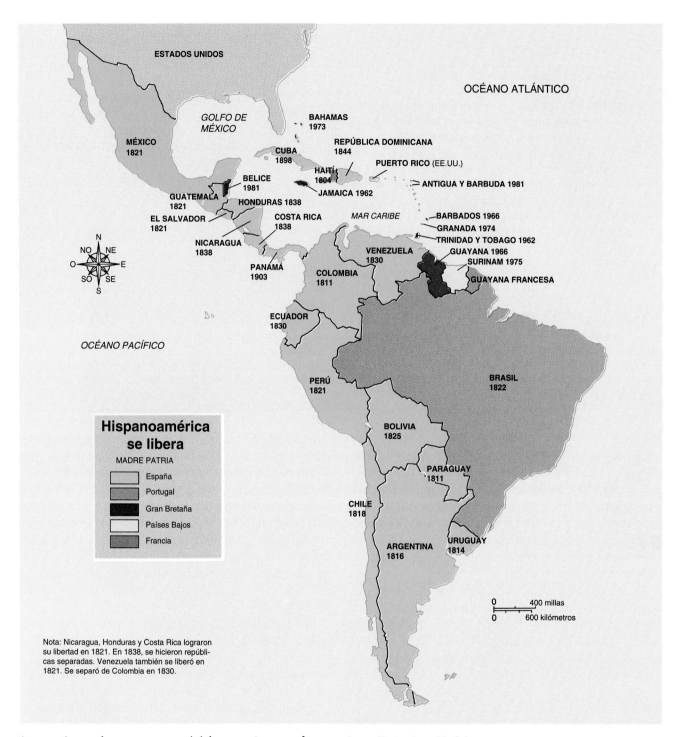

ESTADOS UNIDOS

OCÉANO ATLÁNTICO

GOLFO DE MÉXICO

BAHAMAS
1973

MÉXICO
1821

CUBA
1898

REPÚBLICA DOMINICANA
1844

PUERTO RICO (EE.UU.)

HAITÍ
1804

ANTIGUA Y BARBUDA 1981

BELICE
1981

JAMAICA 1962

GUATEMALA
1821

HONDURAS 1838

EL SALVADOR
1821

COSTA RICA
1838

MAR CARIBE

BARBADOS 1966

GRANADA 1974

TRINIDAD Y TOBAGO 1962

NICARAGUA
1838

VENEZUELA
1830

GUAYANA 1966

SURINAM 1975

PANAMÁ
1903

COLOMBIA
1811

GUAYANA FRANCESA

N
NO NE
O   E
SO   SE
S

ECUADOR
1830

OCÉANO PACÍFICO

PERÚ
1821

BRASIL
1822

**Hispanoamérica
se libera**

MADRE PATRIA

España

Portugal

Gran Bretaña

Países Bajos

Francia

BOLIVIA
1825

PARAGUAY
1811

CHILE
1818

ARGENTINA
1816

URUGUAY
1814

0   400 millas
0   600 kilómetros

Nota: Nicaragua, Honduras y Costa Rica lograron
su libertad en 1821. En 1838, se hicieron repúblicas separadas. Venezuela también se liberó en
1821. Se separó de Colombia en 1830.

tiempo, los países europeos debían mantenerse fuera de las Américas.

Esta declaración se llama la Doctrina Monroe. Hubo una razón importante por la cual se hizo. Los Estados Unidos temía que los países europeos intentaran apoderarse de los países de América del Sur que apenas estaban logrando su libertad.

Los Estados Unidos crece

Los Estados Unidos creció de trece colonias a muchos estados. La gente se trasladaba hacia el oeste. Entretanto, se iban apoderando de las tierras de los indígenas norteamericanos que vivían allí. El nuevo país compró el Territorio de Louisiana a Francia en 1803. Las personas seguían avanzando hacia el oeste.

Para mediados del siglo XIX, los Estados Unidos empezó a tener disputas con sus vecinos. Ellos eran México (al sur) y Canadá (al norte). Las disputas tenían que ver con las fronteras de los Estados Unidos. Los Estados Unidos logró resolver la mayoría de sus dificultades con Inglaterra sobre la frontera con Canadá sin tener que declarar la guerra. (En aquella época, Canadá todavía seguía como colonia de Inglaterra.)

Texas

Los Estados Unidos luchó contra México por Texas. En una época, Texas pertenecía a México. México había acogido bien a los pobladores de los Estados Unidos. Con el transcurso del tiempo, había más pobladores estadounidenses en Texas que mexicanos. En 1836, los pobladores estadounidenses de Texas declararon su independencia de México.

Las fuerzas mexicanas atacando el Álamo durante la guerra texana por la independencia, 1836. Menos de 200 estadounidenses defendieron el Álamo por 12 días contra 4.000 soldados mexicanos.

En 1845, Texas se hizo un estado de los Estados Unidos. Esto condujo a una guerra contra México. La guerra duró de 1846 a 1848. Al final de la guerra, México había perdido casi todas sus tierras entre Texas y California ante los Estados Unidos. Éstas constituían casi la mitad de las tierras mexicanas. México se enojó. A muchos otros países de Hispanoamérica les empezó a preocupar el imperialismo norteamericano.

Después de la Guerra Civil

Después de la Guerra Civil (1861–1865), los Estados Unidos sufrió grandes cambios. Sus industrias crecieron rápidamente. Los Estados Unidos estaba convirtiéndose en una potencia industrial. Comenzó a interesarse por las Américas Central y del Sur y por las islas del Caribe. Para fines del siglo XIX, también mostraba interés por Asia.

Alaska

En 1867, los Estados Unidos compró Alaska a Rusia y pagó un poco más de siete millones de dólares. Una de las razones principales para comprar Alaska fue impedir la entrada de Rusia en América del Norte. En aquel entonces, muchas personas creían que era una tontería gastar tanto dinero por Alaska. Creían que era nada más que una nevera grande. Después, la compra de Alaska resultó ser una jugada astuta.

Los Estados Unidos lucha contra España

Los Estados Unidos quería que los españoles salieran de la región del Caribe. Cuba y Puerto Rico todavía pertenecían a España. Sin embargo, su poder sobre estos lugares iba debilitándose. Los habitantes de esas islas habían estado luchando por su libertad. Las Filipinas, en el Pacífico, también querían su libertad.

Muchas personas en los Estados Unidos querían que Cuba y las Filipinas fueran independientes. Las relaciones entre los Estados Unidos y España se empeoraban. Luego, en 1898, el buque de guerra, *U.S.S. Maine,* estalló y se hundió en el puerto de la Habana, Cuba. Nadie supo exactamente qué pasó. Los Estados Unidos le echó la culpa a España. Esto trajo como consecuencia la guerra hispanonorteamericana.

La guerra se luchó en el Caribe y en el Pacífico. Los Estados Unidos destruyó a la marina española en la bahía de Manila en las Filipinas. También acabó completamente con las fuerzas españolas cerca del puerto de Santiago en Cuba. Al mismo tiempo, los soldados estadounidenses tomaron la ciudad de Santiago.

Los Estados Unidos adquiere territorios

Después de la guerra, España concedió a Cuba su libertad. Los Estados Unidos obtuvo de España las colonias de Puerto Rico y las Filipinas. También ganó a Guam, una isla en el Pacífico.

Puerto Rico y Cuba

Puerto Rico se convirtió en una posesión de los Estados Unidos. En 1917 sus habitantes se hicieron ciudadanos estadounidenses con ciertos límites. Los puertorriqueños podían elegir a sus representantes en el gobierno de los Estados Unidos. El gobierno estadounidense nombraba al gobernador y a los funcionarios importantes de la isla.

Cuba se independizó, pero quedó bajo la influencia de los Estados Unidos. Cuba tenía que permitir que los Estados Unidos usara una base naval. Ésta quedaba en la bahía de Guantánamo, en el extremo este de Cuba. Los Estados Unidos también consiguió el derecho de interferir en los asuntos cubanos.

La reina Liliuokalani de Hawai. Ella fue la última soberana de Hawai.

Hawai

Los comerciantes estadounidenses iniciaron el comercio con Hawai cerca de 1810. Los misioneros trabajaron allí cerca de 1820. Los intereses comerciales se intensificaron. Para la década de 1870, Hawai casi era un protectorado de los Estados Unidos.

Los Estados Unidos hizo un tratado para tener una base naval en Pearl Harbor. Ésta estaba en Hawai. Los estadounidenses ayudaron a derrocar a la reina hawaiana en 1893. Luego, los Estados Unidos empezó a gobernar Hawai. Para el 1900, Hawai se había convertido en un territorio de los Estados Unidos.

Ampliando la Doctrina Monroe

Los Estados Unidos hizo un papel importante en las Américas, sobre todo durante la década de 1890 y a principios del siglo XX. Los Estados Unidos utilizó la Doctrina Monroe para controlar aún más las Américas. Por ejemplo, había una disputa entre Gran Bretaña y Venezuela sobre la frontera entre Venezuela y Guayana (llamada entonces, Guayana Británica). Los dos países habían peleado sobre la frontera por muchos años. Venezuela pidió ayuda a los Estados Unidos.

Los Estados Unidos dijo que los países debían resolver la disputa por medio de **arbitraje.** Esto es una decisión tomada por alguien que ha escuchado a los dos lados. Esta persona no favorece ni al uno ni al otro. Los Estados Unidos sirvió de árbitro. Los Estados Unidos advirtió a los británicos que si se negaban a aceptar esto, estarían actuando en contra de la Doctrina Monroe.

Al principio, los británicos se negaron. Por un tiempo se planteó el peligro de guerra. Por fin, los Estados Unidos sí resolvió la disputa sobre la frontera mediante el arbitraje. El peligro desapareció. Los europeos y los hispanoamericanos sintieron algo de alivio. No obstante, les preocupaba el poder estadounidense.

Las deudas venezolanas a Europa

En 1902 Venezuela volvió a tener problemas. El gobierno de Venezuela le debía dinero a Gran Bretaña, Alemania, Italia y otros países europeos. Venezuela no podía pagarles el dinero. Los países europeos mandaron buques de guerra para obligarla a pagar. Muchos países de Hispanoamérica estaban enojados. Querían que los Estados Unidos protegiera a Venezuela contra los buques de guerra europeos. Pensaban que si la Doctrina Monroe tenía algún significado, los Estados Unidos debería actuar para ayudar a Venezuela.

La presión estadounidense consiguió que los europeos se sometieran al arbitraje. Los Estados Unidos, sin embargo, se negó a actuar como árbitro.

La República Dominicana

En 1904, la República Dominicana no podía pagar sus deudas a los países europeos. Los Estados Unidos advirtió a los países europeos que no permitiría que ellos hicieran algo para obligar a la República Dominicana a que les pagara. En 1905, las fuerzas armadas de los Estados Unidos tomaron control de la República Dominicana. Los Estados Unidos hizo arreglos para asegurar que se pagara la deuda.

La política del "palo grande"

El presidente Theodore Roosevelt declaró que lo sucedido en la República Dominicana era una extensión de la Doctrina Monroe. Habló de ésta como la política del "palo grande". Estas palabras venían de uno de sus refranes. Roosevelt decía que los Estados Unidos debe "hablar suavemente y llevar un palo grande".

Muchos países hispanoamericanos se enojaron por la política del "palo grande". Entendían que esto significaba que los Estados Unidos tenía control imperialista sobre Hispanoamérica. Su desagrado se profundizaba cada vez más.

Un canal en la América Central

Los Estados Unidos quería construir un canal a través de América Central. Sin un canal, la única manera en que los barcos podían viajar de la costa del este hasta la costa del oeste era dando la vuelta a la punta de América del Sur. Era un viaje largo. Las aguas en la punta de América del Sur hacían que el viaje también fuera peligroso. Algunos viajeros iban en barco hasta el istmo de Panamá. (Un istmo es una franja estrecha de tierra. Vincula dos extensiones de tierra más grandes.) Los viajeros cruzaban el istmo y luego completaban el viaje en barco. Éste también era un viaje largo y duro.

Panamá se rebela

Panamá formaba parte de Colombia. En 1903, los estadounidenses fomentaron una rebelión en Panamá. Ésta tuvo éxito. Panamá declaró su independencia de Colombia. Los Estados Unidos, de ese modo, ganó el derecho de construir un canal. Los Estados Unidos se hizo dueño del canal. También controló las tierras a lo largo de las orillas del canal.

Después de su construcción, el canal fue usado por los países del mundo que surcaban los mares. Aunque a muchos países les gustaba usar el canal, no les agradaba la forma en que los Estados Unidos obtuvo el derecho de construirlo.

Nicaragua

Los Estados Unidos también participó en acciones en Nicaragua. Por varios años, los Estados Unidos y Gran Bretaña habían pensado en construir otro canal a través de Nicaragua.

En 1912, la marina estadounidense entró en Nicaragua para apoyar a un grupo en una guerra civil. (Una guerra civil es una guerra dentro de una nación.) Así, los Estados Unidos consiguió el derecho de construir un canal. La fuerza naval estadounidense se quedó en Nicaragua. Se fue por un tiempo en 1925, pero regresó y se quedó hasta 1933. Los Estados Unidos usó la fuerza naval para apoyar al gobierno que quería en Nicaragua. Jamás construyó el canal.

El país más fuerte de las Américas

A principios del siglo XX, los Estados Unidos era el país más fuerte de las Américas. Las ganancias que obtuvo de la guerra hispanonorteamericana y de otras actividades hacían que se fortaleciera el nacionalismo estadounidense. Al mismo tiempo, su control sobre otras áreas ayudó a fomentar los sentimientos de imperialismo en los Estados Unidos.

En general, los países imperialistas creían que era su deber o derecho inteferir en asuntos de otros países. Los Estados Unidos poseía protectorados y esferas de influencia. Interfería en los asuntos cuando no le gustaba cómo se comportaba otro país americano. Esto les recordaba a los hispanoamericanos que los Estados Unidos no los trataba como iguales.

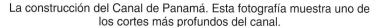

La construcción del Canal de Panamá. Esta fotografía muestra uno de los cortes más profundos del canal.

87

Ejercicios

A. Busca las ideas principales:

Pon una marca al lado de las oraciones que expresan las ideas principales de lo que acabas de leer.

_____ **1.** Alaska era importante para los Estados Unidos.

_____ **2.** Los Estados Unidos desarrolló una política de imperialismo en las Américas.

_____ **3.** Los europeos tenían intereses en las Américas.

_____ **4.** El Canal de Panamá fue importante.

_____ **5.** Los Estados Unidos amplió la Doctrina Monroe de muchas formas.

B. ¿Qué leíste?

Escoge la respuesta que mejor complete cada oración. Escribe la letra de tu respuesta en el espacio en blanco.

_____ **1.** Los intereses principales de los países imperialistas europeos se encontraban en
   a. Asia.
   b. el Oriente Medio.
   c. África.
   d. todos los anteriores.

_____ **2.** Los Estados Unidos le compró Alaska a
   a. Rusia.
   b. Francia.
   c. España.
   d. Gran Bretaña.

_____ **3.** Panamá se independizó de
   a. los Estados Unidos.
   b. México.
   c. Colombia.
   d. España.

_____ **4.** La política del "palo grande" fue usada por
   a. Gran Bretaña.
   b. los Estados Unidos.
   c. España.
   d. todos los anteriores.

_____ **5.** La marina de los Estados Unidos permaneció casi veinte años en
   a. Venezuela.
   b. Santo Domingo.
   c. México.
   d. Nicaragua.

_____ **6.** Entre 1898 y 1900, los Estados Unidos tuvo control sobre todos los siguientes países *menos*
   a. las Filipinas.
   b. Hawai.
   c. Colombia.
   d. Puerto Rico.

C. Habilidad cartográfica:

Mira el mapa de Hispanoamérica. Identifica los países indicados por letras en el mapa. Escribe la letra en el espacio en blanco correspondiente. Puedes ver el mapa de la página 84.

_____ 1. Panamá

_____ 2. Cuba

_____ 3. Puerto Rico

_____ 4. Venezuela

_____ 5. República Dominicana

_____ 6. Colombia

_____ 7. Nicaragua

_____ 8. Brasil

_____ 9. Bolivia

_____ 10. Argentina

_____ 11. El Salvador

_____ 12. México

D. Comprueba los detalles:

Lee cada afirmación. Escribe C en el espacio en blanco si la afirmación es cierta. Escribe F en el espacio si es falsa. Escribe N si no puedes averiguar en la lectura si es cierta o falsa.

_____ 1. Muchos países de las Américas todavía eran colonias a mediados del siglo XIX.

_____ 2. Después de 1865, los Estados Unidos dirigió la gran parte de su atención a Asia.

_____ 3. España gobernaba Cuba duramente.

_____ 4. Construir el Canal de Panamá era trabajo duro.

_____ 5. En la década de 1890 y a principios del siglo XX, los Estados Unidos no cambió las ideas de la Doctrina Monroe.

_____ 6. Los Estados Unidos le compró Alaska a Rusia.

_____ 7. Cuba le declaró la guerra a España por la independencia, pero las Filipinas, no.

_____ 8. Puerto Rico tenía menos posibilidades de gobernarse a sí mismo estando bajo el poder de los Estados Unidos que las que tenía bajo el poder de España.

_____ 9. Los Estados Unidos tenía esferas de influencia.

_____ 10. La política del "palo grande" fue idea del presidente Monroe de los Estados Unidos.

_____ 11. Los Estados Unidos quería construir un canal a través de Nicaragua.

_____ 12. Los Estados Unidos entró en Santo Domingo para ayudar a los países europeos a conseguir el dinero que se les debía.

E. Detrás de los titulares:

Detrás de cada titular hay una historia. Escribe dos o tres oraciones que respalden o cuenten sobre cada uno de los siguientes titulares.

HAY PELIGRO DE GUERRA ENTRE LOS ESTADOS UNIDOS Y GRAN BRETAÑA POR UNA FRONTERA EN AMÉRICA DEL SUR

_____

_____

_____

PANAMÁ CEDE LOS DERECHOS DEL CANAL A LOS ESTADOS UNIDOS

_____

_____

_____

LOS ESTADOS UNIDOS USA EL "PALO GRANDE" EN LA REPÚBLICA DOMINICANA

_____

_____

_____

LAS FUERZAS MARINAS SALEN PARA NICARAGUA

_____

_____

_____

F. ¿Qué significa?

Escoge el mejor significado para cada una de las palabras en letras mayúsculas.

_____ **1.** ARBITRAJE
   a. arreglar una disputa al usar la fuerza
   b. hacer que las personas se hablen
   c. hacer que un tercero decida cómo arreglar una disputa

_____ **2.** DICTADOR
   a. un soberano democrático
   b. un miembro del grupo gobernante
   c. un soberano que tiene poder completo

G. Para comprender la historia mundial:

En la página 82 leíste sobre tres factores de la historia mundial. ¿Cuál de estos factores corresponde a cada afirmación de abajo? Llena el espacio en blanco con el número de la afirmación correcta de la página 82. Si no corresponde ningún factor, escribe la palabra NINGUNO.

_____ **1.** Los Estados Unidos no trató a las naciones de América Latina como iguales y mostró poco interés en su cultura.

_____ **2.** Los países imperialistas del siglo XIX se interesaron principalmente por las materias primas y los mercados que necesitaban.

_____ **3.** Gran Bretaña poseía a Canadá, y Rusia poseía a Alaska a mediados del siglo XIX.

_____ **4.** Las debilidades de España hicieron que los Estados Unidos pensara que era el momento preciso para apoderarse de las colonias españolas en el Caribe y en el Pacífico.

Capítulo 12

El imperialismo y el nacionalismo

Para comprender la historia mundial

Piensa en lo siguiente al leer sobre el imperialismo y el nacionalismo.

1 Las naciones se ligan por una red de interdependencia económica.
2 Nuestra cultura influye en nuestra perspectiva de otras personas.
3 La interacción entre pueblos y naciones conduce a cambios culturales.
4 La cultura del presente nace en el pasado.

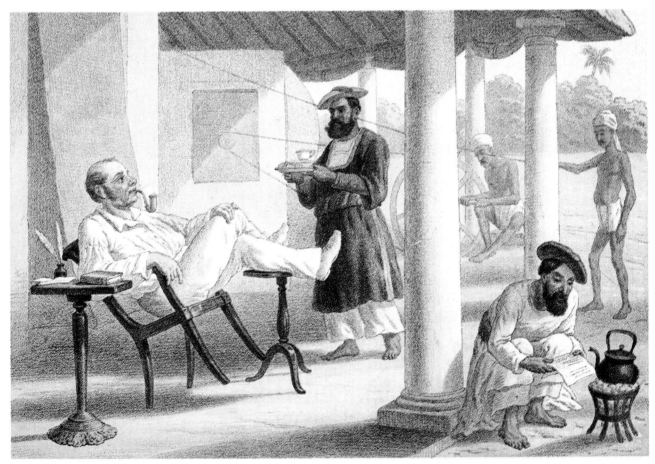

Un funcionario británico en la India. Sus criados indios le sirven. Muchos extranjeros llevaban una buena vida en sus colonias. Sin embargo, los súbditos colonos eran pobres. Por ésta y otras razones, el gobierno extranjero empezó a desagradarles.

El imperialismo y el industrialismo

El tipo de imperialismo que existió en el siglo XIX respondía a las necesidades de la revolución industrial. Los países imperialistas eran países industrializados. Fabricaban productos. Necesitaban colonias que suministraran las materias primas para sus productos. También necesitaban colonias como lugares para vender los productos elaborados. Materias primas para las fábricas y mercados para los productos elaborados en las fábricas fueron las ideas principales del imperialismo en el siglo XIX.

El nacionalismo en los países imperialistas

No fueron sólo las necesidades económicas las que fomentaron el imperialismo. También jugó un papel el nacionalismo. El nacionalismo en los países imperialistas les dio razones para apoderarse de las colonias.

Los países imperialistas sólo consideraban su propia cultura y sus propias necesidades económicas. Lo que veían les hacía creer que el imperialismo era correcto. No consideraban las culturas de sus colonias. Por lo general, los imperialistas despreciaban las culturas de los pueblos coloniales. Además, pasaban por alto las necesidades económicas de sus colonias.

¿Quién se beneficiaba con el imperialismo?

Algunas personas se beneficiaban mucho con el imperialismo. Los dueños de fábricas conseguían materias primas baratas. También había mercados para sus productos. Además, había trabajo en las colonias. Muchas personas de los países imperialistas llenaban estos puestos. Posiblemente, habrían tenido problemas para conseguir un buen empleo en su propio país. Los dueños de barcos se beneficiaban con el imperialismo, al igual que las personas que construían ferrocarriles y fábricas.

Había muchas personas en los países imperialistas que no se beneficiaban en cuanto al dinero. Los obreros de las fábricas no ganaban mucho dinero a causa del imperialismo. Había más trabajo en las fábricas, pero los sueldos de los obreros no aumentaban. Las personas que pagaban impuestos estaban pagando por los ejércitos y las marinas de los países imperialistas. Los soldados de estos países arriesgaban la vida luchando para apoderarse de las colonias.

Aun así, la gente que no se beneficiaba con dinero sentía orgullo de su país. La gente de un país imperialista creía que su país era superior a los demás países. Este orgullo nacional les hacía sentirse importantes.

El nacionalismo en las colonias

La gente de los países imperialistas sentía orgullo nacional. En los pueblos colonizados también se empezaron a fomentar sentimientos de nacionalismo. Este creciente espíritu nacional les llevó a desear su libertad. Querían deshacerse del dominio imperialista.

Las colonias inglesas en América del Norte sintieron el deseo por la libertad muy pronto. Llegaron a ser los Estados Unidos independientes antes del siglo XIX. Poco después, les siguieron los países hispanoamericanos. El nacionalismo les llevó a independizarse de España a principios del siglo XIX.

El nacionalismo crece en la India

Muchos de los primeros nacionalistas indios recibieron cultura de los británicos. Ingresaron en las escuelas inglesas. Luego, regresaron a la India con nuevas ideas. Hablaron de libertad y de nacionalismo.

En 1885, un grupo de indios formó el Congreso Nacional Indio. Fundó el congreso para hacer que los británicos les permitieran a los indios participar más en los asuntos de su propio país. La mayoría de los miembros del congreso eran hindúes.

En 1906 se fundó la Liga Musulmana. Se fundó la liga para hacer que los musulmanes participaran también en el gobierno del país.

Había muchos desacuerdos entre los hindúes y los musulmanes aun antes de que los ingleses se apoderaran de la India. Los ingleses ayudaron a que estos desacuerdos continuaran mediante su política de "dividir y conquistar". Gran Bretaña fomentó las sospechas entre los dos grupos para así seguir gobernando el país.

Gandhi

En 1914, Mohandas K. Gandhi empezó a ascender al mando de la India. Gandhi nació en la India. Cursó derecho en Gran Bretaña. Luego, se mudó a Sudafrica, que era una colonia británica en esa época. Ejerció derecho allí. Trabajó por los derechos de los indios que vivían allí. Se fue después de hacer que el gobierno se acordara de darles a los indios más derechos.

Gandhi tenía 46 años cuando regresó a la India en 1915. Llevó una nueva idea para los nacionalistas indios. La idea fue la **desobediencia civil,** que es un tipo de acción no violenta. La desobediencia civil significaba desobedecer las leyes que la gente consideraba incorrectas o injustas. Significaba desobedecer las leyes sin lucha física y sin violencia. Gandhi le dio a su tipo de resistencia pasiva un nombre indio que significaba "atenerse a la verdad".

Mohandas K. Gandhi cuando era un joven abogado en Sudáfrica.

El impuesto sobre la sal

Los ingleses pusieron un impuesto sobre la sal en la India. Los indios consideraron que era un impuesto injusto. La gente necesitaba la sal para sus alimentos. Los ingleses también dijeron que era ilegal fabricar la sal.

Gandhi caminó 200 millas (320 kilómetros) hacia el océano. Su plan era sacar sal del agua del mar. Los ingleses detuvieron a Gandhi por esta protesta no violenta contra el impuesto sobre la sal. Acciones pacíficas como éstas hicieron que los indios y las demás personas del mundo estimaran a Gandhi.

Muchos indios le llamaron a Gandhi el *Mahatma,* que significa "gran alma". Respetaban sus ideas. A veces a los indios les fue difícil no luchar. Era difícil ser no violento cuando los ingleses empleaban la violencia. Algunas veces los indios emplearon la violencia. Sin embargo, la desobediencia civil y la no violencia les empezaron a dar resultados.

Mohamed Alí Jinnah

Mohamed Alí Jinnah era un abogado indio musulmán. También estudió en Inglaterra. Luego regresó a la India a ejercer derecho.

Al principio, Jinnah se unió con el Congreso Nacional. Esperaba que los musulmanes y los hindúes pudieran trabajar juntos para la libertad de la India.

La Liga Musulmana

La Liga Musulmana se fundó en 1906 con el fin de que los musulmanes tuvieran representación en una India libre. Jinnah se asoció con la Liga Musulmana. Empezó a ascender al mando de la liga casi al mismo tiempo en que Gandhi empezó a dirigir el creciente Congreso Nacional.

Los musulmanes querían libertad. Tenían miedo, sin embargo, de que formaran una minoría en la India libre. Temían que las leyes no los trataran con justicia.

Los hindúes tenían miedo de que los musulmanes intentaran hacer que las leyes musulmanas fueran las leyes para todos los indios. Los indios temían que esto pudiera pasar en los lugares donde había más musulmanes que hindúes. Los hindúes se acordaban del dominio mongol. Durante la época de los mongoles, la mayoría hindú fue maltratada.

Durante los 30 años siguientes, Gandhi y Jinnah dirigieron a los hindúes y a los musulmanes en la lucha por la libertad. Al principio, trabajaron juntos. Más tarde, aspiraron a metas distintas. Gandhi y el Congreso Nacional se esforzaban por una India unida y libre. La Liga Musulmana comenzó a esforzarse por un país musulmán separado e independiente en una parte de lo que era la India Británica.

El nacionalismo en China

Un espíritu de nacionalismo surgió en China a finales del siglo XIX y a principios del siglo XX. Los primeros líderes eran chinos jóvenes que habían cursado estudios en otros países. Estos jóvenes creían que China había sido humillada por los soberanos Manchú. Creían que los soberanos Manchú no habían sido capaces de impedir que los imperialistas se apoderaran de China.

El programa de Sun Yat-sen

Los nacionalistas chinos formaron una organización secreta que se llamaba el Partido Joven de China. El Dr. Sun Yat-sen era su líder. Abandonó la medicina para luchar por la libertad de China. Fue obligado a irse de China en 1895.

Sun Yat-sen vivió en Hawai, Japón, los Estados Unidos y Gran Bretaña durante varios años. Mientras vivía fuera de China, formuló un programa para China.

Su programa abarcó tres principios:

- nacionalismo: un fuerte gobierno nacional en China
- democracia: una forma democrática de gobierno para China
- subsistencia: mejoras en el nivel de los medios de vida en China.

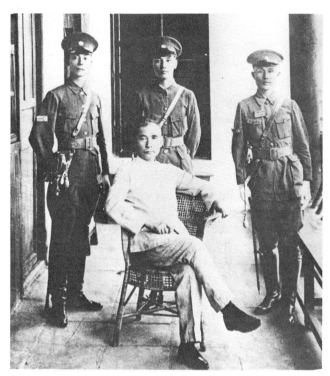

Sun Yat-sen, sentado en el centro. Chang Kai-chek está parado justo detrás de él.

Termina el gobierno Manchú

En 1911, los nacionalistas derrocaron a los Manchú. En 1912, los nacionalistas fundaron una república. La guerra civil, sin embargo impedía que China estuviera unida. China fue dividida en varias partes. que fueron gobernadas por los generales y los jefes militares. En 1917, Sun Yat-sen logró apoderarse del mando de la república. Sin embargo, la república sólo abarcaba una pequeña parte del sur de China.

Sun Yat-sen y sus seguidores fundaron el **Kuomin-tang.** Éste era el partido nacionalista. Ellos querían que el Kuomintang uniera a China.

El partido comunista de China

Se formó el partido comunista de China en 1921. Al principio, trabajó con el Kuomintang. Juntos, trataron de unir a China. Tenían la meta de deshacerse de los jefes militares y los generales que mantenían dividido al país.

Chang Kai-chek

Sun Yat-sen murió en 1925. Su puesto como líder del Kuomintang fue asumido por el general Chang Kai-chek. Chang Kai-chek no quería trabajar con el partido comunista de China.

En 1927, estalló de nuevo una guerra civil. Chang Kai-chek y su ejército lograron colocar a la mayor parte de China bajo el mando del gobierno nacionalista. También lucharon contra los comunistas chinos.

Mao Zedong

Mao Zedong se convirtió en el líder de los comunistas chinos. Los comunistas y los nacionalistas lucharon por casi 20 años. Esta guerra civil impidió que China se fortaleciera.

El nacionalismo en el sudeste de Asia

El nacionalismo llegó a ser cada vez más fuerte en la India y en China. También empezó a crecer en el sudeste de Asia. En esta parte del mundo, al igual que en la India y China, muchos de los primeros líderes nacionalistas eran jóvenes. Estos jóvenes habían asistido a escuelas locales. Muchos habían estudiado en Holanda, Francia y Gran Bretaña. Regresaron a sus países con muchas ideas nuevas. Entre estas ideas estaba el espíritu de nacionalismo.

Malasia: Malasia era una colonia de Gran Bretaña. Se llamaba entonces Malaya. La gente de Malasia quería deshacerse de los imperialistas británicos. También quería deshacerse de los chinos que vivían en su país.

Los británicos llevaron a los chinos a Malasia para trabajar. Al poco tiempo, los chinos se adueñaron de gran parte del comercio y de los negocios. Esto les desagradó mucho a los nacionalistas malasios. Algunos nacionalistas se las desquitaron con los chinos en su país.

Myanmar: Myanmar (que se llamaba Birmania) había formado parte de la India Británica desde 1885. En la década de 1920, Gran Bretaña empezó a permitir que el pueblo participara en el gobierno. Pero las decisiones principales las tomaban los ingleses. Myanmar no se separó de la India Británica hasta 1935.

Indonesia: Los holandeses habían gobernado Indonesia por centenares de años. En el siglo XIX, los indonesios hicieron varios intentos para deshacerse de los soberanos holandeses. Pero estos intentos fracasaron. En 1927, se fundó un partido nacionalista indonesio, dirigido por Achmed Sukarno. Los indonesios se esforzaron por casi 20 años para lograr su libertad.

Indochina: Los sentimientos contra los franceses iban creciendo en Indochina. Estos sentimientos antifranceses eran muy fuertes en Vietnam, una parte de Indochina. Pasarían muchos años, sin embargo, antes de que Indochina fuera lo suficientemente fuerte para deshacerse de los franceses.

El nacionalismo en África

Pequeños grupos de africanos, quienes fueron educados por las potencias colonizadores, llegaron a ser líderes del movimiento nacionalista en África.

A principios del siglo XX, los nacionalistas africanos se habían unido con algunos afroamericanos en los Estados Unidos. El Dr. W. E. B. Du Bois era un erudito y maestro negro de los Estados Unidos. Se sentía atraído hacia la herencia africana. A fines del siglo XIX y a principios del siglo XX, se dedicó a estudiar esta herencia. Luego, ayudó a formar un Congreso **panafricano** en la década de 1920. Panafricano significaba todo "lo africano".

El nacionalismo africano se desarrolló lentamente durante los años anteriores a 1945. Era difícil desarrollar un espíritu nacionalista en las colonias que no compartían un idioma ni una historia.

El nacionalismo en el Oriente Medio

En el 1900, la mayor parte del Oriente Medio y del norte de África fue gobernada por lo que quedaba del Imperio Otomano. En una época había sido un imperio fuerte. Pero a principios del siglo XX, el Imperio Otomano se había debilitado. Había sufrido pérdidas en las guerras. Se unió al lado que perdió en la Primera Guerra Mundial.

Un movimiento nacionalista turco iba creciendo en el Imperio Otomano a principios del siglo XX. Los nacionalistas se llamaban los "turcos jóvenes". Querían fundar una república turca. Querían sentir orgullo de su país. Uno de los líderes era un general joven que se llamaba Mustafá Kemal. Más tarde, llegó a ser presidente de Turquía. Gobernó bajo el nombre de Ataturk.

El nacionalismo árabe

Los nacionalistas árabes formaron un segundo grupo en el Imperio Otomano. Tanto los soberanos otomanos como los árabes eran musulmanes. La religión había unido a gran parte del imperio en una época. Durante la Primera Guerra Mundial, los árabes lucharon por deshacerse del control otomano sobre sus tierras.

La mayoría de los territorios árabes lograron deshacerse de los otomanos pero no lograron su

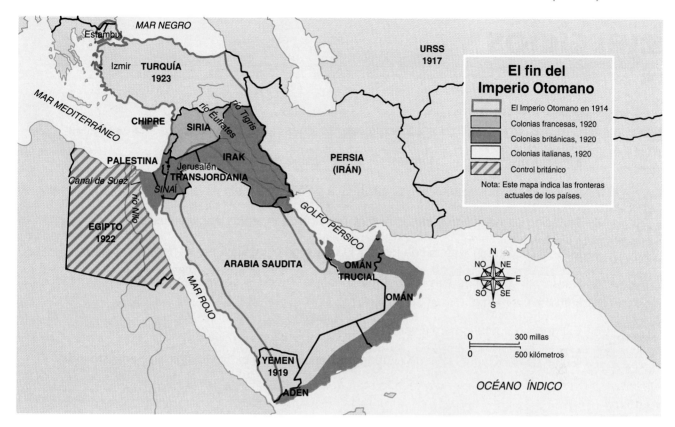

El fin del Imperio Otomano

	El Imperio Otomano en 1914
	Colonias francesas, 1920
	Colonias británicas, 1920
	Colonias italianas, 1920
	Control británico

Nota: Este mapa indica las fronteras actuales de los países.

libertad inmediatamente sino que cayeron bajo el control de las naciones imperialistas occidentales. Después de la Primera Guerra Mundial, las tierras árabes que habían formado parte del Imperio Otomano se volvieron colonias de Gran Bretaña, Francia e Italia.

Los nacionalistas árabes continuaron su lucha por la libertad contra las potencias imperialistas.

El nacionalismo judío

Un tercer grupo del Imperio Otomano fue conmovido por el espíritu de nacionalismo judío. Este espíritu de nacionalismo se llamó **sionismo.** Muchos judíos fueron obligados a salir de la región de Palestina durante la época romana. Esta dispersión de judíos se llamó la **Diáspora.** Los judíos fueron obligados a irse a otros países de Europa, Oriente Medio y norte de África.

La Diáspora fue recordada en la vida y la religión judías en todas partes del mundo. Algunos judíos seguían pensando en Jerusalén y Palestina como su hogar verdadero.

Teodoro Herzl era un judío que nació en Hungría. Herzl escribió un libro en el cual sugería que los judí-

os debían empezar a poblar Palestina de nuevo. A esta idea se le conoció como sionismo. Los que apoyaban al sionismo se llamaban sionistas. Los ataques contra los judíos en Francia y en Rusia a fines del siglo XIX hicieron que el sionismo se fortaleciera.

Los sionistas querían que los judíos tuvieran una patria segura en Palestina. Muchos empezaron a trasladarse allí. Los soberanos otomanos se oponían al desarrollo de un estado judío en su territorio.

Los efectos del nacionalismo creciente

El aumento del nacionalismo en las colonias sirvió para unir a las personas bajo el deseo de deshacerse del gobierno imperialista. El nacionalismo que crecía en Asia, África, el Oriente Medio y América del Sur también tenía su aspecto peligroso.

En algunos casos, los nuevos nacionalistas se oponían tanto a los grupos vecinos como a los soberanos imperialistas. A veces, los nacionalistas se oponían a otros grupos que querían vivir en el mismo país. Cada uno de estos problemas causaría guerras y desagrados en el futuro.

Ejercicios

A. Busca las ideas principales:

Pon una marca al lado de las oraciones que expresan las ideas principales de lo que acabas de leer.

_____ 1. El nacionalismo ayudó a fomentar el imperialismo en los países industriales.

_____ 2. A los hispanoamericanos no les gustaba la política del "palo grande" de los Estados Unidos.

_____ 3. El nacionalismo ayudó a fomentar movimientos de independencia en las colonias.

_____ 4. El Dr. Sun Yat-sen ejerció una influencia fuerte en el movimiento nacionalista chino.

_____ 5. Había por lo menos tres grupos nacionalistas que se oponían al gobierno otomano en el Oriente Medio.

_____ 6. El Imperio Otomano perdió varias guerras.

_____ 7. Mohandas K. Gandhi tuvo una importante influencia en el movimiento nacionalista indio.

B. ¿Qué leíste?

Escoge la respuesta que mejor complete cada oración. Escribe la letra de tu respuesta en el espacio en blanco.

_____ 1. Los países imperialistas dependían de sus colonias principalmente por
   a. necesidades culturales.
   b. necesidades económicas.
   c. un espíritu de nacionalismo.
   d. todo lo anterior.

_____ 2. El Congreso Nacional Indio se oponía
   a. a los hindúes.
   b. al nacionalismo.
   c. a los británicos.
   d. a ninguno de los anteriores.

_____ 3. Los principios del Dr. Sun Yat-sen incluía todo lo siguiente, *menos*
   a. un fuerte gobierno nacional.
   b. un nivel de vida mejor.
   c. un fuerte emperador Manchú.
   d. una forma democrática de gobierno nacional.

_____ 4. Entre los grupos que se oponían al gobierno de los otomanos estaban los
   a. indios, turcos y árabes.
   b. turcos, judíos e indios.
   c. chinos, árabes y turcos.
   d. árabes, turcos y judíos.

C. Comprueba los detalles:

Lee cada oración. Escribe H en el espacio en blanco si la oración es un hecho. Escribe O en el espacio si es una opinión. Recuerda que los hechos se pueden comprobar, pero las opiniones, no.

_____ **1.** Había demasiado nacionalismo en el siglo XX.

_____ **2.** Gandhi llevó la idea de la desobediencia civil al movimiento nacionalista indio.

_____ **3.** Los nacionalistas chinos no fueron tan ordenados como los nacionalistas indios.

_____ **4.** El Dr. Sun Yat-sen no pudo unir a China.

_____ **5.** El sionismo tenía raíces en la historia y la religión judías.

_____ **6.** Algunos afroamericanos de los Estados Unidos participaron en el movimiento panafricano.

D. Los significados de palabras:

Encuentra para cada palabra de la Columna A el significado correcto en la Columna B. Escribe la letra de cada respuesta en el espacio en blanco.

Columna A

_____ **1.** panafricano
_____ **2.** sionismo
_____ **3.** Diáspora
_____ **4.** desobediencia civil
_____ **5.** Kuomintang

Columna B

a. el nacionalismo judío
b. el nacionalismo indonesio
c. todo África
d. desobedecer las leyes sin violencia
e. la dispersión de los judíos de Palestina en otros países
f. el partido nacional chino

E. Para comprender la historia mundial:

En la página 92 leíste sobre cuatro factores de la historia mundial. ¿Cuál de estos factores corresponde a cada afirmación de abajo? Llena el espacio en blanco con el número de la afirmación correcta de la página 92. Si no corresponde ningún factor, escribe la palabra NINGUNO.

_____ **1.** Los países imperialistas eran países industriales.

_____ **2.** Muchos líderes nacionalistas de las colonias se enteraron de ciertas ideas mientras estudiaban en las universidades de Europa.

_____ **3.** Los países imperialistas dependían de sus colonias para las materias primas y los mercados para sus productos elaborados.

_____ **4.** La Diáspora fue un acontecimiento muy recordado en la vida y religión judías.

_____ **5.** Los países imperialistas estimaban mucho su propia cultura y despreciaban las culturas de los países coloniales.

Unidad 2

Guerras, revoluciones y esfuerzos por la paz en el siglo XX

Los primeros años del siglo XX fueron testigos del comienzo de la Primera Guerra Mundial. Durante cuatro años (de 1914 a 1918), los países de Europa lucharon en un conflicto sangriento (ver la ilustración de la página 100). Por fin se logró la paz en 1918. Pero la amargura y el odio permanecieron. En poco más de 20 años, estallaría otra guerra. Los primeros años del siglo XX también fueron testigos de una revolución en Rusia. El dominio absoluto de los zares llegó a su fin. Un gobierno dirigido por los comunistas llegó al poder en la Unión Soviética.

Los años que siguieron a la Primera Guerra Mundial encontraron a la mayor parte de Europa en una depresión económica. El miedo al comunismo condujo al surgimiento de dictaduras fascistas en Europa. El fascismo creció en otras partes también. Los líderes militares se apoderaron del gobierno de Japón.

Sin embargo, se hacían esfuerzos por poner fin a las guerras futuras. Una organización internacional, que se llamaba la Sociedad de Naciones, se fundó en 1919. Pero la sociedad era débil. No podía impedir que los dictadores de Alemania, Italia y Japón se apoderaran de otras tierras. Varios actos de agresión durante la década de 1930 prepararon el escenario para un conflicto mayor. La invasión a Polonia por Alemania en 1939 inició la Segunda Guerra Mundial. La guerra terminó en 1945 con la derrota completa de Alemania y Japón.

En 1945 sucedieron dos acontecimientos importantes. Uno fue el lanzamiento de las primeras bombas atómicas. El segundo fue la fundación de una nueva organización internacional: la Organización de las Naciones Unidas. Sus miembros trabajan para establecer relaciones pacíficas entre las naciones del mundo.

A pesar de los esfuerzos de las Naciones Unidas para mantener la paz, sucedieron guerras durante las décadas de 1950, 1960 y 1970. Los conflictos tuvieron lugar en el Asia Oriental, el sudeste de Asia y el Oriente Medio. Hoy en día, las naciones del mundo todavía buscan caminos hacia la paz.

En la Unidad 2, leerás los siguientes capítulos:

Capítulo 1

La Primera Guerra Mundial

Para comprender la historia mundial

Piensa en lo siguiente al leer sobre la primera guerra mundial.

1. Los sucesos en una parte del mundo han influido en los desarrollos en otras partes del mundo.
2. Las naciones se ligan por una red de interdependencia económica.
3. Nuestra cultura influye en nuestra perspectiva de otras personas.
4. La cultura del presente nace en el pasado.

Los marines estadounidenses combatiendo las tropas alemanas durante la Primera Guerra Mundial. Varios millones de soldados murieron en las trincheras cavadas a lo largo de los frentes de batalla.

Para aprender nuevos términos y palabras

En este capítulo se usan las siguientes palabras. Piensa en el significado de cada una.

nacionalismo: el sentido de orgullo y devoción por la patria de uno.

chauvinismo: el patriotismo extremado

alianzas: pactos entre dos o más naciones para ayudarse unas a otras

equilibrio de fuerzas: una situación en la cual una nación no tiene más poder que sus vecinos u otras naciones

mediación: el arreglo de una disputa mediante otra parte; sus propuestas no son obligatorias

neutro: no estar del lado de nadie en una disputa

zar: el título del soberano de Rusia

armisticio: un acuerdo de dejar de luchar

comunismo: un sistema de gobierno en el cual el gobierno se adueña de todos los negocios, las fábricas y las granjas

Piénsalo mientras lees

1. ¿Cuáles eran los dos grupos de alianzas en Europa en 1914?

2. ¿Cuáles eran las amenazas principales a la paz en Europa en 1914?

3. ¿Cuál fue la causa inmediata de la Primera Guerra Mundial?

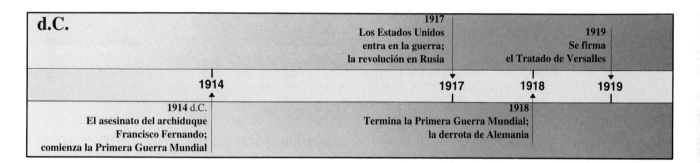

d.C.

1917	1919
Los Estados Unidos entra en la guerra; la revolución en Rusia	Se firma el Tratado de Versalles

1914 — 1917 — 1918 — 1919

1914 d.C. El asesinato del archiduque Francisco Fernando; comienza la Primera Guerra Mundial

1918 Termina la Primera Guerra Mundial; la derrota de Alemania

Los cambios en el mundo en el siglo XIX

Muchos cambios importantes sucedieron en el mundo durante el siglo XIX. Las dos revoluciones industriales cambiaron la forma en que se fabricaban los productos. También hicieron que se fabricaran más productos. La revolución agrícola cambió los métodos de agricultura. Había más cosechas. Debido a los inventos, el transporte y las comunicaciones mejoraron.

Muchos de los cambios durante el siglo XIX beneficiaron al mundo. Por ejemplo, el nivel de vida mejoró en muchas partes del mundo. Los sentimientos de **nacionalismo** ayudaron a que Italia y Alemania se unieran. Muchos países de Hispanoamérica lograron su libertad. Pero algunos cambios del siglo XIX fueron perjudiciales. A principios del siglo XX, el nacionalismo iba convirtiéndose en **chauvinismo** e imperialismo. Estos dos cambios perjudicaban las relaciones entre las naciones.

Europa se acerca a la guerra

Entre 1910 y 1914, Europa se fue acercando a la guerra. Para 1914, Europa se había dividido en dos bandas de **alianzas.** Por un lado estaban Gran Bretaña, Francia y Rusia. Éstas eran las Potencias Aliadas. Por otro lado estaban Alemania, Austria–Hungría e Italia. Éstas eran las Potencias Centrales. Al principio se crearon estas alianzas para evitar la guerra. Se esforzaban por mantener el **equilibrio de fuerzas** en Europa. Los líderes creían que si una nación no tenía más poder que las otras naciones, se podría evitar la guerra. Sin embargo, las amenazas de guerra surgieron a pesar de estas alianzas.

Amenazas a la paz

Había cuatro razones principales por las cuales crecía el peligro de guerra en Europa a principios del siglo XX. Éstas eran el imperialismo, el nacionalismo, el militarismo y la falta de organizaciones internacionales.

El zar Nicolás II de Rusia a la izquierda y el káiser Guillermo II de Alemania a la derecha. Los dos soberanos querían aumentar la fuerza militar de sus países Sus esfuerzos resultaron en tensiones que condujeron a la guerra.

El imperialismo

A fines del siglo XIX y a principios del siglo XX, las naciones principales de Europa buscaban colonias a través del mundo. Las revoluciones industriales habían aumentado la cantidad de productos que se fabricaban. Para seguir fabricando más productos, los países industriales necesitaban más materias primas que fueran menos costosas. También necesitaban nuevos mercados donde pudieran vender sus productos. El hecho de que varios países querían las mismas colonias a veces conducía a rivalidades peligrosas. Estas rivalidades a veces amenazaban con terminar en guerra.

Tensiones imperialistas en los Balcanes

Había también tensiones imperialistas entre Austria–Hungría y Rusia en la región de los Balcanes. Tanto Austria–Hungría como Rusia miraban hacia el este de Europa para conseguir nuevas tierras. Cada una era una amenaza a los intereses de la otra en la región. Rusia también pensaba en sí misma como la protectora y líder del pueblo eslavo en los Balcanes. El interés de Rusia en el este de Europa empeoró sus relaciones con el Imperio Otomano (Turquía). Los rusos no mantenían secreto su deseo de tener una entrada al mar Mediterráneo desde el mar Negro. Esta entrada pasaba por el estrecho de Bósforo. Éste es una vía navegable estrecha que liga el mar Negro (por medio del mar de Mármara) con el mar Mediterráneo. Turquía gobernaba el Bósforo y no quería perder ese dominio.

El nacionalismo

Los sentimientos de orgullo nacional eran muy fuertes en 1914. Dividían a muchas de las naciones de Europa, especialmente a Francia y a Alemania. Estas dos naciones lucharon en la guerra franco–prusiana en 1870 y 1871. Francia perdió esa guerra. Fue obligada a entregarle a Alemania algunos de sus territorios. Los franceses querían adueñarse de nuevo de Alsacia y Lorena, regiones que antes le habían pertenecido. El orgullo nacional hacía que Francia y Alemania fueran enemigos enconados. Aunque los dos países compartían una frontera, sus culturas tenían poco en común. Cada uno creía que su cultura era superior a la otra.

El nacionalismo suscita tensiones en los Balcanes

El nacionalismo también suscitó muchas tensiones en los Balcanes. A esa región la había gobernado antes el Imperio Otomano. Para 1914, una parte grande de los Balcanes fue gobernada por Austria–Hungría. El reino de Austria–Hungría consistía de muchos grupos nacionales. Ellos querían liberarse del dominio turco o austríaco. Otros grupos nacionales querían unirse. Uno de estos grupos era los servios. Ellos eran un pueblo eslavo. A los servios no les gustaba Austria–Hungría. Querían formar parte de Servia, un país vecino.

Además, muchos pueblos eslavos consideraban a Rusia como el líder del movimiento paneslavo. Este movimiento exigió la libertad y la unificación de los pueblos eslavos. Por consiguiente, Rusia se encontró en un conflicto con Austria–Hungría.

El militarismo

La industrialización introdujo máquinas y productos nuevos en el mundo y también muchas armas de guerra nuevas. Los países industrializados fabricaban y vendían muchas armas nuevas. Entre éstas había buques de guerra de acero, cañones de largo alcance, ametralladoras, explosivos potentes y gases tóxicos. Cada país importante de Europa tenía un ejército y una marina grandes. Los países gastaban muchísimo dinero en fortalecer a estos ejércitos y marinas. Gastaban también en armas nuevas. A medida que fortalecían su potencia militar, sus vecinos se alarmaban. Cada uno empezó a crear su propia potencia militar.

La falta de organizaciones internacionales

Los conflictos entre naciones a principios del siglo XX siempre llevaban consigo el peligro de guerra. No había una organización internacional que pudiera arreglar los conflictos. A veces se empleaban la **mediación** y el arbitraje para arreglar las disputas. Sin embargo, estos esfuerzos por mantener la paz no duraban.

La causa inmediata de la Primera Guerra Mundial

En 1914 surgieron nuevas tensiones entre Austria–Hungría y Servia. El 28 de junio, un joven nacionalista servio que se llamaba Gavrilo Princip asesinó al archiduque Francisco Fernando y su esposa. El archiduque era el heredero del trono austro–húngaro. Francisco Fernando y su esposa estaban de visita en Sarajevo, una ciudad de Bosnia, que era parte de Austria–Hungría. Bosnia también era el hogar de los servios y de otros pueblos eslavos. Los servios creían que Bosnia debía formar parte de Servia. El asesinato de Francisco Fernando desencadenó la serie de acontecimientos que inició la Primera Guerra Mundial.

El asesinato del archiduque Francisco Fernando de Austria–Hungría. Fue la chispa que desencadenó la Primera Guerra Mundial.

El gobierno enfurecido de Austria–Hungría amenazó a Servia con considerarle responsable de las muertes. Austria–Hungría también vio la oportunidad de aplastar el nacionalismo servio. Servia le pidió a Rusia que le apoyara en la crisis venidera. Cuando Austria–Hungría le declaró la guerra a Servia, los rusos hicieron sus preparativos para la guerra. Alemania era un aliado de Austria–Hungría. Pidió que Rusia acabara con sus planes de guerra. También exigió que Francia, un aliado de Rusia, permaneciera **neutra.** Cuando Rusia y Francia se lo negaron, Alemania les declaró la guerra. Entonces, los alemanes atravesaron el país neutro de Bélgica para invadir Francia. Gran Bretaña protestó por esta acción. Exigió que Alemania respetara la neutralidad de Bélgica. Cuando Alemania se negó a hacerlo, Gran Bretaña entró en la guerra del lado de Francia y Rusia.

La Primera Guerra Mundial

En pocos días, en 1914, Europa entró en una guerra que nadie quería. Gran Bretaña, Francia y Rusia (las Potencias Aliadas) pronto estaban luchando contra Alemania, Austria–Hungría y, más tarde, Turquía (las Potencias Centrales). Italia no entró en la guerra hasta 1915. Abandonó su alianza con Alemania y se unió a las Potencias Aliadas. En 1917, los Estados Unidos le declaró la guerra a Alemania. Llegó a ser un aliado de Gran Bretaña, Francia, Rusia e Italia.

La Primera Guerra Mundial, en realidad, no era una guerra "mundial". La mayoría de las batallas ocurrieron en Europa. Sin embargo, todos los países principales del mundo habían entrado en la guerra. Además, se sentían los efectos de la guerra por todo el mundo.

La Primera Guerra Mundial duró de 1914 hasta 1918. Hubo muertes y destrucción en la mayor parte de Europa. Casi 10 millones de soldados murieron de heridas y enfermedades. Por lo menos otros 20 millones de soldados fueron heridos en batallas. Además, millones de hombres, mujeres y niños murieron por enfermedades y hambre.

La situación en 1917

Para 1917, las Potencias Centrales parecían ir bien. Mantenían posiciones fuertes en dos frentes de batalla. También dominaban la mayor parte de los Balcanes. Luego, en abril de 1917, los Estados Unidos se unió con los Aliados. Los Estados Unidos decidió declararle la guerra a Alemania debido a sus operaciones militares submarinas. El submarino era una de las armas de guerra nuevas. Los alemanes habían decidido que sus barcos submarinos atacarían a todos los barcos, sean de países neutros o de países enemigos. Este hecho ayudó a convencer a

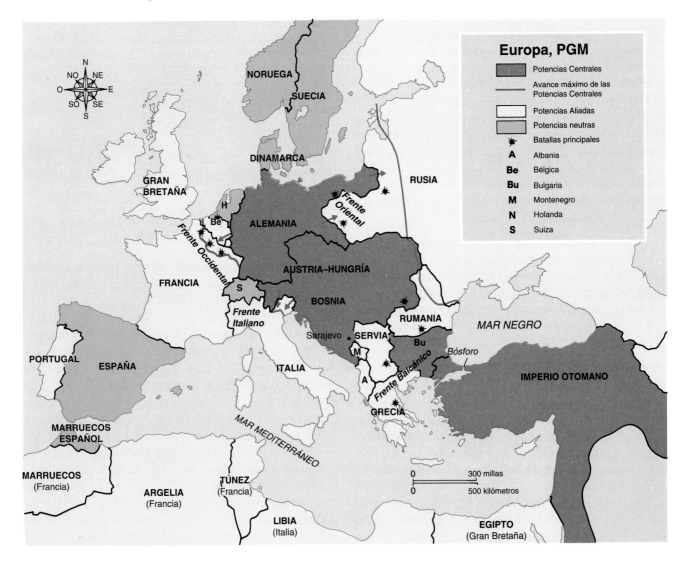

los Estados Unidos de que entrara en la guerra del lado de las naciones Aliadas.

La entrada de los Estados Unidos aportó nuevas provisiones, más armas y dos millones de soldados a la causa Aliada. Esta ayuda llegó en un momento importante. En marzo de 1917, el zar de Rusia, Nicolás II, renunció al trono. El nuevo gobierno que reemplazó al zar siguió luchando en la guerra. En noviembre de 1917, ese gobierno fue tomado por los bolcheviques. Los bolcheviques retiraron a Rusia de la guerra. Firmaron un tratado de paz con Alemania.

Por un tiempo, el hundimiento de Rusia ayudó a Alemania. Para noviembre de 1918, sin embargo, Alemania estaba agotada. Las tropas y provisiones nuevas de los Estados Unidos habían ayudado a los Aliados. Los alemanes hicieron arreglos para terminar la guerra. El 11 de noviembre de 1918 se firmó un **armisticio.** La guerra se acabó.

Las condiciones de la paz

El Tratado de Versalles era el tratado de paz entre las naciones aliadas y Alemania. Se firmó en 1919. El Tratado de Versalles fue muy severo con Alemania. Las consecuencias del tratado de paz fueron las siguientes:

- Alemania perdió todas sus colonias y gran parte de su territorio europeo.
- Alemania tuvo que reconocer que había iniciado la guerra. Alemania también tuvo que pagar los daños y perjuicios a los Aliados.
- Alemania iba a ser desarmada. Se quedaría sin fuerza aérea, casi sin marina y con un ejército de sólo 100.000 soldados.

Otros cambios importantes

Hubo otros cambios importantes como resultado de la guerra. Se crearon varios países que no existían antes de la guerra o que antes no eran libres. Estas naciones se formaron de las tierras que habían pertenecido a Rusia, Austria–Hungría y Alemania. Entre estas naciones estaban Polonia, Letonia, Lituania, Estonia, Finlandia, Yugoslavia, Hungría y Checoslovaquia. (Ver el mapa de la página 110.)

La Sociedad de Naciones

Finalmente, se fundó una organización internacional. Ésta era la Sociedad de Naciones. Se fundó para buscar soluciones a disputas internacionales que no fueran la de la guerra. La Sociedad de Naciones fue idea de Woodrow Wilson, el presidente de los Estados Unidos. Los Estados Unidos, sin embargo, jamás se hizo miembro de la Sociedad de Naciones.

La revolución en Rusia

La Primera Guerra Mundial fue un desastre para Rusia. Millones de soldados y hasta rusos que ni siquiera habían luchado murieron de heridas, enfermedades o hambre. Las fábricas y las granjas rusas no podían producir lo suficiente ni para los que lucharon ni para los que no. El hambre llegó a ser un problema grave. El pueblo ruso no estaba contento. Le echaba la culpa al gobierno por la situación.

Los problemas de Rusia empeoraban debido a su gobierno. El zar de Rusia era un soberano absoluto. Tenía poder casi total. Tenía el poder de promulgar leyes. También controlaba la policía y los ejércitos.

Rusia sufrió muchas derrotas militares durante la guerra. Muchas personas ya no podían aguantar la situación. Una revuelta en marzo de 1917 condujo al derrocamiento del zar. Un nuevo gobierno democrático llegó al poder. El nuevo gobierno decía que iba a hacer de Rusia un país más democrático. También quería continuar la guerra contra Alemania. En esto se equivocó. El pueblo ruso no quería la guerra. Había una inquietud creciente.

Lenin llega al poder en Rusia

En 1917, Vladimir Ilich Lenin regresó a Rusia después de su exilio en Suiza. Lenin creía en el **comunismo.** Había leído las obras de Karl Marx. Lenin creía que se debía acabar con la propiedad privada. Quería una sociedad sin clases sociales. Lenin creía que solamente una revolución podía llevar a cabo estos sueños. Lenin llegó a ser el líder de un pequeño grupo de revolucionarios. Ellos pensaban apoderarse del gobierno. Se llamaban los bolcheviques, que quiere decir "miembro de la mayoría". Sin embargo, contaban con pocos miembros.

Los bolcheviques prometían "Paz, pan y tierra". Esta promesa tenía mucho apoyo. En noviembre de 1917, los bolcheviques derrocaron al gobierno. Fundaron un nuevo gobierno comunista. Los bolcheviques decían que los concejos de obreros y de soldados debían gobernar a Rusia. Estos concejos se llamaban "soviets". Los bolcheviques iban a dirigir a los soviets. El nuevo nombre que le pusieron a la nación fue la Unión de Repúblicas Socialistas Soviéticas (U.R.S.S.). Otro nombre de la U.R.S.S. era la Unión Soviética.

Ejercicios

A. Busca las ideas principales:

Pon una marca al lado de las oraciones que expresan las ideas principales de lo que acabas de leer.

_____ **1.** El imperialismo fue una de las razones por las que el peligro de guerra crecía en Europa.

_____ **2.** Entre las Potencias Centrales estaban Alemania y Austria–Hungría.

_____ **3.** La revolución industrial cambió la forma en que vivía la gente.

_____ **4.** El nacionalismo fue una de las razones por las que el peligro de guerra crecía en Europa.

_____ **5.** El militarismo fue una de las razones por las que el peligro de guerra crecía en Europa.

_____ **6.** La mediación y el arbitraje son maneras de arreglar disputas.

_____ **7.** La falta de una organización internacional fue una de las razones del creciente peligro de guerra en Europa.

_____ **8.** El asesinato del archiduque Francisco Fernando fue una causa inmediata de la Primera Guerra Mundial.

B. ¿Qué leíste?

Escoge la respuesta que mejor complete cada oración. Escribe la letra de tu respuesta en el espacio en blanco.

_____ **1.** Durante el siglo XIX, hubo una revolución mundial en
  a. la agricultura.
  b. la industria.
  c. el transporte.
  d. todo lo anterior.

_____ **2.** La nación que quería una vía navegable al mar Mediterráneo era
  a. Turquía.
  b. Servia.
  c. Rusia.
  d. Alemania.

_____ **3.** ¿A cuál de las siguientes naciones recurrió Servia para la protección?
  a. Turquía
  b. Rusia
  c. Alemania
  d. Austria–Hungría

_____ **4.** ¿Cuáles de los siguientes eran aliados durante la Primera Guerra Mundial?
  a. Turquía, España y Alemania
  b. Turquía, Gran Bretaña y Francia
  c. Francia, Italia y Gran Bretaña
  d. Alemania, los Estados Unidos y Austria–Hungría

_____ **5.** Uno de los resultados de la Primera Guerra Mundial fue
  a. la fundación de la Sociedad de Naciones.
  b. la unificación de Alemania.
  c. la derrota de Francia.
  d. un gobierno democrático en Rusia.

C. Comprueba los detalles:

Lee cada afirmación. Escribe C en el espacio en blanco si la afirmación es cierta. Escribe F en el espacio si es falsa. Escribe N si no puedes averiguar en la lectura si es cierta o falsa.

_____ 1. Para el siglo XX, el nacionalismo estaba convirtiéndose en chauvinismo.

_____ 2. Las Potencias Aliadas eran más fuertes que las Potencias Centrales.

_____ 3. Gran Bretaña poseía las colonias más deseadas.

_____ 4. Los Estados Unidos entró en la guerra del lado de los aliados.

_____ 5. El Tratado de Versalles, después de la Primera Guerra Mundial, fue benévolo con Alemania.

_____ 6. Turquía gobernaba el Bósforo.

_____ 7. El zar de Rusia era un soberano débil.

_____ 8. El gas tóxico mató a muchos soldados.

D. Los significados de palabras:

Encuentra para cada palabra de la Columna A el significado correcto en la Columna B. Escribe la letra de cada respuesta en el espacio en blanco.

Columna A

_____ 1. zar
_____ 2. mediación

_____ 3. armisticio
_____ 4. equilibrio de fuerzas
_____ 5. chauvinismo

_____ 6. nacionalismo
_____ 7. comunismo

Columna B

a. un acuerdo de dejar de luchar
b. una situación en que una nación no tiene más poder que sus vecinos u otras naciones
c. un sentido de orgullo y devoción hacia la propia patria
d. el título del soberano de Rusia
e. el arreglo de una disputa mediante otra parte; sus propuestas no son obligatorias
f. el extremado patriotismo
g. un sistema de gobierno en el cual el gobierno se adueña de todos los negocios, las fábricas y las granjas

E. Para comprender la historia mundial:

En la página 102 leíste sobre cuatro factores de la historia mundial. ¿Cuál de estos factores corresponde a cada afirmación de abajo? Llena el espacio en blanco con el número de la afirmación correcta de la página 102. Si no corresponde ningún factor, escribe la palabra NINGUNO.

_____ 1. Francia y Alemania compartían una frontera. Pero sus culturas tenían poco en común.

_____ 2. A principios del siglo XX, el nacionalismo en Europa estaba convirtiéndose en chauvinismo e imperialismo. De esta situación surgieron muchas tensiones en muchos lugares.

_____ 3. Los servios habían sido gobernados por los turcos otomanos. En 1914, fueron gobernados por Austria–Hungría. Los servios querían formar parte de una nación servia.

_____ 4. Las naciones industrializadas de Europa necesitaban materias primas y mercados. Por eso buscaban colonias.

Capítulo 2

Después de la Primera Guerra Mundial

Para comprender la historia mundial

Piensa en lo siguiente al leer sobre los años después de la Primera Guerra Mundial.

1 Los sucesos en una parte del mundo han influido en los desarrollos en otras partes del mundo.

2 Nuestra cultura influye en nuestra perspectiva de otras personas.

3 Las naciones se ligan por una red de interdependencia económica.

Europa después de la PGM

Países nuevos y aumentados indicados en rojo.

- Alemania, preguerra
- Austria–Hungría, preguerra
- Rusia, preguerra

Entregas principales:

1 Alsacia y Lorena
2 Eupen y Malmédy
3 Sarre (a la Sociedad de Naciones)
4 Corredor Polaco
5 Tirol del Sur
6 Istria
7 Transilvania
8 Galitzia
9 Alta Silesia
10 Besarabia
11 Montenegro
12 Servia

Para aprender nuevos términos y palabras

En este capítulo se usan las siguientes palabras. Piensa en el significado de cada una.

capitalismo: un sistema económico en el cual los individuos son dueños de sus propios negocios; esperan recibir ganancias después de pagar todos los gastos del negocio

dictadura: una situación en la cual una persona o un partido dirige el gobierno

fascismo: una idea política que glorifica a una nación; en un estado fascista, un dictador tiene todo el poder

socialismo: un sistema en el cual la sociedad es dueña de todas las propiedades y dirige todos los negocios

totalitario: un sistema de gobierno que tiene poder total sobre las vidas de los súbditos

inflación: un aumento en los precios y una baja en el valor de la moneda

depresión económica: un tiempo en que mucha gente no tiene empleo y el comercio anda mal

seguridad colectiva: un plan de defensa en el cual los participantes acuerdan actuar juntos si uno es atacado

aislacionismo: una política de evitar relaciones con otras naciones

Piénsalo mientras lees

1. ¿Cuáles eran los problemas principales en Europa después de la Primera Guerra Mundial?
2. ¿Por qué se debilitó la república alemana en las décadas de 1920 y 1930?
3. ¿Qué efecto tuvo la depresión económica en Europa?
4. ¿Por qué fracasó la Sociedad de Naciones?

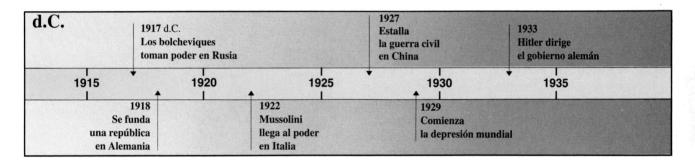

d.C.

- 1917 d.C. Los bolcheviques toman poder en Rusia
- 1927 Estalla la guerra civil en China
- 1933 Hitler dirige el gobierno alemán

1915 — 1920 — 1925 — 1930 — 1935

- 1918 Se funda una república en Alemania
- 1922 Mussolini llega al poder en Italia
- 1929 Comienza la depresión mundial

Europa en 1918

Los problemas económicos y políticos después de la Primera Guerra Mundial casi destruyeron a Europa. Fue una época de preocupaciones y tensiones. En muchos países, distintos grupos políticos luchaban por el poder. La vida económica cesó. Casas, granjas y fábricas habían sufrido daños de miles de millones de dólares. Caminos, puentes y vías ferroviarias se habían destruido o estaban en malas condiciones. Millones de personas no tenían hogares ni alimentos. La guerra había dejado una sociedad destruida. De estos problemas nacieron grupos políticos que llegarían al poder.

Un nuevo gobierno en Rusia

En noviembre de 1917, una revolución en Rusia resultó en el ascenso al poder de los bolcheviques. Los bolcheviques llevaron el comunismo a Rusia. Muchos europeos apoyaban las ideas de los comunistas. Se fundaron partidos comunistas en la mayoría de los países europeos y en otras partes del mundo. Las huelgas y protestas de los partidarios del comunismo inspiraban miedo en muchos europeos, sobre todo en los industriales y políticos. Mucha gente de la clase media también temía el comunismo. Lo consideraba una amenaza al **capitalismo.** Lo consideraba una amenaza a la democracia.

El gobierno fundado por los bolcheviques en la Unión Soviética era una **dictadura.** Los comunistas decían que el gobierno era una dictadura del proletariado. Éste es otro nombre para los obreros. El primer líder comunista soviético era Lenin. Lenin quería convertir a la Unión Soviética en un estado comunista. Esto significaba que el gobierno se apoderaría de todos los negocios y las granjas. Ningún individuo podría ser dueño de los medios de fabricar productos. Nadie

111

podría beneficiarse de los negocios. Entre las personas no existirían ni clases pobres ni clases ricas. Lenin creía que el estado desaparecería con el transcurso de los años. Todo el mundo compartiría las riquezas. Éste era el estado comunista ideal. Pero no resultó ser exactamente de esta manera en la Unión Soviética.

El fascismo

Las dictaduras existieron en muchas otras partes del mundo después de 1918. Hubo dictaduras fascistas en Italia y Alemania. El **fascismo** es una idea política que glorifica a una nación. El fascismo también pone el poder en manos de una persona y un partido. Esta persona es un dictador.

El fascismo en Italia

Se fundaron varios grupos revolucionarios en Italia después de la Primera Guerra Mundial. Uno de los grupos eran los fascistas. Su líder era Benito Mussolini. Mussolini había creído una vez en el **socialismo.** Sin embargo recurrió a otras ideas. En 1919, Mussolini fundó el Partido Fascista. Sabía aprovechar los problemas y la inquietud en Italia. Prometía todo a todos. Prometió acabar con la falta de empleo. Prometió fortalecer a Italia y adquirir más tierras. También prometió luchar contra el comunismo. Mussolini formó su propio grupo de adherentes. Se llamaban las Camisas Negras.

Mussolini y sus adherentes llegaron al poder en Italia en 1922. Mussolini puso fin a las elecciones libres, la libertad de prensa y la libertad de palabra. Los que no apoyaban a los fascistas fueron encarcelados u obligados a irse de Italia. Las fuerzas armadas se hicieron más fuertes. Frecuentemente Mussolini hablaba del uso de la fuerza para lograr grandeza para Italia. Bajo el mando de Mussolini, Italia se volvió militarista, imperialista y antidemocrática. Italia llegó a ser un estado **totalitario.**

Alemania después de la guerra

Después de la guerra, Alemania era un país con problemas. La economía estaba débil. La situación política estaba inestable. El monarca alemán, el káiser, había sido derrocado en 1918. Se había fundado una república alemana. Desde el principio, el pueblo alemán desconfiaba de la república alemana. La mayoría de los alemanes creían que Francia y las Potencias Aliadas habían tratado a Alemania injustamente. El orgullo nacional alemán se vio ofendido por las condiciones del Tratado de Versalles. El tratado le quitó a Alemania todas sus colonias. También obligó a Alemania a pagar daños y perjuicios a los aliados. Y, lo peor de todo, fue que obligó a Alemania a aceptar toda la culpa por la guerra.

El enojo y la vergüenza llevaban a muchos alemanes a soñar con la venganza. El nacionalismo alemán, ya fuerte, se hizo aún más fuerte. Para 1923, Alemania sufrió una crisis. La economía quedó arruinada. El orgullo alemán cayó a su punto más bajo. Los alemanes buscaban a alguien que les solucionara sus problemas.

Alemania, 1923. Éste fue el año de la peor inflación en Alemania. Esta mujer quema dinero en su estufa. Era más barato encender los fuegos con el dinero alemán, casi sin valor, que usarlo para comprar leña.

El surgimiento del nazismo

Un nuevo partido político nació en Alemania en la década de 1920. Era el Partido Obrero Nacional Socialista. También se llamaban los nazis.

Los nazis fueron dirigidos por Adolf Hitler. Hitler era un ex soldado austríaco cuya vida se distinguía por un fracaso tras otro. Hitler se consideraba alemán y tenía muchos planes para Alemania. Quería hacer que Alemania fuera un estado militar poderoso. Quería ampliar su territorio. Hitler decía que los alemanes eran una raza superior. También creía que Alemania debía pasar por alto el Tratado de Versalles.

Muchos alemanes estaban a favor de las ideas de Hitler. Creían que Hitler les devolvería su dignidad. Hitler hablaba de un supernacionalismo. Odiaba a los judíos. Hitler les echaba la culpa a los judíos por la mayoría de los problemas de Alemania.

El partido nazi creció lentamente. Pero, para 1932, había alistado a muchos adherentes. En 1933, Hitler fue nombrado canciller, o primer ministro, de Alemania. Esto lo convirtió en jefe del gobierno. Los nazis empezaron a apoderarse de Alemania. Comenzaron a fundar una dictadura. Todos los otros partidos políticos, menos el de los nazis, fueron prohibidos. Los que se oponían a Hitler fueron encarcelados o asesinados. Las libertades de palabra y de prensa desaparecieron. La palabra de Hitler era la ley.

Las economías se debilitan.

La situación política en Europa cambió después de la Primera Guerra Mundial. Europa también se enfrentaba con problemas económicos graves. No había alimentos suficientes después de 1918. Muchas personas sufrían de hambre. La escasez de alimentos resultó en aumentos grandes en los precios de alimentos. La **inflación** era un problema grande. Los precios de productos subían mientras el valor del dinero bajaba. El papel moneda tenía poco valor porque la mayoría de los gobiernos no tenía oro para respaldarlo. Para 1923, el papel moneda de Alemania estaba casi sin valor. En ese año, un periódico alemán costaba cien mil millones de marcos. La gente cargaba el dinero en carretillas o carretas para comprar huevos o pan.

En la década de 1920, la vida económica de Europa se mejoró un poco. En general, los años entre 1926 y 1929 fueron buenos. La inflación había disminuido. Se fabricaban productos en mayores cantidades. El comercio volvió a empezar. La gran parte del bienestar económico del mundo dependía de los Estados Unidos.

La depresión mundial

El desastre estalló en octubre de 1929. La bolsa de valores estadounidense se desplomó. Lo que seguía era una **depresión económica.** Se cerraron las fábricas. Millones de personas no tenían empleos. Los granjeros no podían pagar sus deudas. Perdieron sus granjas. La depresión económica de los Estados Unidos se hacía sentir en todas partes del mundo. El comercio entre las naciones disminuyó. Cada nación aumentó los impuestos sobre productos importados para proteger a sus propias industrias. El sistema económico mundial se descompuso. Por poco el comercio mundial cesaba.

La depresión económica mundial de la década de 1930 ocasionó el sufrimiento. Aún peor, muchas personas perdieron confianza en sus gobiernos. Fue un momento crítico en Europa. Muchas personas recurrieron a gobiernos fuertes. Querían mayor seguridad económica. Creían que los gobiernos más fuertes podrían dársela. La depresión económica y el advenimiento de dictaduras se ligaron estrechamente. El creciente nacionalismo también creó nuevas tensiones entre países. El mundo estaba listo para otro conflicto.

Adolf Hitler, a la izquierda, y Benito Mussolini, a la derecha.

Problemas de la paz internacional

La Sociedad de Naciones se había fundado después de la Primera Guerra Mundial como parte del Tratado de Versalles. Tenía el propósito de arreglar disputas internacionales pacíficamente. Aspiraba a eliminar las futuras guerras. La Sociedad de Naciones existió durante 20 años. No tuvo éxito en impedir las guerras entre naciones. Tampoco tuvo éxito en impedir otra guerra mundial.

La idea de la sociedad era la **seguridad colectiva.** Todos los estados miembros estaban de acuerdo en reaccionar juntos si uno de ellos era atacado. La Sociedad de Naciones jamás tuvo de la oportunidad de probarse. El senado de los Estados Unidos nunca accedió al Tratado de Versalles ni a unirse a la Sociedad de Naciones. Muchos estadounidenses no querían que el país interfiriera en asuntos del mundo. Favorecían una política de **aislacionismo.**

El hecho de que los Estados Unidos no entraran en la sociedad hizo de ésta una organización débil. Para que funcione un sistema de seguridad colectivo, las naciones tienen que asociarse al sistema. Además de los Estados Unidos, la sociedad perdió a otras naciones importantes. En 1931, Japón invadió Manchuria. Cuando la sociedad habló en contra de la invasión, Japón renunció a la sociedad. Italia invadió Etiopía en 1935. La sociedad intentó presionar a Italia. Luego, Italia renunció a ella. Alemania se retiró en 1933. Rusia fue expulsada en 1940 porque atacó a Finlandia. La Sociedad de Naciones era un fracaso. Este fracaso hacía que la posibilidad de una guerra en el futuro fuera un peligro verdadero.

Otras naciones en el mundo de la posguerra

Sucedieron cambios a través del mundo durante los años siguientes a la guerra. China fue una nación que experimentó grandes cambios. Una revolución en China en 1911 había derrocado al emperador. Se había fundado una república. Sin embargo, había poca unidad entre los nuevos líderes de China. No había orden en el país. Sun Yat–sen vio la necesidad

de un gobierno central fuerte. Fundó un partido nacionalista que se llamaba el Kuomintang. Una de las metas del Kuomintang, o los nacionalistas, era unir al país. El Dr. Sun primero pidió a los Estados Unidos que le ayudara. Cuando le dijeron que no, él recurrió a la Unión Soviética. La Unión Soviética envió dinero, equipo y consejeros. A cambio, Sun Yat–sen permitió que unos miembros del partido comunista chino participaran en su gobierno.

Sun Yat–sen murió en 1925 antes de que China pudiera ser unida. Después de su muerte, el general Chang Kai–chek se convirtió en líder del Kuomintang. Trató de someter a toda China al mando de los nacionalistas. Los comunistas se alarmaban del creciente poder de Chang. Al poco tiempo, los comunistas y los nacionalistas desconfiaban unos de los otros. Chang Kai–chek decidió acabar con el comunismo en China. En abril de 1927, inició una guerra civil larga y sangrienta entre los dos grupos.

Fueron diez años de guerra civil. Los comunistas se debilitaron. Pero no fueron derrotados. En 1937, esta lucha entre los nacionalistas y los comunistas cesó temporariamente cuando Japón invadió China. Los dos grupos chinos dejaron de pelear entre sí. Se unieron para luchar contra los japoneses. La guerra civil se postergó pero no terminó.

Mao Zedong, en el centro, dirigió a las fuerzas comunistas durante la guerra civil de China. En 1934, Mao dirigió a sus fuerzas hacia el norte y el oeste en una "marcha larga". Finalmente llegaron a Yanan. Allí fundaron una base de operaciones.

Ejercicios

A. Busca las ideas principales:

Pon una marca al lado de las oraciones que expresan las ideas principales de lo que acabas de leer.

_____ 1. Los problemas después de la Primera Guerra Mundial se sentían por todo el mundo.

_____ 2. El comunismo era un problema grande en Europa después de la Primera Guerra Mundial.

_____ 3. A Alemania no le gustaban las condiciones del Tratado de Versalles.

_____ 4. La Sociedad de Naciones fracasó en sus esfuerzos por acabar con conflictos mundiales.

_____ 5. La inflación y la depresión eran problemas graves en Europa después de la guerra.

_____ 6. El aislacionismo fue una razón por la cual los Estados Unidos no se asoció a la Sociedad de Naciones.

_____ 7. Varias naciones europeas de la posguerra acudieron a dictaduras para resolver sus problemas.

B. ¿Qué leíste?

Escoge la respuesta que mejor complete cada oración. Escribe la letra de tu respuesta en el espacio en blanco.

_____ 1. El aumento de la inflación en Europa después de la Primera Guerra Mundial resultó en
a. gran prosperidad.
b. precios rebajados.
c. precios que subían y el valor del dinero que bajaba.
d. precios que subían y el valor del dinero que subía también.

_____ 2. Las condiciones del Tratado de Versalles
a. ofendieron al orgullo nacional alemán.
b. introdujeron la democracia en Alemania.
c. tuvieron poco efecto en Alemania.
d. hicieron que Alemania y Francia se unieran.

_____ 3. La nueva república alemana
a. fue bien acogida por la mayoría de los alemanes.
b. fue dirigida por el emperador.
c. no inspiró confianza en muchos alemanes.
d. llevó la democracia al pueblo alemán.

_____ 4. Una debilidad grave de la Sociedad de Naciones fue que
a. intentó acabar con las guerras.
b. la Unión Soviética la dirigió.
c. los Estados Unidos no se asoció a ella.
d. no favoreció a la democracia.

C. Comprueba los detalles:

Lee cada afirmación. Escribe C en el espacio en blanco si la afirmación es cierta. Escribe F en el espacio si es falsa. Escribe N si no puedes averiguar en la lectura si es cierta o falsa.

_____ 1. La inflación se habría podido evitar en Europa en la década de 1920.

_____ 2. Europa había sufrido muchos daños durante la Primera Guerra Mundial.

_____ 3. Los bolcheviques llegaron al poder en Rusia mediante una revolución.

_____ 4. Los Estados Unidos tenía muchas razones para no asociarse con la Sociedad de Naciones.

_____ 5. La depresión económica de 1929 afectó a todo el mundo.

_____ 6. La vida económica de Europa mejoró durante la década de 1920.

_____ 7. Todas las clases de personas en Europa estaban a favor del comunismo.

_____ 8. El nacionalismo alemán disminuyó después de 1918.

_____ 9. Francia sufrió más pérdidas que cualquier nación durante la Primera Guerra Mundial.

_____ 10. El Tratado de Versalles fue rechazado por los Estados Unidos.

D. Para comprender lo que has leído:

Indica si cada oración tiene que ver con aspectos (P) políticos o (E) económicos. Escribe la respuesta correcta en el espacio en blanco.

_____ 1. Se fundó una república en Alemania.

_____ 2. Al disminuir el comercio, las naciones subieron los impuestos para proteger a sus industrias.

_____ 3. Se formaron partidos comunistas en la mayoría de las naciones europeas.

_____ 4. El papel moneda tenía poco valor en Europa después de la Primera Guerra Mundial.

_____ 5. El káiser de Alemania fue derrocado en 1918.

_____ 6. Las granjas y fábricas estaban en malas condiciones en Europa después de la guerra.

_____ 7. La inflación hacía que los precios subieran y el valor del dinero bajara.

_____ 8. Mussolini fundó el partido fascista en Italia.

_____ 9. Hitler llegó a ser canciller de Alemania en 1933.

_____ 10. Las personas perdieron sus empleos durante la depresión.

E. Los significados de palabras:

Encuentra para cada palabra de la Columna A el significado correcto en la Columna B. Escribe la letra de cada respuesta en el espacio en blanco.

Columna A

_____ **1.** aislacionismo

_____ **2.** depresión económica

_____ **3.** fascismo

_____ **4.** totalitario

_____ **5.** seguridad colectiva

_____ **6** socialismo

_____ **7.** inflación

_____ **8.** dictadura

Columna B

a. una idea política que glorifica a una nación

b. un sistema en que una sociedad en conjunto se adueña de todas las propiedades y dirige todos los negocios

c. una política de evitar relaciones con otras naciones

d. una subida abrupta en los precios y una baja del valor del dinero

e. un momento en que mucha gente no tiene trabajo y los negocios andan mal

f. un plan mutuo de defensa

g. un sistema de gobierno que trata de controlar la vida de las personas por completo

h. una situación en la cual una persona o un partido dirige el gobierno

F. Por ti mismo:

Lee la siguiente oración. Expresa tu opinión de esta afirmación en diez oraciones o menos.

Se dice que los aliados ganaron la Primera Guerra Mundial en los campos de batalla, pero la perdieron en el arreglo por la paz.

_____

_____

_____

_____

_____

_____

G. Para comprender la historia mundial:

En la página 110 leíste sobre tres factores de la historia mundial. ¿Cuál de estos factores corresponde a cada afirmación de abajo? Llena el espacio en blanco con el número de la afirmación correcta de la página 110. Si no corresponde ningún factor, escribe la palabra NINGUNO.

_____ **1.** Los impuestos altos sobre los productos importados hicieron que disminuyera el comercio mundial. Estos impuestos afectaron la interdependencia económica entre las naciones.

_____ **2.** La revolución rusa condujo a la fundación de partidos comunistas en muchas partes del mundo.

_____ **3.** Después de la Primera Guerra Mundial, Alemania sintió resentimientos hacia Francia y sus aliados. El orgullo nacional alemán se vio ofendido por las condiciones de paz establecidas por los aliados.

Capítulo 3

La Segunda Guerra Mundial

Para comprender la historia mundial

Piensa en lo siguiente al leer sobre la Segunda Guerra Mundial.

1. Nuestra cultura influye en nuestra perspectiva de otras personas.
2. La cultura del presente nace en el pasado.
3. A veces las naciones dependen de otras naciones para sobrevivir económica y políticamente.
4. La ubicación, la topografía y los recursos afectan la interacción entre las personas.

Una playa de Normandía, 1944. Los Aliados (estadounidenses, ingleses, canadienses, franceses libres y otros) cruzan el Canal de la Mancha y llegan a Normandía, Francia. Su invasión a Europa señala el comienzo del fin del mando de Hitler en Europa.

Para aprender nuevos términos y palabras

En este capítulo se usan las siguientes palabras. Piensa en el significado de cada una.

desmilitarizado: el retiro de todo el equipo y fuerzas militares de un área

guerra relámpago: *blitzkrieg;* un método de guerra usado por los alemanes que implicaba utilizar todas sus fuerzas en un ataque sorpresa.

antisemitismo: el odio hacia los judíos

holocausto: una palabra que describe el asesinato de los judíos durante la Segunda Guerra Mundial; el término también significa "devastación por fuego"

bloqueo: impedir el paso de buques o tropas a un lugar

Piénsalo mientras lees

1. ¿Qué logró Alemania en el primer año de la Segunda Guerra Mundial?
2. ¿Qué fue la batalla de Inglaterra?
3. ¿Qué sucedió con el plan de Hitler para apoderarse de la Unión Soviética?
4. ¿Cómo cambió la política de los Estados Unidos hacia la guerra entre 1939 y 1941?
5. ¿De qué manera influyó los Estados Unidos en el resultado de la Segunda Guerra Mundial?

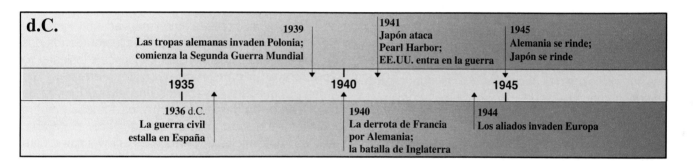

d.C.

1939 Las tropas alemanas invaden Polonia; comienza la Segunda Guerra Mundial

1941 Japón ataca Pearl Harbor; EE.UU. entra en la guerra

1945 Alemania se rinde; Japón se rinde

1935 — **1940** — **1945**

1936 d.C. La guerra civil estalla en España

1940 La derrota de Francia por Alemania; la batalla de Inglaterra

1944 Los aliados invaden Europa

Los años entre 1918 y 1938 trajeron tensiones y temores al mundo. Las depresiones económicas, sobre todo después de 1929, arruinaron a muchas naciones. Surgieron dictaduras en la Unión Soviética, Italia, España y Alemania. Muchos países hispanoamericanos estaban en manos de jefes militares. Estallaron revoluciones en la India. Los nacionalistas indios querían liberarse del dominio británico. Había guerras en China y España.

En el Asia, Japón estaba preparándose para apoderarse de un imperio grande. Alemania empezó a hacer preparativos para una guerra de conquista. Quería venganza por su derrota en 1918. Lo peor del caso fue que las naciones parecían no tener el poder ni la voluntad para tomar acciones que podrían parar una guerra.

Los sucesos que condujeron a la guerra

Probablemente, uno de los hechos más importantes que condujo a la guerra fue el que no se detenían los actos de agresión de algunos países. Un acto de agresión es un ataque inmerecido por un país

a la tierra de otro país. Entre estos actos de agresión se encuentran los siguientes:

1931: Japón invadió Manchuria. La Sociedad de Naciones condenó a Japón por este acto. La respuesta de Japón fue la de renunciar a la sociedad. Luego, Japón se apoderó de toda Manchuria.

1935: La alemania nazista aumentó sus fuerzas armadas. Esto estaba prohibido por el Tratado de Versalles. No se hacía nada para detener a Alemania.

1935: Italia invadió Etiopía, un país africano libre. La Sociedad de Naciones condenó a Italia. Sin embargo, la sociedad no podía impedir que Italia se apoderara de Etiopía.

1936: Estalló una guerra civil en España. Las fuerzas, dirigidas por el general Francisco Franco, recibieron ayuda de la Italia fascista y de la Alemania nazista. El gobierno elegido en España fue derrocado por las fuerzas del general Franco.

1936: Alemania mandó tropas a la región del Rin (ver el mapa de la página 120). El Tratado de Versalles había **desmilitarizado** a esta región.

119

1937: Japón invadió China. Japón se apoderó de la mayor parte de la costa de China.

1938: La Alemania nazista ocupó Austria. Austria llegó a ser parte de Alemania. Gran Bretaña y Francia protestaron por ese acto, pero no hicieron nada.

1938: Los líderes de Alemania exigieron que Checoslovaquia cediera una región fronteriza que se llamaba el territorio de los Sudetes. En esa región vivían muchas personas de habla alemana. Gran Bretaña y Francia interfirieron en el asunto. Sin embargo, cedieron a las demandas de Hitler en una reunión en Munich, Alemania. El territorio de los Sudetes fue cedido a Alemania.

1939: Italia invadió y se apoderó de Albania, una nación pequeña en los Balcanes (ver el mapa de esta página).

1939: Hitler exigió tierras en Polonia. Estas tierras habían pertenecido antes a Alemania. Gran Bretaña y Francia prometieron ayudar a Polonia. Al mismo tiempo, los alemanes firmaron un pacto con la Unión Soviética. Con este pacto, Hitler ya no tenía nada que temer de la Unión Soviética si Alemania iniciaba acciones contra Polonia. El pacto asombró al mundo porque se pensaba que estas dos naciones eran enemigas.

La guerra comienza

El primero de septiembre de 1939, las tropas alemanas invadieron Polonia. Esta vez, Francia y Gran Bretaña no dieron un paso atrás. Cumplieron con su promesa de ayudar a Polonia. Francia y Gran Bretaña declararon la guerra a Alemania el 3 de septiembre. La Segunda Guerra Mundial había comenzado.

Polonia no era digno rival de Alemania. El moderno ejército alemán rápidamente aplastó al ejército polaco anticuado. Los alemanes usaron un nuevo tipo de operaciones militares que se llamaba **guerra relámpago.** En alemán se llamaba *blitzkrieg.* Combinaba ataques rápidos por aire, tanques y carros blindados y tropas. La guerra relámpago dio buenos resultados. En menos de un mes, los alemanes se apoderaron de Polonia.

Alemania mira hacia el oeste

Después de haberse apoderado de Polonia, Alemania pensó en el oeste. En abril de 1940, Alemania lanzó su guerra relámpago en Noruega y Dinamarca. Dinamarca fue aplastada en un día. Noruega cayó en un mes. Entonces, Alemania pensó en Francia. Las tropas alemanas invadieron Holanda, Bélgica y Luxemburgo. Estos países fueron derrotados en dos semanas. Los ejércitos franceses e ingleses se apresuraron a enfrentarse con los alemanes. Sin embargo, quedaron atrapados en Bélgica. En vez de movilizarse rápidamente contra los franceses y los ingleses, el ejército alemán se equivocó. Esperaba. Así, las tropas inglesas y francesas aprovecharon para escaparse a través del Canal de la Mancha. Los sobrevivientes formaron la base para un ejército nuevo.

Londres durante la Segunda Guerra Mundial. Los bombardeos de los nazis dejaron destrozadas muchas ciudades inglesas.

La caída de Francia

Alemania ahora planeaba un ataque total contra Francia. Al mismo tiempo, Italia entró en la guerra como aliado de Alemania. Alemania e Italia se nombraron a sí mismas las potencias del Eje. Italia declaró la guerra a Francia y Gran Bretaña. Francia fue derrotada y se rindió el 22 de junio de 1940. Sólo Gran Bretaña impidió el paso de la conquista alemana del oeste de Europa. Alemania pensaba invadir Gran Bretaña.

La batalla de Inglaterra

Después de la caída de Francia, sólo quedaba Gran Bretaña para combatir a las potencias del Eje. Una invasión a Gran Bretaña en barcos parecía difícil, ya que la marina inglesa dominaba los mares. Así que Hitler decidió hacer un ataque aéreo a Gran Bretaña. La batalla de Inglaterra comenzó en agosto de 1940. Más de mil aviones alemanes atacaron Gran Bretaña. Trataron de derrotar a los ingleses por medio de bombardeos. La fuerza aérea alemana lanzó bombas sobre las ciudades y campos de aviación británicos por varios meses. La fuerza aérea inglesa, sin embargo, luchó valientemente. Con la ayuda de una nueva arma secreta, el radar, pudo evitar la derrota.

Avanzando hacia el este

Alemania no podía apoderarse de Gran Bretaña. Luego Alemania y su aliado, Italia, se volvieron contra el este de Europa. Rumania, Hungría, Bulgaria, Yugoslavia y Grecia fueron conquistadas u obligadas a unirse a las potencias del Eje.

Después, Alemania avanzó contra la Unión Soviética. Pasó por alto el tratado de 1939 e invadió la Unión Soviética en junio de 1941. Cogió desprevenido al ejército soviético. Para octubre, los alemanes estaban en las puertas de Moscú y Leningrado. Pero el frío penetrante del invierno detuvo a los alemanes. Más tarde Moscú y Leningrado se salvaron.

La Europa de Hitler

Para 1941, Alemania y su aliado, Italia, controlaban la mayor parte de Europa. Empezaron a obligar a los pueblos derrotados a aceptar su dominio y sus ideas. El nazismo se basaba en la violencia y el odio. Desde el momento en que Adolf Hitler y los nazis llegaron al poder en Alemania, emplearon la violencia contra cualquiera que no estuviera de acuerdo con ellos. A medida que se apoderaban de las otras naciones, los nazis planificaron un "nuevo orden" para Europa. La gente como ellos recibiría buen trato. Pero la gente "inferior" recibiría trato severo. Se construyeron prisiones especiales, los campos de concentración, para mantener alejadas a estas personas. Emplearon a muchos prisioneros como esclavos. Utilizaron a algunos en experimentos médicos. Muchos murieron de hambre.

Se llevó a cabo un programa de terror especial contra los judíos. Poco después de que los nazis llegaran al poder en Alemania, los judíos fueron perseguidos. Los fuertes sentimientos de **antisemitismo** entre muchas personas permitían que esto pasara. Privaron a los judíos de sus trabajos, sus negocios, sus hogares y sus escuelas. Muchos judíos, aun autores y científicos famosos, se vieron obligados a huir del país para salvarse.

El holocausto

Las acciones de los nazis contra los judíos empeoraban durante la Segunda Guerra Mundial. A medida que los ejércitos alemanes se apoderaban de partes de Europa, empezaron sus persecuciones a los judíos. Al principio, privaron a los judíos de sus derechos y propiedades. Luego, les obligaron a vivir en zonas especiales. En 1941, los nazis hicieron planes para lo que llamaron una "solución final" al "problema" de los judíos en

Los judíos en Varsovia, Polonia, 1943. Las mujeres y los niños que se ven aquí
están siendo detenidos por nazis. Los enviaban a campos de concentración.

Europa. Esa solución fue nada menos que el asesinato de todos los judíos en Europa. Millones de judíos por toda Europa fueron llevados por la fuerza a los campos de concentración, o sea, los campos de la muerte. Allí se los dejaba morir de hambre, se los mataba a disparos y asesinaba con gases tóxicos. Se construyeron hornos enormes para quemar los cadáveres.

Para 1945, más de seis millones de judíos europeos habían muerto en los campos nazistas de la muerte. A este intento de exterminar a todos los judíos se le llama el **holocausto.** Además de los judíos, otras seis millones de personas murieron en manos de los nazis. Muchos de ellos eran gitanos y personas eslavas. Los nazis también les consideraban inferiores.

Los Estados Unidos se compromete

Los Estados Unidos se mantuvo fuera de la guerra de 1939 a 1941. Fue una nación neutra durante esta época. Sin embargo, el país empezó a pensar que su seguridad iba a ser amenazada por las victorias de Alemania y Japón. Así que los Estados Unidos empezó a ayudar a los enemigos de Alemania. La Ley de Neutralidad de 1935 impidió que los estadounidenses vendieran productos militares a un país en estado de guerra. Se promulgó una nueva ley de neutralidad en noviembre de 1939. Esta nueva ley hacía posible que los Estados Unidos vendiera armas y materias primas a cualquier nación bajo un acuerdo de entrega y pago al contado. La ley ayudó a los ingleses y a los franceses. Ellos podían "llevarse" los materiales por el Atlántico en sus propios barcos. Un **bloqueo** realizado por la marina inglesa impidió que los alemanes cruzaran el Atlántico. Por consiguiente, Alemania no podía comprar y llevarse los productos estadounidenses.

Luego, en marzo de 1941, el congreso estadounidense promulgó la ley de préstamo y arriendo. Ésta hizo posible que los Estados Unidos diera productos y servicios a Gran Bretaña y a la Unión Soviética. La ley decía que los Estados Unidos podía vender, trasladar, intercambiar o prestar productos para la defensa a los países que consideraba que los necesitaban. Entre 1941 y 1945, Gran Bretaña y la Unión Soviética recibieron más de 43 mil millones de dólares de ayuda bajo el programa de préstamo y arriendo.

Los Estados Unidos de 1941 a 1945

En el Asia, Japón se había aprovechado de la guerra en Europa para ampliar su propio imperio. Japón firmó tratados con Alemania, Italia y la Unión Soviética. Sentía que podía aumentar su dominio en Asia y el océano Pacífico. El 7 de diciembre de 1941, aviones japoneses atacaron la flota estadounidense en Pearl Harbor, Hawai. El ataque inesperado destruyó casi la mitad de la marina estadounidense y la mayor parte de la fuerza aérea.

Unas horas después del ataque de Pearl Harbor, Japón también atacó bases estadounidenses en las Filipinas y en otras islas del Pacífico. El impacto de este ataque incentivó a los Estados Unidos a ponerse en marcha. El 8 de diciembre los Estados Unidos declaró la guerra a Japón. Entonces, los aliados de Japón —Alemania e Italia— declararon la guerra a los Estados Unidos el 11 de diciembre. Todas las potencias principales del mundo estaban en estado de guerra.

Por su ubicación, los Estados Unidos estaba libre de los bombardeos. Esto quería decir que todos los recursos de los Estados Unidos podrían utilizarse en la guerra. Los estadounidenses produjeron alimentos, armas y municiones durante la guerra. Este esfuerzo ayudó a cambiar la suerte de la guerra.

Triunfos aliados en el norte de África

Desde 1940 se estaba luchando en el norte de África. En 1942, las fuerzas británicas, bajo el mariscal de campo Bernard L. Montgomery, derrotaron a los alemanes en El-Alamein y les obligaron a irse hacia el oeste hasta Túnez. Mientras tanto, las fuerzas británicas y estadounidenses bajo el general Dwight D. Eisenhower llegaron a Marruecos y Argelia. Pronto se juntaron con las fuerzas británicas al este. En mayo de 1943 las fuerzas alemanas e italianas en el norte de África se rindieron. Era el momento propicio para que los aliados invadieran Europa.

Los aliados invaden Italia

Poco después de haber entrado en guerra los Estados Unidos, la Unión Soviética le pidió ayuda. La Unión Soviética quería que los británicos y los estadounidenses abrieran una nueva zona de batalla en Europa. Así se quitaría algo de la presión sobre la Unión Soviética. Los rusos habían estado luchando contra los nazis desde 1941. Así que, en 1943, las fuerzas aliadas invadieron Sicilia y avanzaron al sur de Italia. El gobierno italiano derrocó a Mussolini. También inició ofertas de paz con los aliados. Los ejércitos alemanes entraron para apoderarse del resto de Italia. Las fuerzas aliadas y las alemanas pelearon ferozmente. Los aliados liberaron a Roma el 4 de junio de 1944.

El frente oriental

En la primavera de 1942, los alemanes avanzaron de nuevo hacia la Unión Soviética. Llegaron hasta la ciudad de Stalingrado. Después de una batalla larga, los rusos derrotaron a los alemanes en el invierno de 1943. Para el otoño de 1944, los rusos habían atacado Polonia, Yugoslavia, Bulgaria y Hungría. Al este, los alemanes se retiraban.

La invasión de Normandía

Los aliados habían empezado los ataques aéreos sobre Alemania en 1942. Para 1944 estaban listos para invadir Francia. Los aliados usaban a Gran Bretaña como base para sus ataques. Se reunieron soldados y equipos en Gran Bretaña. Luego, el 6 de junio de 1944, comenzó la invasión del Día D (D-Day). Más de 130.000 soldados aliados desembarcaron en las playas de Normandía en Francia. Por un tiempo, los alemanes impidieron el avance de las fuerzas aliadas. Luego los aliados lograron penetrar las líneas de defensa alemanas. Para agosto, los aliados habían liberado a París. Para octubre, habían liberado a Francia, Bélgica y Luxemburgo.

La caída de Alemania

Los alemanes hicieron el último esfuerzo por detener la invasión aliada en diciembre de 1944. La ofensiva alemana, sin embargo, se acabó durante una batalla contraofensiva que se llamó *Battle of the Bulge*. A principios de 1945 tanto las fuerzas aliadas, al oeste, como las fuerzas soviéticas, al este, avanzaron hacia Alemania. Berlín, la capital de Alemania, cayó el 2 de mayo. El 30 de abril, según se informó, Hitler se había suicidado. El 8 de mayo de 1945 Alemania se rindió. La guerra en Europa se acabó.

La guerra en el Pacífico

Las victorias aliadas en el norte de África no igualaron a las victorias en Asia. Los japoneses ganaban batalla tras batalla. Después del ataque de Pearl Harbor, se apoderaron de las Filipinas. Durante los próximos meses, continuaron apoderándose de la mayor parte del sudeste de Asia. Hong Kong, Singapur, Malaya, las Indias Orientales Holandesas y Birmania cayeron ante los japoneses. Los japoneses se apoderaron de varias islas pequeñas del Pacífico. Luego, amenazaron a la India y Australia.

Los japoneses experimentaron sus primeras derrotas en mayo de 1942. Una flota japonesa que se preparaba para invadir Australia fue cogida en el mar del Coral por una parte de la marina estadounidense. La batalla duró dos días. Fue la primera batalla naval en la historia que se peleó totalmente con aviones. Esta batalla puso fin a la invasión japonesa a Australia. En junio, los japoneses atacaron Midway, una isla tomada por los Estados Unidos. La batalla de Midway duró cuatro días. Los japoneses sufrieron una gran derrota. Ésta fue la última vez en que Japón atacaría a otro territorio.

Los Estados Unidos contra Japón

En el Pacífico, los Estados Unidos empezó a repeler a los japoneses en 1942. Bajo el mando del general Douglas MacArthur, las fuerzas estadounidenses se embarcaron en una campaña de avanzar a saltos de una isla a otra. Tenían el objetivo de tomar varias islas importantes que los japoneses controlaban. Era una campaña lenta y costosa. Pero dio resultados. En octubre de 1944, las fuerzas estadounidenses invadieron las Filipinas. Manila cayó en febrero de 1945.

Desde las islas que habían capturado, los bombarderos estadounidenses atacaron a docenas de ciudades japonesas. Japón parecía acercarse a la derrota. Pero los líderes militares japoneses no se daban por vencidos. El presidente de los Estados Unidos Harry S. Truman decidió usar una nueva arma contra Japón. El 6 de agosto de 1945, los Estados Unidos lanzó la primera bomba atómica en el mundo sobre la ciudad japonesa de Hiroshima. En tres días, lanzó otra bomba atómica sobre la ciudad de Nagasaki. Estas bombas destruyeron más de la mitad de cada ciudad. Más de 130.000 personas murieron y un número igual de personas resultaron heridas. El 10 de agosto el gobierno japonés pidió la paz. El 14 de agosto los aliados estuvieron de acuerdo, y Japón firmó un tratado de paz el 2 de septiembre de 1945. La Segunda Guerra Mundial había terminado.

Los planes para la paz

Durante la guerra se hicieron muchos planes para triunfar y conservar la paz después de la guerra. Hubo reuniones para hablar de estos planes. Los tres líderes principales de los aliados eran Winston Churchill, de Gran Bretaña, Franklin D. Roosevelt, de los Estados

Hiroshima, Japón, después de la bomba atómica, 1945. Casi todos los edificios a media milla a la redonda del centro de la explosión fueron derrumbados.

Unidos y Joseph Stalin, de la Unión Soviética. Ellos participaron en las reuniones durante la guerra para formular planes de paz después de la guerra.

En una de estas reuniones, los aliados decidieron fundar una asociación internacional. Tendría la misión de conservar la paz mundial. Esta asociación reemplazaría a la Sociedad de Naciones.

Las Naciones Unidas

Los representantes de 50 países se reunieron en San Francisco. Acordaron en una carta para una organización internacional. En octubre de 1945 se fundó la Organización de las Naciones Unidas (O.N.U.). Estados Unidos fue el primer en firmar la carta de las Naciones Unidas y en hacerse miembro.

La carta permitía que los estados miembros presentaran sus disputas internacionales ante la O.N.U. para hablar de ellas y arreglarlas pacíficamente. Los miembros de la O.N.U. acordaban en trabajar juntos para resolver los problemas del mundo. Estos problemas incluían enfermedades, hambre y falta de educación.

Hay seis organismos en la O.N.U. Los más importantes son la Asamblea General y el Consejo de Seguridad. Los delegados de los estados miembros tienen un asiento en la Asamblea General. El Consejo de Seguridad tiene 15 miembros. Cinco miembros son permanentes: Gran Bretaña, los Estados Unidos, la Unión Soviética, China y Francia. Así que las Naciones Unidas llegó a ser una nueva organización internacional dedicada a conservar la paz mundial.

Ejercicios

A. Busca las ideas principales:

Pon una marca al lado de las oraciones que expresan las ideas principales de lo que acabas de leer.

_____ **1.** El general Eisenhower dirigió las fuerzas aliadas en Europa en la Segunda Guerra Mundial.

_____ **2.** Los ejércitos alemanes ganaron victorias en Polonia y Francia en los primeros años de la Segunda Guerra Mundial.

_____ **3.** Había muchos actos de agresión antes del comienzo de la Segunda Guerra Mundial.

_____ **4.** La Unión Soviética sufrió muchas derrotas. Sin embargo, ayudó a derrotar a los alemanes.

_____ **5.** El ataque japonés de Pearl Harbor hizo que los Estados Unidos entrara en la Segunda Guerra Mundial.

_____ **6.** Los Estados Unidos prestó ayuda a Gran Bretaña y a la Unión Soviética antes de que los estadounidenses se unieran a la lucha en la Segunda Guerra Mundial.

_____ **7.** El uso de los estadounidenses de las bombas atómicas condujo a la rendición de Japón.

_____ **8.** La Ley de Neutralidad de 1935 impidió que los Estados Unidos vendiera productos militares a las naciones en estado de guerra.

B. ¿Qué leíste?

Escoge la respuesta que mejor complete cada oración. Escribe la letra de tu respuesta en el espacio en blanco.

_____ **1.** En la Segunda Guerra Mundial la guerra relámpago fue usada por
a. Gran Bretaña.
b. Alemania.
c. Francia.
d. la Unión Soviética.

_____ **2.** Durante la batalla de Inglaterra, los alemanes
a. trataron de invadir Gran Bretaña por el mar.
b. derrotaron a la fuerza aérea de Gran Bretaña.
c. no lograron derrotar a los ingleses mediante bombardeos aéreos.
d. utilizaron cañones pesados para bombardear a Gran Bretaña.

_____ **3.** La batalla de Stalingrado (de 1942 a 1943) fue una gran derrota para
a. Polonia.
b. Alemania.
c. la Unión Soviética.
d. ninguno de los anteriores.

_____ 4. El ataque en Pearl Harbor fue hecho por

    a. Alemania en contra de los Estados Unidos.

    b. Japón en contra de Gran Bretaña y los Estados Unidos.

    c. Japón en contra de los Estados Unidos.

    d. Japón en contra de los Estados Unidos y la Unión Soviética.

_____ 5. Para conservar la paz después de la Segunda Guerra Mundial, los aliados

    a. fundaron la Sociedad de Naciones.

    b. promulgaron la ley de préstamo y arriendo.

    c. promulgaron la ley de neutralidad.

    d. fundaron la Organización de las Naciones Unidas.

C. Comprueba los detalles:

Lee cada afirmación. Escribe C en el espacio en blanco si la afirmación es cierta. Escribe F en el espacio si es falsa. Escribe N si no puedes averiguar en la lectura si es cierta o falsa.

_____ **1.** Las tropas británicas y estadounidenses derrotaron a los alemanes en el norte de África.

_____ **2.** La guerra civil en España fue una guerra muy feroz y sangrienta.

_____ **3.** Japón estaba casi derrotado cuando se lanzó la bomba atómica sobre sus ciudades.

_____ **4.** El programa de "entrega y pago al contado" fue de poca ayuda para Gran Bretaña.

_____ **5.** Muchos soldados soviéticos murieron durante la Segunda Guerra Mundial.

_____ **6.** Alemania pasó por alto su tratado de 1939 con la Unión Soviética e invadió ese país.

_____ **7.** Italia y Alemania se llamaban las potencias del Eje.

_____ **8.** Los Estados Unidos ayudó a la Unión Soviética durante la Segunda Guerra Mundial.

_____ **9.** El trato de los alemanes a los judíos mejoraba a medida que progresaba la guerra.

_____ **10.** La contraofensiva alemana (la *Battle of the Bulge*) fue una de las últimas batallas en Europa durante la Segunda Guerra Mundial.

D. Los significados de palabras:

Encuentra para cada palabra de la Columna A el significado correcto en la Columna B. Escribe la letra de cada respuesta en el espacio en blanco.

Columna A

_____ **1.** desmilitarizado
_____ **2.** bloqueo

_____ **3.** antisemitismo
_____ **4.** guerra relámpago
_____ **5.** holocausto

Columna B

a. el sentido de odio hacia los judíos
b. un término usado para describir el asesinato de los judíos durante la Segunda Guerra Mundial
c. impedir el paso de barcos o tropas a un área
d. el retiro de fuerzas militares y equipo de una zona
e. los soldados entrenados y equipados para luchar a pie
f. *blitzkrieg;* un método de guerra usado por los alemanes que implicaba utilizar todas sus fuerzas en un ataque sorpresa

E. Por ti mismo:

En 1940, se les preguntó a los estudiantes de una universidad estadounidense: "¿Están a favor de dar armas y municiones a Gran Bretaña si es la única manera de impedir su derrota?"

La mayoría de los estudiantes se opuso a esta ayuda aunque, el negar esta ayuda, podría conducir a una victoria para los nazis alemanes.

Describe en por lo menos 100 palabras lo que te sugiere esto sobre los pensamientos de muchos estadounidenses en 1940. Escribe tu respuesta en una hoja de papel en blanco.

F. Para comprender la historia mundial:

En la página 118 leíste sobre cuatro factores de la historia mundial. ¿Cuál de estos factores corresponde a cada afirmación de abajo? Llena el espacio en blanco con el número de la afirmación correcta de la página 118.

_____ **1.** Gran Bretaña dependía de los Estados Unidos para obtener ayuda en la Segunda Guerra Mundial.

_____ **2.** Hoy en día, muchos jóvenes quieren aprender más sobre las razones por las cuales los nazis mataron a millones de judíos en la Segunda Guerra Mundial.

_____ **3.** La ubicación de los Estados Unidos evitó que sufrieran los mismos daños que las naciones europeas.

_____ **4.** Los alemanes, dirigidos por los nazis, pensaban que los pueblos eslavos eran un grupo inferior.

Capítulo 4

Europa después de la Segunda Guerra Mundial

Para comprender la historia mundial

Piensa en lo siguiente al leer sobre los años después de la Segunda Guerra Mundial.

1. A veces las naciones dependen de otras naciones para sobrevivir económica y políticamente.
2. Nuestra cultura influye en nuestra perspectiva de otras personas.
3. Las naciones se ligan por una red de interdependencia económica.
4. Los sucesos en una parte del mundo han influido en los desarrollos en otras partes del mundo.
5. Los problemas del medio ambiente afectan a personas que viven a millas de distancia.

Los edificios de las Naciones Unidas en la ciudad de Nueva York. La Organización de las Naciones Unidas (O.N.U.) fue fundada en 1945. Mediante la O.N.U. los estados miembros han intentado resolver disputas pacíficamente y buscar soluciones a los problemas mundiales.

Para aprender nuevos términos y palabras

En este capítulo se usan las siguientes palabras. Piensa en el significado de cada una.

países satélites: países controlados política o económicamente por otro país

bloque: un conjunto de países que se unen para ayudarse o para tomar una acción

territorios en mandato: antiguas colonias cuyos gobiernos son vigilados por otras naciones

guerra fría: el estado de tensión y discordia sin combate verdadero; el estado de las relaciones entre la Unión Soviética y los Estados Unidos después de la Segunda Guerra Mundial

Piénsalo mientras lees

1. ¿Cómo afectó a Europa la Segunda Guerra Mundial?
2. ¿Qué efecto tuvo la guerra fría en Europa?
3. ¿En qué se diferencia la Europa actual de la Europa de la década de 1950?
4. ¿Cómo ha influido la propagación de armas nucleares en las relaciones entre países?

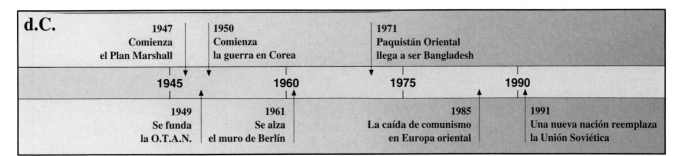

d.C.

1947 Comienza el Plan Marshall	1950 Comienza la guerra en Corea	1971 Paquistán Oriental llega a ser Bangladesh	

1945	1960	1975	1990

1949 Se funda la O.T.A.N.	1961 Se alza el muro de Berlín	1985 La caída de comunismo en Europa oriental	1991 Una nueva nación reemplaza la Unión Soviética

El mundo de la posguerra

La Segunda Guerra Mundial causó un gran sufrimiento en todas partes del mundo y especialmente en Europa. Murieron más de 20 millones de combatientes de los aliados (Gran Bretaña, los Estados Unidos, Francia, China y la Unión Soviética). Muchos otros millones fueron heridos. Los países del Eje (Alemania, Japón e Italia) tuvieron por lo menos 4 millones de muertos y muchos millones de heridos.

Entre las víctimas de la guerra hubo muchísimos civiles. Muchos murieron. Muchos más fueron heridos. La Alemania nazista envió a millones de europeos, principalmente a los judíos, a los campos de concentración. Bajo Hitler, los judíos fueron asesinados sistemáticamente. La guerra también dejó a Europa en un estado de caos. La escasez de alimentos amenazó a los sobrevivientes con padecer o morirse de hambre. Países enteros tenían que reconstruirse.

La ayuda para el restablecimiento de Europa

Los Estados Unidos, como la nación más poderosa del mundo, ayudó a los europeos a restablecerse después de la guerra. En 1947, los Estados Unidos inició un programa de ayuda. Se conoció como el Plan Marshall o el plan para la recuperación europea. Recibió el nombre del general George C. Marshall, el Ministro de Relaciones Exteriores de los Estados

Refugiados europeos en la carretera con sus efectos. Miles de personas quedaron sin hogares como resultado de la Segunda Guerra Mundial.

129

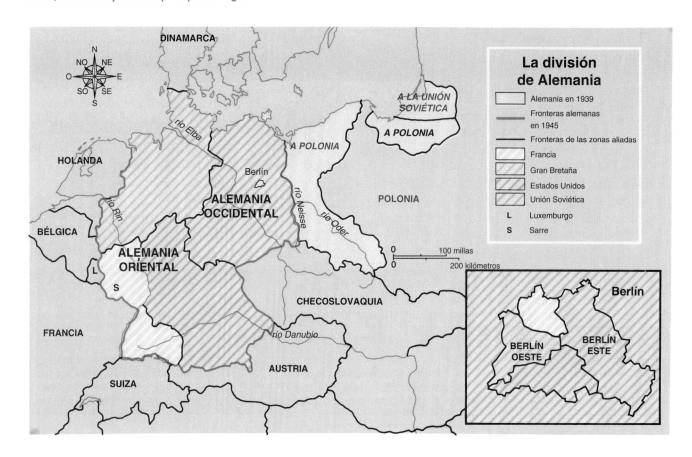

La división de Alemania

- Alemania en 1939
- Fronteras alemanas en 1945
- Fronteras de las zonas aliadas
- Francia
- Gran Bretaña
- Estados Unidos
- Unión Soviética
- L Luxemburgo
- S Sarre

Unidos. De 1947 a 1951, los Estados Unidos envió más de 12 mil millones de dólares en alimentos, ropas, medicinas, máquinas y materias primas. El Plan Marshall ayudó a disminuir el sufrimiento. Todos los países europeos, menos la Unión Soviética y sus aliados comunistas, aceptaron la ayuda del Plan Marshall.

Se concretan nuevos gobiernos

Las potencias invasoras del Eje habían destruido la bases de gobierno en muchas partes de Europa. Los Estados Unidos, Gran Bretaña y los nuevos líderes de Francia buscaban restaurar el gobierno democrático en todos los países recién liberados.

Francia estableció una república con Charles de Gaulle (su líder durante la guerra), como presidente. Noruega y Holanda establecieron una forma de gobierno democrática con una monarquía limitada. Italia, una nación del Eje hasta 1943, abandonó la monarquía que había existido antes de Mussolini. La reemplazó por una república democrática y un parlamento elegido.

Cerca del final de la guerra, los ejércitos de la Unión Soviética habían liberado a las naciones europeas orientales del dominio alemán. La Unión Soviética estableció gobiernos comunistas en esas naciones. Llegaron a conocerse como **países satélites** de la Unión Soviética porque estaban bajo la esfera de influencia soviética y eran dominados por la Unión Soviética.

Alemania se divide

Mediante varias reuniones secretas, los aliados decidieron el futuro inmediato de Alemania en la posguerra. Los líderes aliados dividieron a Alemania en cuatro zonas de ocupación. La Unión Soviética, Gran Bretaña, Francia y los Estados Unidos, cada uno gobernaba una zona. Los Estados Unidos, Gran Bretaña y Francia esperaban eventualmente, unir las cuatro zonas alemanas para crear una sola república alemana.

La Unión Soviética, sin embargo, decidió seguir su propio curso debido a sus diferencias políticas con los aliados. En su zona, fundó un gobierno comunista por separado. Esta parte de la Alemania dividida comenzó a llamarse Alemania Oriental. Pertenecía al **bloque** soviético de naciones. Las otras tres zonas se unieron para formar Alemania Occidental, que se alió con los Estados Unidos, Gran Bretaña y Francia. En 1991, los alemanes votaron por unir a Alemania Oriental y Alemania Occidental en una sola república.

El muro de Berlín

La capital alemana de Berlín, que estaba dentro de la zona soviética, también se dividió en cuatro zonas. Se le llamaba una ciudad internacional debido al control de los aliados. Para 1961, Alemania Oriental había construido el muro de Berlín a lo largo de la mayor parte de la frontera entre la zona soviética y la aliada para impedir el libre acceso a Berlín Oeste. El muro quedó como un símbolo de la represión comunista por 30 años hasta 1989 cuando el muro se derribó.

La disolución de los imperios coloniales del Eje

Durante los años que siguieron a la Segunda Guerra Mundial, surgieron movimientos nacionalistas y de independencia en muchas colonias del mundo. Los imperios coloniales de Europa se disolvían ante las demandas de libertad e independencia.

Las potencias del Eje derrotadas tenían pocas colonias. Alemania había perdido todas sus colonias en la Primera Guerra Mundial. Se le quitó a Japón el control sobre Corea y se dividió a ésta entre los Estados Unidos y la Unión Soviética.

Las colonias italianas en Libia, Eritrea y Somalia, en África, se le cedieron a los británicos y a los franceses como **territorios en mandato.** Esto quería decir que los británicos y los franceses vigilarían estos gobiernos coloniales hasta que éstos lograran su independencia. Libia logró su independencia total en 1951. Eritrea se unió con Etiopía en 1952. Somalia se independizó en 1960.

La independencia de las colonias aliadas

En 1946, los Estados Unidos les cedió independencia total a las islas Filipinas. En 1947, la colonia británica de la India se convirtió en los países independientes de la India y Paquistán. En esa época, Paquistán fue dividido en Paquistán Oriental y Paquistán Occidental. En 1971, Paquistán Oriental llegó a ser el país independiente de Bangladesh. Birmania (la actual Myanmar) se liberó del dominio británico en 1948.

Holanda cedió su dominio de las Indias Orientales Holandesas en 1948. La antigua colonia luego llegó a ser la nación independiente de Indonesia.

Los movimientos de independencia se fortalecen

Para fines de la década de 1950, los movimientos de independencia por parte de los pueblos coloniales se fortalecieron. A veces llegaban a ser violentos cuando las colonias presionaban a las madre patrias a cederles la independencia. La mayoría de las madre patrias, sin embargo, se preocupaban por la seguridad de los europeos que se quedaban en un nuevo país en el que constituían una minoría.

Gran Bretaña alivió muchos de sus problemas coloniales al formar el Commonwealth Británico. Era una federación de países, muchos de los cuales se gobernaban a sí mismos y tenían vínculos económicos y culturales con Gran Bretaña.

Algunas naciones luchan por liberarse

Algunas colonias lograron la independencia fácilmente. Otras, sin embargo, encontraron dificultades. Los nacionalistas de Argelia iniciaron una guerra larga contra Francia en 1954. Finalmente lograron su independencia en 1962. Mozambique logró su independizarse de Portugal en 1975 después de una lucha larga y enconada.

En 1965, la minoría blanca de Rodesia, una colonia británica en el sur de África, declaró su independencia y fundó un gobierno bajo el mando de los blancos. Otras naciones de África y de otras partes se oponían a este acto de dominio minoritario. Pensaban que la mayoría negra también debía participar en el nuevo gobierno. En 1979, los negros finalmente llegaron al poder en Rodesia. Le pusieron a la nación el nuevo nombre de Zimbabue en honor a un antiguo reino negro africano.

La guerra fría

Después de la Segunda Guerra Mundial, los Estados Unidos y la Unión Soviética eran las dos naciones más poderosas del mundo. Fueron aliados durante la guerra. Sin embargo, muchas diferencias culturales, políticas y económicas separaban a las dos naciones. Estas diferencias dificultaban la comprensión entre los dos países.

Comenzó la tensión y la discordia entre la Unión Soviética y sus países satélites y los Estados Unidos y sus aliados. La división de Alemania fue una de las causas de la tensión que llegó a conocerse como la **guerra fría.** La mayoría de las disputas en la guerra fría se combatían con palabras. A veces, cada lado usaba presiones económicas y políticas para salirse con la suya.

Los Estados Unidos culpaba a la Unión Soviética de tratar de difundir el comunismo mediante la revolución. Los líderes soviéticos se lo negaron. En cambio, ellos culpaban a los Estados Unidos y sus aliados de querer destruir a la Unión Soviética.

La cortina de hierro

Para finales de la Segunda Guerra Mundial, había gobiernos comunistas en Polonia, Checoslovaquia, Yugoslavia, Rumania, Bulgaria, Albania y Alemania Oriental. Muchas personas pensaban que la Unión Soviética había dejado caer una "cortina de hierro" alrededor de Europa del Este para impedir que entraran en ella ideas de democracia y libertad. Las naciones democráticas del oeste de Europa temían la extensión del comunismo.

El combate en Corea

La guerra fría llegó a ser una guerra verdadera en Corea en 1950. Corea, que había sido una colonia japonesa desde 1910 hasta el final de la Segunda Guerra Mundial, se dividió en dos países. La línea divisoria era el paralelo 38 de latitud. Corea del Norte se alió con la Unión Soviética. Corea del Sur se alió con los Estados Unidos.

Cuando las tropas de Corea del Norte entraron en Corea del Sur, los Estados Unidos acudió en ayuda de los coreanos del sur. Al mismo tiempo, las Naciones Unidas (O.N.U.) ordenaron que los coreanos del norte se retiraran a su propio lado. Los coreanos del norte se negaron a obedecer el mandato de la O.N.U. Entonces, tropas chinas acudieron en ayuda de ellos. Diez estados miembros de la O.N.U. ofrecieron ayuda militar a Corea del Sur. Entre ellos estaba los Estados Unidos, que suministró la mayoría de las tropas.

Hubo una gran lucha entre las fuerzas de la O.N.U. y las tropas de Corea del Norte y China hasta 1953. En ese momento, una tregua puso fin a la lucha y los dos lados regresaron a sus propios territorios. A pesar de la lucha enconada, el congreso estadounidense jamás declaró la guerra a Corea del Norte. La guerra que duró tres años se conoció simplemente como una "acción policial".

La O.T.A.N. y el Pacto de Varsovia

Los Estados Unidos se dio cuenta de la necesidad de defender al oeste de Europa de la amenaza de la agresión comunista. Por consiguiente, en 1949, los Estados Unidos ayudó a fundar la Organización del Tratado del Atlántico Norte (O.T.A.N.). Esta organización unió a los Estados Unidos, Gran Bretaña, Francia y otras naciones principalmente del oeste de Europa en una alianza militar. En 1966, Francia se retiró de la mayoría de los asuntos militares de la O.T.A.N.

La respuesta soviética a la O.T.A.N. era la creación del Pacto de Varsovia. Éste era una alianza militar entre la Unión Soviética y sus aliados comunistas del este de Europa.

Vínculos económicos

La guerra fría también ocasionó la creación de vínculos económicos entre países. La Unión Soviética y sus países satélites intercambiaban mercancías mediante una serie de acuerdos económicos. Al mismo tiempo, los países del oeste de Europa fundaron el Mercado Común para reducir los aranceles y mejorar el comercio.

La Europa actual

Desde 1985, han sucedido vastos trastornos en el mundo comunista. El comunismo se debilitaba en el este de Europa a medida que los países satélites lograban independizarse política y económicamente de la Unión Soviética. Poco a poco intentaban reemplazar la economía dirigida del comunismo por una economía de mercado al estilo occidental. Alemania Oriental y Occidental se unieron de nuevo para formar un solo país. En Polonia y Checoslovaquia hubo elecciones democráticas. Las demandas de los gru-

La guerra coreana

ZDM   Zona desmilitarizada creada por la tregua de 1953

CHINA

río Yalu

río Tumen

UNIÓN SOVIÉTICA

Avance máximo de las Naciones Unidas, 1950

COREA DEL NORTE

• Pyongyang

ZDM

38°N

• Panmunjom

Inchón •   • Seúl

Paralelo 38

Avance máximo de Corea del Norte-China, 1951

MAR AMARILLO

COREA DEL SUR

MAR DEL JAPÓN

• Fusán

N   NO   NE   O   E   SO   SE   S

0   100 millas
0   200 kilómetros

JAPÓN

En 1986, una explosión del reactor nuclear de Chernobil en la Unión Soviética dejó escapar enormes cantidades de materiales radiactivos a la atmósfera. Un número tan grande como 3 millones de personas viven en tierras contaminadas por la precipitación radiactiva. La explosión ocasionó la muerte de aproximadamente 300 personas, pero es probable que mueran muchas más de cánceres ocasionados por la contaminación radiactiva.

pos étnicos dividieron a Yugoslavia en campos de batalla. Por último, en 1991 una serie de acontecimientos puso fin a la Unión Soviética. Fracasó un intento por tomar el poder. Luego, los líderes soviéticos disolvieron el Partido Comunista. Entonces, muchas repúblicas soviéticas declararon su independencia. Los líderes de las repúblicas más grandes, incluso los de Rusia y Ucrania, formaron una confederación de estados soberanos, o sea la Unión de Repúblicas Soberanas Soviéticas. Cuando el presidente soviético Mijail Gorbachov presentó su renuncia el 25 de diciembre de 1991, la Unión Soviética dejó de existir.

Los países del oeste de Europa también cambiaron. Sus líderes se dieron cuenta de que la cooperación económica mediante el Mercado Común era tan exitosa que empezaron a hacer planes para lograr alguna forma de unidad política. Los países que fueron comunistas, como Polonia, Checoslovaquia, Hungría, Rumania y hasta la Unión de Repúblicas Soberanas Soviéticas, dieron a entender que tal vez buscarían vínculos estrechos con la Comunidad Económica Europea, o sea, el Mercado Común.

El problema de las armas nucleares

Cuando los Estados Unidos lanzó las primeras bombas atómicas sobre el Japón en 1945, introdujo en el mundo una nueva arma de guerra aterradora. La Unión Soviética desarrolló un arma nuclear en 1949. Desde entonces otras naciones, tales como Gran Bretaña, China, Francia y la India, desarrollaron armas nucleares. También otras naciones que están en el proceso de desarrollo de armas nucleares son Paquistán, Sudáfrica, Israel, Irán e Irak.

Con tantos países que poseen armas nucleares, el mundo se enfrenta con el gran peligro de la contaminación nuclear, a causa de una guerra o una explosión accidental. El fin de la guerra fría ha disminuido, en gran parte, la amenaza de la guerra nuclear. No obstante, los líderes mundiales esperan saber qué harán los líderes de las repúblicas de la nueva confederación con las armas nucleares que habían pertenecido a la Unión Soviética. También les preocupa que otros países obtengan armas nucleares. El problema crítico de las armas nucleares persiste porque hay armas nucleares en los arsenales de muchos países.

Ejercicios

A. Busca las ideas principales:

Pon una marca al lado de las oraciones que expresan las ideas principales de lo que acabas de leer.

_____ **1.** La vida en Europa tenía que ser reordenada después de la Segunda Guerra Mundial.

_____ **2.** La Unión Soviética sufrió daños severos durante la Segunda Guerra Mundial.

_____ **3.** Gran Bretaña es miembro del Mercado Común.

_____ **4.** La guerra fría separó a la Unión Soviética de las potencias occidentales.

_____ **5.** Las nuevas naciones han ayudado a cambiar la política mundial.

B. Recordar lo que leíste:

Usa las siguientes palabras para completar las oraciones de abajo. Cada palabra se usa sólo una vez.

parlamento	territorios en mandato	ayuda
militar	ciudad internacional	satélites

1. La Organización del Tratado del Atlántico Norte (O.T.A.N.) era una alianza _____.

2. Berlín ha sido una _____ desde que las tropas aliadas se apoderaron de ésta en 1945.

3. Los países _____ del este de Europa seguían el ejemplo de la Unión Soviética.

4. Libia, Eritrea y Somalia se volvieron _____ de Gran Bretaña y Francia después de la Segunda Guerra Mundial.

5. Se creó un nuevo gobierno italiano con un _____ y elecciones libres.

6. El Plan Marshall le dio a Europa más de 12 mil millones de dólares de _____.

C. Comprueba los detalles:

Lee cada oración. Escribe H en el espacio en blanco si la oración es un hecho. Escribe O en el espacio si es una opinión. Recuerda que los hechos se pueden comprobar, pero las opiniones, no.

_____ **1.** Las potencias del Eje fueron derrotadas en la Segunda Guerra Mundial.

_____ **2.** Los Estados Unidos no envió suficiente ayuda a Europa después de la Segunda Guerra Mundial.

_____ **3.** Todas las naciones eran igualmente culpables de las tensiones mundiales después de la Segunda Guerra Mundial.

_____ **4.** El Mercado Común ha tenido éxito.

_____ **5.** Las armas nucleares son una amenaza a la paz mundial.

_____ **6.** La Unión Soviética gobernó los países satélites del este de Europa de 1945 a 1985.

_____ **7.** Se fundó el Pacto de Varsovia para lograr un equilibrio con la O.T.A.N.

_____ **8.** Gran Bretaña, Francia y Holanda esperaron demasiado tiempo para darles libertad a sus colonias.

_____ **9.** China y los Estados Unidos, así como también Corea, participaron en la guerra coreana.

_____ **10.** La O.T.A.N. no ha resultado tan fuerte como podría haber sido.

D. ¿Qué significa?

Escoge el mejor significado para cada una de las palabras en letras mayúsculas. Escribe la letra de la respuesta en el espacio en blanco.

_____ **1.** PAÍS SATÉLITE
   a. un tratado entre naciones
   b. un país gobernado o dominado por otro país
   c. utilizado para un propósito especial

_____ **2.** BLOQUE
   a. un país comunista
   b. soldados entrenados en acciones militares
   c. países que responden como un solo país

E. Para comprender la historia mundial:

En la página 128 leíste sobre cinco factores de la historia mundial. ¿Cuál de estos factores corresponde a cada afirmación de abajo? Llena el espacio en blanco con el número de la afirmación correcta de la página 128.

_____ **1.** Las pruebas nucleares emiten materia radiactiva. Esta materia cae sobre partes del mundo que están lejos del área de la prueba.

_____ **2.** La antigua Unión Soviética tenía vínculos económicos con sus países satélites en el este de Europa. Los países del oeste de Europa están unidos económicamente en el Mercado Común.

_____ **3.** Europa estaba en un estado de caos cuando terminó la Segunda Guerra Mundial. Los Estados Unidos ayudó a reconstruir a Europa al prestarle ayuda económica.

_____ **4.** Las diferencias culturales dificultaron la comprensión entre la Unión Soviética y las democracias occidentales.

Capítulo 5

La Unión Soviética, de 1945 a 1991

Para comprender la historia mundial

Piensa en lo siguiente al leer sobre la Unión Soviética después de la Segunda Guerra Mundial.

1. Nuestra cultura influye en nuestra perspectiva de otras personas.
2. Satisfacer las necesidades del individuo y del grupo es una meta universal de todos los pueblos y las culturas.
3. Los países adoptan y adaptan ideas e instituciones de otros países.
4. Los sucesos en una parte del mundo han influido en los desarrollos en otras partes del mundo.

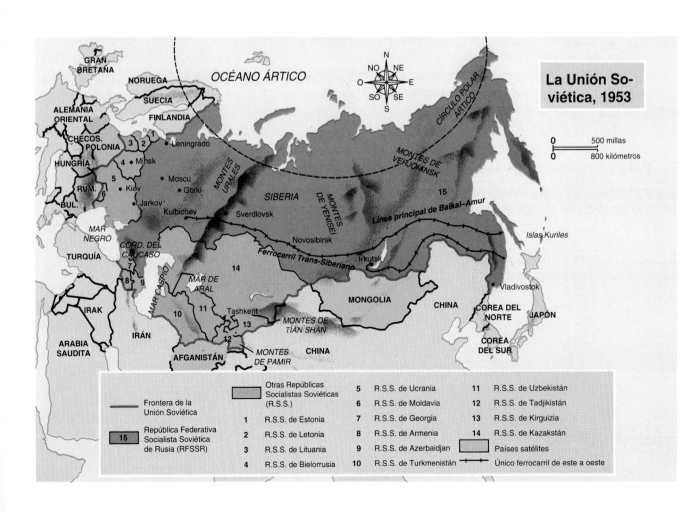

La Unión Soviética, 1953

Frontera de la Unión Soviética		
15 República Federativa Socialista Soviética de Rusia (RFSSR)		
	Otras Repúblicas Socialistas Soviéticas (R.S.S.)	
1 R.S.S. de Estonia	5 R.S.S. de Ucrania	11 R.S.S. de Uzbekistán
2 R.S.S. de Letonia	6 R.S.S. de Moldavia	12 R.S.S. de Tadjikistán
3 R.S.S. de Lituania	7 R.S.S. de Georgia	13 R.S.S. de Kirguizia
4 R.S.S. de Bielorrusia	8 R.S.S. de Armenia	14 R.S.S. de Kazakstán
	9 R.S.S. de Azerbaidjan	Países satélites
	10 R.S.S. de Turkmenistán	Único ferrocarril de este a oeste

Para aprender nuevos términos y palabras

En este capítulo se usan las siguientes palabras. Piensa en el significado de cada una.

granjas colectivas: granjas grandes dirigidas por el gobierno; granjas fundadas en la Unión Soviética

coexistencia pacífica: una situación en que dos o más naciones existen en un estado de paz

détente: una disminución de tensiones o discordias entre países; un término francés

disidentes: personas que no están de acuerdo con el punto de vista establecido

Piénsalo mientras lees

1. ¿Qué naciones europeas eran países satélites de la Unión Soviética?

2. ¿Cuáles eran algunas de las debilidades de la economía y del sistema de gobierno soviéticos?

3. ¿Qué cambios sucedieron en las relaciones entre la Unión Soviética y los Estados Unidos entre 1945 y 1991?

4. ¿Qué cambios sucedieron en las relaciones entre la Unión Soviética y sus países satélites?

5. ¿Qué cambios sucedieron en la Unión Soviética en 1991?

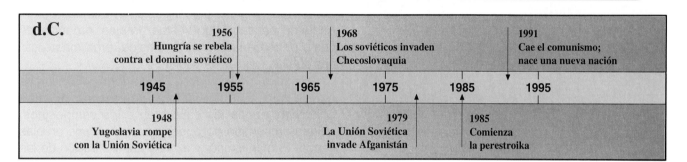

d.C.

| 1956 Hungría se rebela contra el dominio soviético | 1968 Los soviéticos invaden Checoslovaquia | 1991 Cae el comunismo; nace una nueva nación |

1945 · 1955 · 1965 · 1975 · 1985 · 1995

1948 Yugoslavia rompe con la Unión Soviética · 1979 La Unión Soviética invade Afganistán · 1985 Comienza la perestroika

La Unión Soviética logró mucho debido al papel que jugó durante la Segunda Guerra Mundial. Era el líder de las naciones comunistas fundadas después de la guerra. En el este de Europa, estas naciones eran Alemania Oriental, Polonia, Checoslovaquia, Hungría, Rumania, Bulgaria, Yugoslavia y Albania. En Asia, Corea del Norte era un país satélite. Al rodearse de países satélites, la Unión Soviética tenía naciones amistosas al este y también al oeste.

La reconstrucción de industrias después de la guerra

De todos los aliados que lucharon en la Segunda Guerra Mundial, la Unión Soviética fue la que sufrió más. Millones de sus soldados y civiles fueron heridos o murieron. Muchas de sus granjas, fábricas y ciudades se dañaron o fueron destruidas. Volver a construir la nación era una labor dura.

Joseph Stalin, quien había llegado al poder en 1924, gobernaba la Unión Soviética como un dictador inhumano y poderoso. Ponía toda su autoridad y energía en la reconstrucción de las industrias de la Unión Soviética. Hacía que la producción de carbón, acero, y herramientas para máquinas fuera la primera ocupación del gobierno. Se construyeron carreteras, presas y ciudades enteras para aumentar el poder industrial de la nación.

Stalin alistaba a ingenieros y científicos de todas partes de la Unión Soviética y sus países satélites para esta reconstrucción. Imponía controles estrictos sobre la mano de obra. Fundó campos de trabajo forzoso que se llamaban *gulags*. A los prisioneros y criminales de estos campos se les usaba para el trabajo forzado.

La economía soviética

La Unión Soviética funcionaba bajo una economía controlada en la que los productos se fabricaban de acuerdo con la planificación del gobierno. No había una economía de mercado basada en la oferta y la demanda como en los Estados Unidos. Se fabricaba una cantidad limitada de productos para el uso privado. Los líderes soviéticos creían que la construcción de fábricas de acero y de otras que producían materiales para la reconstrucción era más importante que la de fábricas que producían productos de consumo.

Hubo un progreso notable en la producción industrial. Para la década de 1980, la producción de carbón estaba a un nivel cuatro veces mayor que la de 1940. La producción de acero aumentó de 18 millones de toneladas en 1940 a más de 164 millones de tonela-

137

Producción de industrias en la Unión Soviética			
	1940	1965	1979	1982
Carbón (en millones de toneladas)	166	578	719	480
Acero (en millones de toneladas)	18	91	149	147
Petróleo (en millones de toneladas)	31	243	586	613
Electricidad (en millones de kilovatios por hora)	48	507	1.239 (billones de kw/h)	1.366 (billones de kw/h)

El dictador soviético Joseph Stalin gobernó con "puños de hierro" hasta su muerte en 1953.

das en 1986. La producción de petróleo bruto subió de 31 millones de toneladas en 1940 a más de 613 millones de toneladas en la década de 1980. La Unión Soviética se convirtió en el primer productor de petróleo bruto.

Debilidades de la economía

A pesar de los logros impresionantes en algunos sectores de la producción industrial, la economía soviética tenía muchos defectos. El transporte, tanto de personas como de productos, estaba muy mal ordenado. La escasez de materias primas y mano de obra eran problemas comunes. El nivel de vida soviético permanecía bajo.

Cambios en la agricultura

Bajo Stalin, desaparecieron las granjas particulares. Todos los campesinos fueron obligados a renunciar a la propiedad de sus tierras y animales domésti-cos. Los granjeros tenían que juntarse en **granjas colectivas** dirigidas por el gobierno. Los líderes del gobierno pensaban que estas granjas, organizadas como parte de la economía dirigida, eran más eficaces que las granjas particulares.

La agricultura soviética jamás logró los mismos éxitos que la industria. El sistema de granjas colectivas nunca les cayó bien a los campesinos, quienes resentían no poder trabajar en sus propias tierras. El mal tiempo y la mala administración de las granjas conducía, frecuentemente, a cosechas arruinadas o escasas lo cual hacía difícil que el gobierno satisficiera las necesidades de alimentos del pueblo.

Los primeros desafíos al poder soviético

El poder y la influencia de la Unión Soviética sobre sus aliados satélites pronto se pusieron a prueba. Yugoslavia se negó a permanecer dependiente de la Unión Soviética y pidió ayuda por medio del Plan Marshall. Sus líderes querían mantener su propia forma de gobierno y ser independientes de la Unión Soviética.

La ruptura entre Yugoslavia y la Unión Soviética señaló la primera pérdida de un país satélite. Las relaciones entre Yugoslavia y la Unión Soviética permanecieron tensas durante décadas.

Otro desafío al poder soviético sucedió después de la muerte de Stalin en 1953. Una huelga de obreros en Berlín del Este obligó a la Unión Soviética a enviar tropas para reprimir la huelga. Esa acción indicaba que la Unión Soviética tenía la intención de mantener su control sobre los países satélites. También mostraba fallas en el sistema soviético.

Una ruptura en el comunismo mundial

Un grave desafío al comunismo mundial tuvo lugar en 1963 entre la Unión Soviética y la República Popular de China. Hacía mucho tiempo que Mao Zedong y los

Nikita Kruschev dirigió la Unión Soviética de 1958 hasta 1964. Se ve aquí dando un discurso ante la Organización de las Naciones Unidas en 1960.

otros líderes comunistas pensaban que la Unión Soviética trataba de gobernar China. Decían que los métodos soviéticos no funcionarían en China. También decían que la Unión Soviética no representaba a todos los comunistas del mundo. Las dos principales potencias comunistas se acusaban hostilmente una a la otra.

Cuando los chinos desarrollaron sus propias armas nucleares, los líderes soviéticos se comenzaron a preocupar mucho por la posibilidad de una guerra con China. Debido a una disputa fronteriza, hubo luchas verdaderas entre las tropas soviéticas y chinas a fines de la década de 1960. Más adelante las tensiones disminuyeron, pero las diferencias no desaparecían. Como los chinos conservaban estrictamente su propia forma de comunismo, éstos criticaron los posteriores intentos de reforma de la Unión Soviética.

El comunismo en el sudeste de Asia

La Segunda Guerra Mundial otorgó el prestigio a la Unión Soviética y a los comunistas de ser luchadores por la libertad. Después de la Segunda Guerra Mundial, el comunismo se difundía en muchas partes del mundo. En China, el movimiento comunista había existido a partir de la década de 1920. En 1949, los comunistas chinos se apoderaron de China continental. En 1954 los comunistas vietnamitas expulsaron a los franceses de Vietnam. Estas acciones ayudaban a difundir el comunismo en Asia y la región del sudeste. Durante algún tiempo, la Unión Soviética tuvo dominio de estas regiones. Después de 1963, lo perdió casi todo ante sus aliados chinos.

La influencia en el Hemisferio Occidental

En 1959, Fulgencio Batista, el dictador de Cuba, fue derrocado por las fuerzas comunistas dirigidas por el joven Fidel Castro. Con un gobierno en Cuba que estaba a favor de los soviéticos y dirigido por los comunistas, las tensiones entre la Unión Soviética y los Estados Unidos aumentaron.

Desde Cuba la influencia comunista se extendió hasta Nicaragua. Un gobierno a favor de los comunistas en Nicaragua luchaba contra las fuerzas de los "contras" quienes, hasta 1990, tuvieron el apoyo de los Estados Unidos. En ese año, hubo elecciones que destituyeron al gobierno que estaba a favor de los comunistas.

Otras áreas de influencia comunista

Después de que Portugal cediera la independencia a su colonia africana de Angola en 1975, estalló una guerra civil. Dos grupos competían por el dominio de Angola. La Unión Soviética y Cuba apoyaron a un grupo. Los Estados Unidos apoyó al otro. La guerra civil terminó en 1991 después de que Cuba retiró sus tropas. Una tregua incierta existe hoy entre los dos grupos rivales.

El interés que había mostrado la Rusia de los zares por Afganistán continuaba por parte de la Unión Soviética después de la revolución de 1917. Afganistán, ubicado en el sudoeste de Asia, llegó a ser un estado comunista en 1979. El nuevo gobierno comunista le pidió ayuda a la Unión Soviética cuando un fuerte grupo de la población musulmana se sublevó en su contra. Las fuerzas armadas soviéticas lucharon en Afganistán hasta 1988, fecha en que se retiraron.

El mando de Kruschev

En 1956, Nikita Kruschev se convirtió en el nuevo líder soviético. Acusó a Stalin de haber causado la detención, el exilio y la muerte de muchos soviéticos, incluso los comunistas. Las críticas de Kruschev contra Stalin sacudió al sistema soviético y al comunismo mundial. Por un tiempo, parecía que el sistema soviético cambiaría. Se promulgaron reformas, y los autores y artistas lograron un poco más de libertad. No obstante, algunas cosas no cambiaron.

139

El gobierno mantenía su dominio estricto sobre la mayoría de los elementos de la vida soviética. La guerra fría dominaba las relaciones entre la Unión Soviética y el extranjero.

La inquietud en el este de Europa

Algunos países satélites, siguiendo las propias reformas de Kruschev, también desarrollaban sus propios movimientos de reforma. En 1956, los líderes nacionalistas de Hungría trataron de derrocar el dominio soviético. La Unión Soviética, sin embargo, reaccionó trasladando sus tropas a Hungría y aplastó el movimiento de reforma. En 1968, las tropas soviéticas reprimieron un gobierno comunista dispuesto a hacer reformas, esta vez en Checoslovaquia. Las acciones soviéticas suscitaron críticas en todo el mundo.

Relaciones soviético-estadounidenses

La guerra fría continuaba durante la década de 1960. La baja a tiros de un avión espía estadounidense sobre la Unión Soviética en 1960 angustió a los Estados Unidos y mantuvo tensas las relaciones. En 1961, la construcción del muro de Berlín aumentó el resentimiento occidental hacia los soviéticos.

La prueba más difícil a la **coexistencia pacífica** sucedió en 1962 cuando la Unión Soviética instaló rampas de lanzamiento de cohetes en Cuba. Un bloqueo por la marina estadounidense impidió que los barcos soviéticos llegaran allí con los cohetes. Tantas eran las tensiones que surgió la posibilidad de guerra. Sin embargo, Kruschev, cedió y retiró los cohetes.

Los esfuerzos por aplacar las tensiones

Leónidas Brejnev reemplazó a Nikita Kruschev en 1964. Él hizo intentos por disminuir las tensiones entre los Estados Unidos y la Unión Soviética. El nuevo arreglo, que se llamaba *détente,* conducía a la cooperación con los Estados Unidos en las ciencias y la exploración del espacio. Las relaciones culturales y comerciales también se ampliaban entre las dos naciones.

En el punto culminante del *détente,* los Estados Unidos y la Unión Soviética firmaron un pacto de derechos humanos. Las dos naciones también emprendieron negociaciones para limitar la fabricación de armas nucleares estratégicas. A estas negociaciones les llamaban *Strategic Arms Limitation Talks (SALT).*

Los problemas del détente

Pero los esfuerzos por el *détente,* se vieron afectados por la furia que provocaba a los norteamericanos la forma en que los soviéticos trataban a sus **disidentes,** (los científicos, artistas y otros en la Unión Soviética que querían mayor libertad). La respuesta soviética era encarcelar a los disidentes o meterlos en asilos mentales. Los judíos soviéticos recibían trato semejante cuando querían salir del país, sobre todo cuando querían irse a Israel.

Una guerra fría duradera

A mediados de la década de 1980, la guerra fría todavía separaba a los Estados Unidos y la Unión Soviética. El primero condenó la participación soviética en Afganistán y apoyó las facciones guerrilleras de oposición. El Congreso de los Estados Unidos se negó a aprobar un nuevo acuerdo de *SALT II.*

A fines de 1983, los marines estadounidenses ocuparon la isla nación caribeña de Granada. La razón era la protección de los ciudadanos estadounidenses después del derrocamiento del gobierno por un grupo comunista. La Unión Soviética condenó a los Estados Unidos por haber invadido una nación independiente.

Mijail Gorbachov

En 1985, fue el nuevo líder de la Unión Soviética. Al poco tiempo se hizo evidente que él era diferente de los líderes anteriores. Era más joven y más vigoroso y parecía decidido a iniciar reformas en la vida política y económica soviética.

En sus primeros discursos, Gorbachov habló de la necesidad de ser franco y abierto al estudiar la sociedad soviética. A esta apertura, la llamó "glasnost". Implicaba la disposición a reconocer muchos de los errores del pasado y a instaurar reformas extensivas. También abría las puertas a cierto grado de libertad de palabra y de prensa que jamás había existido en la Unión Soviética.

Gorbachov también hablaba de reformar la economía soviética introduciendo ciertos elementos del mercado libre. Le llamó a esta reforma "perestroika". Glasnost y la perestroika causaron una revolución en el pensamiento soviético ya que socavaba, de muchas formas, las creencias comunistas existentes. También abrió el camino para cambios aún más trascendentes, no sólo en la Unión Soviética, sino también en los países satélites.

Polonia

Los grupos reformistas en Polonia venían desafiando a su gobierno comunista desde 1956. Varias veces hubo huelgas y alborotos. Un movimiento del sindicato llamado "Solidaridad" fue organizado por obreros de astilleros y dirigido por Lech Walesa. A pesar de los esfuerzos del gobierno por reprimirlo, el movimiento Solidaridad crecía en tamaño y autoridad. Para 1989, los líderes de Solidaridad lograron su victoria en elecciones nacionales, y se fundó un gobierno no comunista del que Walesa fue presidente.

La Alemania unida

Las manifestaciones condujeron a reformas en Alemania Oriental y a demandas por la unificación de Alemania Oriental y Occidental. Un año después de la caída del muro de Berlín en 1989, las dos Alemanias fueron unidas de nuevo. Las tropas soviéticas se retiraron del territorio que había constituido Alemania Oriental. La respuesta de los Estados Unidos fue una significante disminución de su presencia militar en Alemania.

Se retiran otros países satélites

En 1989, las protestas de la gente contra el gobierno de Checoslovaquia condujeron al derrocamiento del gobierno comunista reinante. Un gobierno no comunista llegó al poder el 29 de diciembre de 1989. Para fines de 1990, los gobiernos comunistas en Hungría, Rumania, Bulgaria y Albania también fueron derrocados. La Unión Soviética ya no tenía poder sobre sus países satélites.

La Unión de Repúblicas Soberanas Soviéticas

Glasnost y la perestroika ocasionaron la caída del comunismo. En 1991 algunos adherentes del antiguo comunismo trataron de derrocar a Mijail Gorbachov y apoderarse del gobierno. Pero el intento fracasó gracias a la postura heroica de Boris Yeltsin, el presidente de la república de Rusia. Animó al pueblo ruso a oponerse a la toma del poder. Al mismo tiempo, su popularidad con el pueblo aumentaba mientras la de Gorbachov disminuía.

Para enfrentar los desafíos que presentaba el mando de Yeltsin, hubo aún más reformas. La principal fue la disolución del Partido Comunista. Los sentimientos nacionalistas entre las personas de las 15 repúblicas de la Unión Soviética aumentaron. Las naciones de Letonia, Lituania y Estonia, de la zona del Báltico, recobraron la independencia de la cual disfrutaban antes de la Segunda Guerra Mundial.

Boris Yeltsin (izquierda) y Mijail Gorbachov (derecha) fueron enemigos por muchos años. En la lucha por el poder durante la caída de la Unión Soviética en 1991, Yeltsin salió triunfante.

Rusia, Ucrania y las otras repúblicas soviéticas empezaron a declarar su independencia. Luego, a fines de diciembre de 1991, las naciones recientemente independizadas se unían a Rusia para fundar una nueva nación: la Unión de Repúblicas Soberanas Soviéticas.

Cuando Gorbachov renunció, la Unión Soviética había muerto. Su bandera fue reemplazada por la de Rusia, la más grande de las repúblicas soberanas de la confederación.

Un futuro incierto

Para fines de 1991, los países del mundo habían empezado a reconocer a la Unión de Repúblicas Soberanas Soviéticas como la sucesora de la Unión Soviética. No obstante, muchos líderes del mundo expresaron su inquietud sobre la fundación del nuevo estado y la forma en que evolucionaría. Todavía quedaban por resolver muchos asuntos en cuanto al pueblo de la antigua Unión Soviética y las relaciones de la confederación con los demás países del mundo. Un tema especialmente candente era el control de las armas nucleares.

Ejercicios

A. Busca las ideas principales:

Pon una marca al lado de las oraciones que expresan las ideas principales de lo que acabas de leer.

_____ **1.** Las relaciones entre la Unión Soviética y la República Popular de China cambiaron después de 1963.

_____ **2.** El muro de Berlín fue levantado para impedir que los alemanes orientales se escaparan al Berlín Oeste.

_____ **3.** El papel que jugaba la Unión Soviética como líder del comunismo mundial ha cambiado.

_____ **4.** Nikita Kruschev introdujo algunos cambios en la Unión Soviética.

_____ **5.** El mando soviético fue desafiado por Yugoslavia, Hungría, Checoslovaquia y Polonia.

_____ **6.** Las relaciones entre los Estados Unidos y la Unión Soviética han cambiado a partir de la Segunda Guerra Mundial.

B. ¿Qué leíste?

Escoge la respuesta que mejor complete cada oración. Escribe la letra de tu respuesta en el espacio en blanco.

_____ **1.** El movimiento Solidaridad desafiaba a la influencia soviética en
    a. todas partes de Europa.
    b. Polonia.
    c. áreas de la Unión Soviética.
    d. Checoslovaquia.

_____ **2.** La ayuda del Plan Marshall la buscaba(n)
    a. los Estados Unidos.
    b. Yugoslavia.
    c. la Unión Soviética.
    d. todos los países satélites soviéticos.

_____ **3.** Al final de la Segunda Guerra Mundial, la Unión Soviética era el líder
    a. de Europa.
    b. de Asia.
    c. del mundo.
    d. del comunismo mundial.

_____ **4.** Los grandes cambios que sucedían en el mundo comunista se veían en
    a. la caída del muro de Berlín.
    b. las políticas de la perestroika.
    c. el nacimiento de la Unión de Repúblicas Soberanas Soviéticas.
    d. todos los anteriores.

C. Comprueba los detalles:

Lee cada afirmación. Escribe C en el espacio en blanco si la afirmación es cierta. Escribe F en el espacio si es falsa. Escribe N si no puedes averiguar en la lectura si es cierta o falsa.

_____ **1.** Los chinos pensaban que la Unión Soviética trataba de gobernar China.

_____ **2.** Yugoslavia aceptó la ayuda del Plan Marshall.

_____ **3.** Nikita Kruschev era el líder soviético más capaz en su época.

_____ **4.** Stalin hizo de la producción de bienes de consumo su objetivo principal después de la Segunda Guerra Mundial.

_____ **5.** Yugoslavia permanecía independiente de la Unión Soviética.

_____ **6.** La producción de carbón y de petróleo soviética era mayor que la producción estadounidense.

_____ **7.** Bajo Stalin, desaparecieron las granjas privadas.

_____ **8.** Kruschev habló en contra de Stalin.

_____ **9.** La Unión de Repúblicas Soberanas Soviéticas reemplazó a la Unión Soviética en 1991.

_____ **10.** Las reformas de Gorbachov dieron lugar a muchos cambios en la Unión Soviética.

D. Piénsalo de nuevo:

Contesta la siguiente pregunta en por lo menos 75 palabras. Usa una hoja de papel en blanco.

¿Cómo describirías las relaciones actuales entre la Unión de Repúblicas Soberanas Soviéticas y los Estados Unidos? Basa tu respuesta en lo que hayas leído en la prensa o escuchado en la televisión o la radio.

E. Para comprender la historia mundial:

En la página 136 leíste sobre cuatro factores de la historia mundial. ¿Cuál de estos factores corresponde a cada afirmación de abajo? Llena el espacio en blanco con el número de la afirmación correcta de la página 136.

_____ **1.** Los comunistas chinos querían imponer su propia forma de comunismo. No querían imitar el tipo de comunismo que existía en la Unión Soviética.

_____ **2.** Los Estados Unidos y la Unión Soviética fueron separados por diferencias económicas y culturales que dificultaban la comprensión.

_____ **3.** En Polonia, las personas querían más bienes de consumo. Querían que el gobierno cambiara para poder satisfacer las necesidades del pueblo.

_____ **4.** Yugoslavia dijo que iba a ser una nación comunista libre de la influencia de la Unión Soviética.

Capítulo 6

Los Estados Unidos a partir de la Segunda Guerra Mundial

Para comprender la historia mundial

Piensa en lo siguiente al leer sobre los Estados Unidos a partir de la Segunda Guerra Mundial.

1. La ubicación, la topografía y los recursos afectan las interacción entre las personas.
2. A veces las naciones dependen de otras naciones para sobrevivir económica y políticamente.
3. Los sucesos en una parte del mundo han influido en los desarrollos en otras partes del mundo.
4. Las naciones del mundo dependen económicamente unas de otras.

El presidente George Bush (derecha) se enorgullecía de su habilidad de tratar directamente con los líderes del mundo. Aquí saluda al presidente Hosni Mubarak (izquierda) de Egipto.

144

Para aprender nuevos términos y palabras

En este capítulo se usan las siguientes palabras. Piensa en el significado de cada una.

cartel: un grupo que trata de controlar la fabricación de un producto o un objeto para hacer que suba el precio
sha: el título del soberano de Irán
yihad: una guerra musulmana sagrada

Piénsalo mientras lees

1. ¿Cómo cambió los Estados Unidos su política de aislacionismo después de la Segunda Guerra Mundial?
2. ¿Qué fue el Plan Marshall? ¿Y la O.T.A.N.?
3. ¿Por qué participó los Estados Unidos en una guerra en Vietnam? ¿Cuál fue el resultado de esta guerra?
4. ¿Por qué es importante el Oriente Medio para los Estados Unidos?
5. ¿Por qué entró los Estados Unidos en una guerra contra Irak en 1991 y con qué resultados?

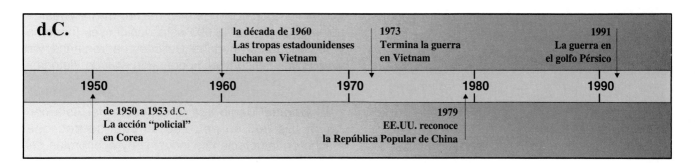

d.C.

la década de 1960	1973	1991
Las tropas estadounidenses luchan en Vietnam	Termina la guerra en Vietnam	La guerra en el golfo Pérsico

1950   **1960**   **1970**   **1980**   **1990**

de 1950 a 1953 d.C.
La acción "policial" en Corea

1979
EE.UU. reconoce la República Popular de China

La geografía de los Estados Unidos condujo al país a aislarse de los asuntos exteriores durante la mayor parte de su historia. Era rico en recursos naturales. También estaba separado de la mayoría del resto del mundo por dos océanos.

Una perspectiva cambiante

La Segunda Guerra Mundial cambió la perspectiva de los Estados Unidos hacia su política exterior. El país, que no había sufrido daño físico durante la guerra, llegó a ser el país más fuerte del mundo. Empezó a jugar un papel más enérgico en los asuntos internacionales. Ayudó a promover la idea de las Naciones Unidas (O.N.U.) y fue el primer país en hacerse miembro en 1945. Desde entonces, los Estados Unidos ha difundido su influencia en todas partes del mundo.

La influencia en Europa

Después de 1945, la alianza existente entre los Estados Unidos y la Unión Soviética durante la guerra se rompió. Los estadounidenses creían que el comunismo y la Unión Soviética eran una amenaza a la paz mundial. Creían que el poder soviético en el este de Europa conduciría a la toma del poder mundial por los comunistas.

Los Estados Unidos hacían intentos de limitar la difusión del comunismo en Europa. En 1947, inició el Plan Marshall que proporcionó ayuda económica para la reconstrucción de Europa. También en 1947, comenzó a aplicarse la Doctrina Truman. Esta política exterior ofreció ayuda militar y económica a Turquía, Grecia y otras naciones que luchaban contra el comunismo.

En 1949, los Estados Unidos desempeñó un papel principal en la fundación de la Organización del Tratado del Atlántico Norte (O.T.A.N.). Esta organización tenía el propósito de oponerse a cualquier intento soviético por apoderarse de Europa y suministró fuerzas armadas del ejército, la marina y la defensa aérea. La caída del comunismo soviético ha dado lugar a preguntas sobre el futuro de la O.T.A.N. en Europa.

La influencia en Japón y China

Después de 1945, los Estados Unidos hacía sentir su influencia en varios países asiáticos. Al ser la fuerza que ocupaba Japón, los Estados Unidos ayudó a restablecer la economía y el sistema político japoneses. Un Japón fuerte ayudó a controlar la difusión del comunismo en el Asia.

Cuando terminó la Segunda Guerra Mundial, estalló una guerra civil en China entre las fuerzas nacionalistas de Chang Kai-chek y las fuerzas comunistas de Mao Zedong. Los comunistas ganaron el dominio del territorio continental en 1949 y fundaron la República Popular de China. El gobierno nacionalista, que recibió apoyo de los Estados Unidos durante la guerra, se estableció en la isla de Taiwan como la República de China. En 1979, los Estados Unidos renunció a su reconocimiento de Taiwan como el representante principal del pueblo chino. Para entonces, se lo cedió a la República Popular de China. Los Estados Unidos, sin embargo, comercia con las dos naciones.

Corea

Los Estados Unidos consideraba que la invasión de los norcoreanos a Corea del Sur era un intento de difundir el comunismo. De 1950 a 1953, los Estados Unidos proporcionó la mayoría de las tropas enviadas por la O.N.U. para luchar en favor de las tropas de Corea del Sur. La "acción policial" terminó en una tregua sin que ningún lado ganara nada.

Vietnam

Cuando los franceses acudieron a su colonia de Indochina al final de la Segunda Guerra Mundial, se encontraron con que el pueblo demandaba su independencia. Cuando los franceses se la negaron, estalló un conflicto armado que terminó en 1954 con la retirada francesa. En una asamblea en Ginebra, Suiza, se hacían esfuerzos por cumplir con las demandas tanto de los comunistas como de los anticomunistas.

La Indochina Francesa fue dividida en Vietnam del Norte, que era comunista, y Vietnam del Sur, que era anticomunista. Cuando los Vietcong locales y pro comunistas atacaban continuamente a los vietnamitas del sur, los Estados Unidos envió ayuda militar y económica a Vietnam del Sur. A fin de cuentas, los Estados Unidos envió aproximadamente 500.000 fuerzas armadas a Vietnam.

En 1973, los Estados Unidos retiró a sus tropas después de 11 años de participación en la guerra vietnamita a un costo de más de 140 mil millones de dólares. Cerca de 46.000 estadounidenses murieron y 300.000 fueron heridos. Después de tres años, los vietnamitas del norte se apoderaron de todo Vietnam.

La importancia del petróleo del Oriente Medio

El Oriente Medio liga al sudoeste del Asia con África. Es rico en petróleo, el cual se necesita mucho en las crecientes industrias y economías del mundo. Entre sus gobiernos hay dominios de

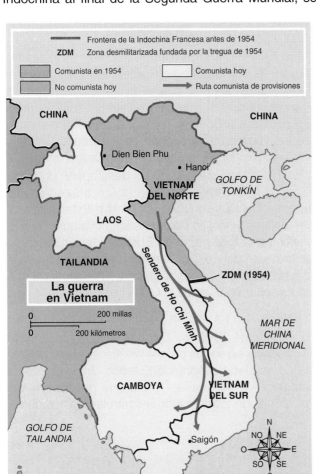

Ho Chi Minh en una reunión de comunistas franceses durante la década de 1920. Ho luego regresó a Vietnam y llegó a ser el líder de un movimiento de la libertad.

jeques, monarquías, dictaduras militares y democracias. Israel es la única nación no árabe y no musulmana. Entre las otras naciones del Oriente Medio están Egipto, Jordania, Siria, Irak, Irán, Kuwait y Arabia Saudita.

La O.P.E.P. y el petróleo

La importancia del petróleo para el mundo hacía que las naciones ricas en petróleo del Oriente Medio usaran el petróleo como un "arma". En la década de 1960, las naciones árabes del Oriente Medio se unieron con algunas naciones petroleras no árabes para fundar un **cartel** que se llamaba la Organización de los Países Exportadores de Petróleo (O.P.E.P.). Tenía como propósito poner límites a la producción de petróleo para subir los precios de petróleo. La acción enriqueció a las naciones de la O.P.E.P. y presionó a los Estados Unidos y a las otras naciones consumidoras del petróleo para cumplir con las demandas de los árabes.

La acción de la O.P.E.P. condujo a una escasez del petróleo y a precios mucho más altos de la gasolina y de otros productos en los Estados Unidos. Aunque los precios bajaron un poco durante la década de 1980, jamás se recuperaron lo suficiente para volver a los precios bajos de principios de la década de 1970.

Los Estados Unidos e Israel

Desde el momento de su fundación en 1948, los Estados Unidos ha respaldado fuertemente a Israel. Además, animaba a Israel a impedir los intentos soviéticos de lograr influencia en el Oriente Medio.

Israel es la única nación no islámica de la región. Se convirtió en una nación patrocinada por la O.N.U. después de que los británicos cedieron su poder en Palestina. La fundación de Israel tuvo sus raíces en el sueño sionista de crear un suelo patrio en la Tierra Santa, o sea, el área que antes pertenecía a los antepasados de los judíos actuales.

Los árabes de Palestina y de las áreas cercanas sentian rencor por los inmigrantes judíos que acudían a Israel para poblarlo. El resentimiento árabe terminó en guerras en varias ocasiones. Pero Israel salió siempre victorioso y hasta extendió su territorio.

En 1979, Egipto llegó a ser la primera nación árabe en firmar un tratado de paz con Israel. Otras naciones árabes todavía son hostiles. Debido a esta hostilidad, los irakíes lanzaron cohetes de "Scud" sobre el Israel neutro durante la guerra del golfo Pérsico de 1991.

Las negociaciones en el Oriente Medio

En 1991 los Estados Unidos convocó a una reunión entre Israel y sus vecinos árabes para lograr la paz en Oriente Medio. A pesar de las dificultades, las primeras sesiones tuvieron lugar en octubre, en Madrid. Se logró que los líderes israelíes se encontraran cara a cara con los líderes de Jordania, Siria, Líbano y con los representantes palestinos. Gracias a los Estados Unidos, hay algunas esperanzas de paz para el futuro.

La revolución en Irán

Después de la Segunda Guerra Mundial, Irán miraba a la Unión Soviética con temor y sospechas. Como resultado, recurrió a los Estados Unidos para apoyo, llegando así a ser su aliado principal en el Oriente Medio durante las décadas de 1960 y 1970.

El **sha** de Irán quería modernizar su nación. Aunque gastaba mucho dinero en las fuerzas armadas de Irán, también reformaba su país. No obstante, tenía muchos críticos, entre ellos los líderes musulmanes de Irán. El sha usó a su cruel policía secreta contra sus críticos musulmanes y sus otros adversarios.

En 1979 el Ayatollah Khomeini, un poderoso jefe religioso, dirigió una revuelta que derrocó al sha. Multitudes de iraníes exigían una **yihad,** o guerra sagrada. Capturaron la embajada estadounidense en Teherán, la capital de Irán. Los rebeldes retuvieron a 52 rehenes estadounidenses dentro de la embajada por 444 días, liberándolos el 21 de enero de 1981. Los estadounidenses quedaron llenos de ira y furia. Aunque Irán se ha moderado un poco a partir de la muerte del Ayatollah Khomeini, las relaciones entre los Estados Unidos e Irán todavía son tirantes.

Un obrero en una refinería de petróleo en Irak. El petróleo del Oriente Medio se necesita en muchos países.

La Guerra del Golfo

Aunque Irán y su vecino Irak son naciones islámicas, han llevado mucho tiempo como enemigos. Después del derrocamiento del sha, Irak lanzó una guerra contra Irán en 1980. La guerra duró ocho años y terminó en 1988 sin una victoria por ninguno de los dos lados. Los dos lados sufrieron grandes pérdidas de vidas y de propiedades. Durante la guerra, los Estados Unidos ayudó a Irak, una política de la cual se arrepentiría más adelante, cuando Irak emprendiera otra guerra.

El 1º de agosto de 1990, Sadam Hussein, el dictador de Irak, envió al ejército irakí para invadir Kuwait que era rico en petróleo. Arabia Saudita, temerosa de ser la próxima víctima, recurrió a los Estados Unidos por ayuda. El presidente Bush, advirtiendo a Irak que terminara con la agresión, envió a las fuerzas armadas estadounidenses a Arabia Saudita.

Las Naciones Unidas, respaldada por los Estados Unidos, exigía que Irak se retirara de Kuwait. Bajo el nombre en clave de "Escudo del Desierto," las tropas estadounidenses tomaron puestos de combate y advirtieron a Irak que no entrara en Arabia Saudita.

El Consejo de Seguridad de la O.N.U. le puso a Irak un plazo para retirarse que vencería el 15 de enero de 1991. Autorizó cualquier acción que fuera necesaria. El Congreso estadounidense aprobó más acciones por parte de los Estados Unidos. Cuando venció el plazo sin la retirada irakí, se emprendió la guerra.

Comienza la "Tormenta del Desierto"

A partir del 17 de enero de 1991, 500.000 tropas estadounidenses, bajo el nombre clave de "Tormenta del Desierto", participó en una coalición con las tropas británicas, francesas, egipcias, kuwaitíes y sirias. La fuerza aérea empezó a bombardear blancos irakíes. Las tropas terrestres emprendieron su asalto. Después de una campaña que duró cien horas, la victoria estaba asegurada.

Irak sufrió grandes bajas. Las pérdidas estadounidenses fueron sólo de 148 muertos y 458 heridos. Bajo el general Norman H. Schwartzkopf, la coalición tomó iniciativas para destruir la capacidad de Irak de emprender guerras nucleares, químicas y biológicas. Sin embargo, al fines de 1991, todavía existía la preocupación de que Irak hiciera nuevas amenazas en el futuro.

Hispanoamérica

Ansioso por mantener las amenazas del comunismo fuera del Hemisferio Occidental, los Estados Unidos seguía su política del "Buen Vecino" de la década de 1930. En 1948, los Estados Unidos ayudó a fundar la Organización de los Estados Americanos (O.E.A.). Tenía el propósito de promover la interdependencia entre los estados miembros.

Cuba

Los Estados Unidos se oponía fuertemente al gobierno comunista que llegó al poder en Cuba en 1959. Por consiguiente, los Estados Unidos jamás reconoció al nuevo gobierno cubano. Las relaciones entre los dos países han permanecido malas. La caída reciente del comunismo mundial, sin embargo, ha disminuido la influencia de Cuba en Hispanoamérica.

América Central

En 1979, el Frente Sandinista, un grupo extremista a favor de los comunistas, llegó al poder en Nicaragua. Los Estados Unidos culpó a los sandinistas de haber ayudado a los rebeldes comunistas en El Salvador cercano. En 1990, los sandinistas fueron derrotados en unas elecciones. Con su retirada del poder, la influencia comunista en América Central ha ido disminuyendo.

Panamá

Según un pacto de 1979, los Estados Unidos prometió devolver a Panamá la plena soberanía sobre el Canal de Panamá en 1999. En 1989 los Estados Unidos acusó al general Manuel Noriega, el dictador de Panamá, por tráfico de drogas y otros delitos. Como resultado, las fuerzas estadounidenses invadieron Panamá y tomaron preso a Noriega. Después de instalarse un gobierno nuevo, se llevó al general Noriega a los Estados Unidos. A fines de 1991, Noriega se sometió a juicio.

Las acciones estadounidenses en América Central, en Panamá y en otras partes de Hispanoamérica frecuentemente han ocasionado tiranteces. Existe resentimiento hacia la actitud estadounidense contra los movimientos extremistas y revolucionarios en Hispanoamérica. Muchos de estos movimientos han recibido la comprensión o aprobación del pueblo.

Ejercicios

A. Busca las ideas principales:

Pon una marca al lado de las oraciones que expresan las ideas principales de lo que acabas de leer.

_____ **1.** La alianza de la O.T.A.N. es importante para la seguridad de Europa.

_____ **2.** La política exterior estadounidense cambió después de 1945.

_____ **3.** Los Estados Unidos consideraba a Israel un aliado importante en el Oriente Medio.

_____ **4.** La O.P.E.P. tuvo un efecto importante en la política exterior estadounidense.

_____ **5.** Después de 1945, los Estados Unidos trató de reprimir la influencia soviética en Europa.

_____ **6.** La Doctrina Truman ayudó a Grecia y Turquía.

_____ **7.** Los Estados Unidos desempeñó un papel en Asia después de la Segunda Guerra Mundial.

B. ¿Qué leíste?

Escoge la respuesta que mejor complete cada oración. Escribe la letra de tu respuesta en el espacio en blanco.

_____ **1.** La política exterior de los Estados Unidos después de 1945 era
a. aislacionista.
b. amistosa hacia la Unión Soviética.
c. anticomunista.
d. todo lo anterior.

_____ **2.** Durante la lucha entre los nacionalistas y los comunistas en China, los Estados Unidos permanecía
a. neutro.
b. a favor de los nacionalistas.
c. a favor de los comunistas.
d. en contra de los dos grupos.

_____ **3.** En el Oriente Medio, los Estados Unidos ha dado apoyo a
a. las naciones árabes.
b. las naciones productoras de petróleo.
c. los intereses británicos.
d. Israel.

_____ **4.** ¿Cuál de los siguientes países era prueba de la fuerza e influencia estadounidenses?
a. Corea
b. Panamá
c. Canadá
d. Israel

C. Habilidad cartográfica:

Mira el mapa de esta página. Encuentra en el mapa el nombre de los lugares que corresponden a las siguientes oraciones. Luego, escribe el nombre del lugar en los espacios de la izquierda. Algunas letras ya están escritas para ayudarte.

E _ S _ _ V _ _ _ _ San Salvador es la capital.

_ _ _ _ R _ _ R _ _ O Isla de EE.UU. al este de la República Dominicana

_ _ _ N _ D _ Pequeña nación al sudoeste de Barbados

_ _ C _ _ G _ _ Managua es la capital.
B

_ _ _ _ Llegó a ser comunista en 1959.

_ _ _ _ T _ R _ _ A Linda con Nicaragua y Panamá.

_ _ _ _ _ C _ Casi 100 millas al sur de Cuba

_ _ H _ M _ _ La nación más cercana a la Florida

_ _ Y _ _ _ _ La nación al este de Venezuela

_ _ L _ _ _ Entre México y el mar Caribe

_ _ _ T _ Comparte una isla con la República Dominicana.

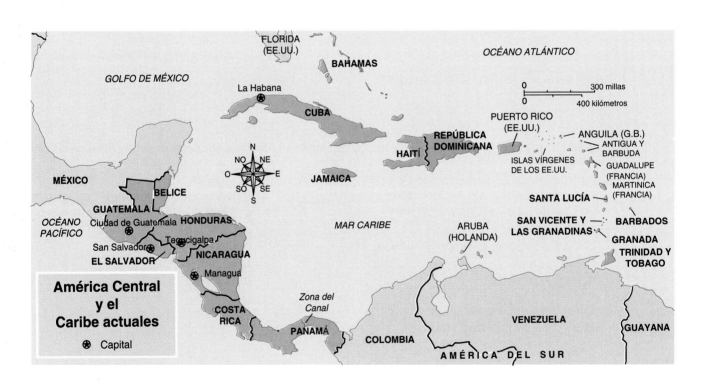

D. Comprueba los detalles:

Lee cada oración. Escribe H en el espacio en blanco si la oración es un hecho. Escribe O en el espacio si es una opinión. Recuerda que los hechos se pueden comprobar, pero las opiniones, no.

_____ **1.** Los Estados Unidos no tiene suficientes recursos de petróleo para el futuro.

_____ **2.** Las naciones de la O.P.E.P. subieron el precio del petróleo después de 1960.

_____ **3.** Los líderes religiosos musulmanes se apoderaron de Irán después del derrocamiento del sha.

_____ **4.** El petróleo es importante para la economía de la mayoría de las naciones.

_____ **5.** El aislacionismo era una política buena.

_____ **6.** Los Estados Unidos cambió su política exterior después de la Segunda Guerra Mundial.

_____ **7.** La Organización de los Estados Americanos (O.E.A.) fue fundada para fomentar la interdependencia.

_____ **8.** La guerra de Vietnam no era muy aceptada en los Estados Unidos.

_____ **9.** Las ganancias del petróleo de la O.P.E.P. eran mayores de lo que debían ser.

_____ **10.** Los Estados Unidos debe dejar a los hispanoamericanos resolver sus propios problemas.

E. Los significados de palabras:

Encuentra para cada palabra de la Columna A el significado correcto en la Columna B. Escribe la letra de cada respuesta en el espacio en blanco.

Columna A

_____ **1.** cartel
_____ **2.** yihad

_____ **3.** sha

Columna B

a. el título del soberano de Irán
b. un grupo que trata de controlar la fabricación de un producto o un bien con el fin de subir el precio
c. una guerra sagrada musulmana
d. un líder religioso musulmán

F. Para comprender la historia mundial:

En la página 144 leíste sobre tres factores de la historia mundial. ¿Cuál de estos factores corresponde a cada afirmación de abajo? Llena el espacio en blanco con el número de la afirmación correcta de la página 144.

_____ **1.** El esfuerzo de la O.P.E.P. por controlar los suministros de petróleo afectó a muchas economías del mundo.

_____ **2.** Los iraníes tomaron como rehenes a los estadounidenses en Teherán en 1979 después de enterarse de que se había permitido que el sha de Irán entrara en los Estados Unidos.

_____ **3.** El aislacionismo estadounidense antes de 1945 se relacionó con la geografía de la nación.

_____ **4.** Europa pudo restablecerse rápidamente después de la Segunda Guerra Mundial. Esto se hizo posible, en gran parte, gracias a la ayuda del Plan Marshall de los Estados Unidos.

Capítulo 7

La India y Paquistán a partir de la Segunda Guerra Mundial

Para comprender la historia mundial

Piensa en lo siguiente al leer sobre la India y Paquistán a partir de la Segunda Guerra Mundial.

1 La ubicación, la topografía y los recursos afectan la interacción entre las personas.

2 Los países adoptan y adaptan ideas e instituciones de otros países.

3 Satisfacer las necesidades del individuo y del grupo es una meta universal de todos los pueblos y las culturas.

4 Nuestra cultura influye en nuestra perspectiva de otras personas.

Nueva Delhi es la capital de la India. Aquí se encuentran la oficinas del gobierno

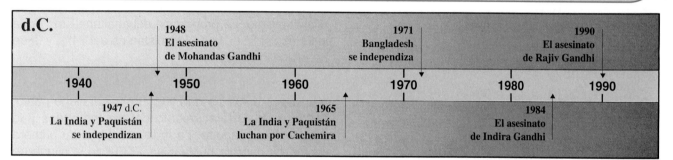

d.C.

1940	1950	1960	1970	1980	1990

1948 El asesinato de Mohandas Gandhi

1971 Bangladesh se independiza

1990 El asesinato de Rajiv Gandhi

1947 d.C. La India y Paquistán se independizan

1965 La India y Paquistán luchan por Cachemira

1984 El asesinato de Indira Gandhi

A partir de la década de 1880, las diferencias entre los hindúes y los musulmanes, los dos grupos religiosos principales del subcontinente de la India, han dado forma a la historia política de la región. En 1885, los hindúes fundaron el Congreso Nacional Indio para dirigir la lucha por la independencia. En 1906 los musulmanes fundaron la Liga Musulmana para proteger los derechos musulmanes.

El apoyo indio durante la Primera Guerra Mundial le abrió el camino a un gobierno autónomo limitado del subcontinente después de la guerra. Con deseos de independencia total, el Congreso Nacional Indio en 1920 intensificó sus demandas bajo la inspiración del liderazgo de Mohandas Gandhi.

Gandhi empleaba un plan de acción que se llamaba **resistencia pasiva,** plan que fue imitado muchas veces desde entonces, notablemente por el Dr. Martin Luther King, Jr. Gandhi pedía que todos los indios evitaran la fuerza y la violencia, a pesar de ser encarcelados o golpeados. Pedía que no pagaran impuestos, ni usaran productos británicos, ni prestaran servicio a las fuerzas armadas británicas durante la Segunda Guerra Mundial. Muchos hindúes, sijes y musulmanes, sin embargo, sí estuvieron en el servicio del ejército británico, luchando en Asia, África y Europa. Por su ayuda, Gran Bretaña les prometió de nuevo la independencia.

Gandhi dirigió la lucha por la independencia india. Enseñaba la no violencia como una forma de lograr esta meta.

153

La independencia para la India y Paquistán

Después de la Segunda Guerra Mundial, Gran Bretaña cumplió con su promesa de independencia. En 1947 Gran Bretaña dejó el poder político a cargo de dos gobiernos: el de la India y el de Paquistán. La división de la India Británica en dos países se basó en las diferencias entre los hindúes y los musulmanes.

La parte central de la India Británica, que era principalmente hindú, quedó con el nombre de India. Estaba bajo el mando de Gandhi y el Congreso Nacional Indio. Los musulmanes recibieron poder sobre dos áreas. Un área estaba en la zona nordeste de la India Británica. Se le dio el nombre de Paquistán Oriental. La otra estaba en la zona noroeste. Llegó a conocerse como Paquistán Occidental. Las dos áreas formaban una sola nación bajo del liderazgo de Mohamed Alí Jinnah, el jefe desde hacía mucho tiempo de la Liga Musulmana.

Época de inquietudes

Al poco tiempo estallaron revueltas entre los hindúes y los musulmanes, con grandes pérdidas de vidas. Los hindúes que vivían en zonas musulmanas y los musulmanes que vivían en zonas hindúes huyeron de sus hogares para protegerse. Más de diez millones de personas huyeron.

Gandhi, intentando acabar con la violencia, les pidió a todos los hindúes y musulmanes que vivieran y dejaran vivir. Inició ayunas públicas, diciendo que no comería hasta que terminara la violencia. Su gran renombre resultó en el fin de gran parte de la violencia por ambos lados, y Gandhi terminó sus ayunas. Sin embargo, la oposición a Gandhi no terminó. En 1948 Gandhi fue asesinado por un hindú a quien no le gustaban sus ideas.

Jawaharlal Nehru dirigió la India después de la muerte de Gandhi.

El sucesor a Gandhi fue Jawaharlal Nehru, quien llegó a ser el primer ministro de la India, el primero de su historia. La India también se hizo miembro del **Commonwealth Británica.**

La superpoblación y el analfabetismo

Desde su independencia, la India y Paquistán han tenido muchos problemas. Uno de los principales ha sido el rápido aumento de la población. Hay muchos pobres. El gobierno debe cubrir muchas necesidades básicas de esta población creciente. Pero la Revolución Verde de la década de 1970 mejoró muchísimo la situación agrícola haciendo a la India **autosuficiente** en el suministro de alimentos para la población.

Las dos naciones también tienen que reducir el analfabetismo. La proporción del analfabetismo de la India es del 65%, la de Paquistán es del 74%, y la de Bangladesh es del 71%.

La energía nuclear

Las dos naciones han logrado, hasta cierto punto, éxitos en el fortalecimiento de sus industrias y la mejora del transporte. La India construyó su primera central de energía nuclear en 1970 con la ayuda de los Estados Unidos. Para 1974, también había fabricado una bomba atómica, pero sin la aprobación de los Estados Unidos. Paquistán, para estar a la par con la India, también desarrolló la energía nuclear. Pero insiste en que no ha desarrollado armas nucleares con el fin de seguir recibiendo ayuda de los Estados Unidos.

Bangladesh se independiza

Era difícil gobernar Paquistán con dos regiones tan separadas. Las diferencias entre Paquistán Occidental y Oriental condujeron a una guerra civil y una demanda por la independencia de Paquistán Oriental. En 1971, la India respaldó la demanda por la independencia y ayudó a Paquistán Oriental a llegar a ser la nueva nación de Bangladesh.

A partir de su independencia, Bangladesh ha sufrido problemas. Es muy pobre y tiene un exceso de población. Cada año las inundaciones ocasionan grandes pérdidas de vidas y propiedades. Las inquietudes de los civiles se han intensificado debido a un gobierno frecuentemente derrocado por jefes militares.

La India y China

Mientras que mantenía su neutralidad durante la guerra fría, la India trató de mantener relaciones amistosas con su vecino, la República Popular de China. En 1962, sin embargo, la India disputó parte de su frontera con China. Las consecuencias de disputa fueron, a partir de entonces, duras luchas y relaciones tirantes.

Cachemira

Las disputas fronterizas entre la India y Paquistán resultaron en una guerra breve en 1965. La India se apoderó del área disputada, llamada Cachemira. Todavía provoca muchas disputas. Además de tener problemas con los musulmanes y Paquistán sobre el área, la India ahora tiene problemas con los sijes, otro grupo religioso que resiente el dominio de la India.

La Unión Soviética

Durante la guerra fría entre la Unión Soviética y los Estados Unidos, la India se mantenía neutra. De 1971 a 1989, Paquistán sirvió de depósito de suministros de ayuda estadounidense para los musulmanes afganos que luchaban contra las tropas soviéticas. Después de 1989, hubo menos tensión con la Unión Soviética y la situación sigue igual con su sucesor.

Otros problemas

La violencia y el gobierno autoritario, o dictatorial, han atormentado la política en las tres naciones. En 1984, Indira Gandhi, primer ministro de la India por 16 años, fue asesinada por extremistas sijes. Su hijo, Rajiv Gandhi, quien fue primer ministro por un tiempo, fue asesinado en 1991. En 1988, un avión que llevaba al presidente Zia de Paquistán estalló misteriosamente.

En menos de tres semanas después de haberse sacado esta foto de la primer ministro Indira Gandhi y su hijo Rajiv, ella fue asesinada. En 1991, Rajiv también fue asesinado.

Cuando la escasez de alimentos condujo a revueltas en la década de 1970, Indira Gandhi impuso límites sobre muchas libertades indias. Ella también declaró un estado de emergencia, tomando mucho poder en sus manos, hasta que perdió sus reelecciones en 1977. Zia, de Paquistán, también gobernaba como dictador. Desde su fundación, Bangladesh casi nunca ha tenido un gobierno realmente democrático.

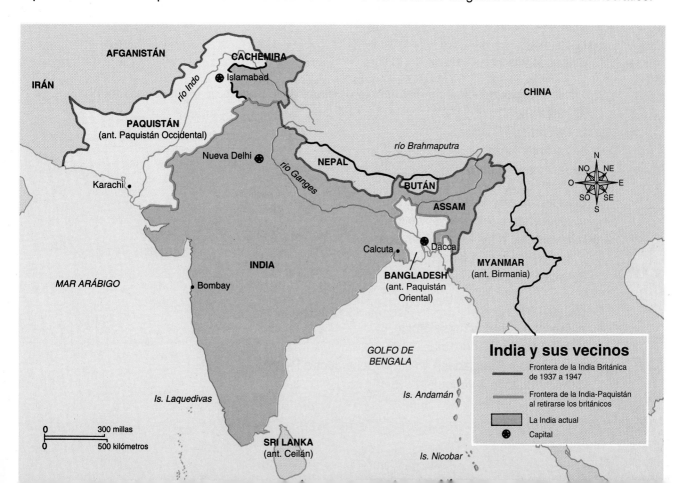

India y sus vecinos

- Frontera de la India Británica de 1937 a 1947
- Frontera de la India-Paquistán al retirarse los británicos
- La India actual
- Capital

AFGANISTÁN
CACHEMIRA
IRÁN
río Indo
⊕ Islamabad
CHINA
PAQUISTÁN
(ant. Paquistán Occidental)
río Brahmaputra
Nueva Delhi ⊕
NEPAL
Karachi
río Ganges
BUTÁN
ASSAM
MAR ARÁBIGO
Calcuta
Dacca
MYANMAR
(ant. Birmania)
INDIA
Bombay
BANGLADESH
(ant. Paquistán Oriental)
GOLFO DE BENGALA
Is. Andamán
Is. Laquedivas
300 millas
500 kilómetros
SRI LANKA
(ant. Ceilán)
Is. Nicobar

Ejercicios

A. Busca las ideas principales:

Pon una marca al lado de las oraciones que expresan las ideas principales de lo que acabas de leer.

_____ 1. La división de la India Británica en 1947 dio como resultado una India y un Paquistán independientes.

_____ 2. La India fue amenazada por algunas acciones no democráticas durante la época de Indira Gandhi como primer ministro.

_____ 3. La India ayudó a Paquistán Oriental a llegar a ser Bangladesh.

_____ 4. El suministro de las necesidades básicas es uno de los problemas principales de la India, Paquistán y Bangladesh.

_____ 5. Las disputas fronterizas con China y Paquistán le han causado conflictos a la India.

_____ 6. La India es un país grande cuya población está aumentando rápidamente.

B. ¿Qué leíste?

Escoge la respuesta que mejor complete cada oración. Escribe la letra de tu respuesta en el espacio en blanco.

_____ 1. Paquistán formaba la parte de la India en que la mayoría de las personas eran
    a. hindúes.
    b. musulmanas.
    c. chinas.
    d. todo lo anterior.

_____ 2. ¿Quién dirigió la India inmediatamente después de la muerte de Mohandas Gandhi?
    a. Indira Gandhi
    b. Mohamed Alí Jinnah
    c. los británicos
    d. Jawaharlal Nehru

_____ 3. En asuntos exteriores, la India ha
    a. favorecido a la Unión Soviética.
    b. favorecido a los Estados Unidos.
    c. favorecido a los chinos.
    d. tratado de mantenerse neutra.

_____ 4. La India ha
    a. fabricado una bomba atómica.
    b. fortalecido sus industrias.
    c. ayudado a Bangladesh en su revuelta contra Paquistán.
    d. hecho todo lo anterior.

C. Comprueba los detalles:

Lee cada oración. Escribe H en el espacio en blanco si la oración es un hecho. Escribe O en el espacio si es una opinión. Recuerda que los hechos se pueden comprobar, pero las opiniones, no.

_____ **1.** Indira Gandhi no era una líder buena para la India.

_____ **2.** Bangladesh no necesitaba rebelarse contra Paquistán.

_____ **3.** La India estaba de acuerdo con muchas ideas británicas.

_____ **4.** La India y Paquistán lucharon por Cachemira.

_____ **5.** China se apoderó de parte de su frontera con India.

_____ **6.** Gandhi se equivocó al no ayudar a Gran Bretaña durante la Segunda Guerra Mundial.

_____ **7.** Paquistán tenía razón en su guerra de 1971 contra la India.

_____ **8.** Las armas nucleares han fortalecido a la India en sus relaciones con otras naciones.

_____ **9.** Muchos indios lucharon en las fuerzas británicas durante la Segunda Guerra Mundial.

_____ **10.** Los del partido del Congreso han sido los mejores líderes de la India.

D. Los significados de palabras:

Busca las siguientes palabras en el glosario. Escribe el significado al lado de cada palabra.

AUTOSUFICIENTE _____

_____

RESISTENCIA PASIVA _____

_____

E. Para comprender la historia mundial

En la página 152 leíste sobre cuatro factores de la historia mundial. ¿Cuál de estos factores corresponde a cada afirmación de abajo? Llena el espacio en blanco con el número de la afirmación correcta de la página 152.

_____ **1.** Un problema muy grave de la India es asegurar que los indios tengan alimentos suficientes.

_____ **2.** La separación de Paquistán Oriental y Occidental creó una situación que condujo a la desconfianza, las sospechas y la violencia.

_____ **3.** Los nacionalistas indios se esforzaron por liberar a la India del dominio británico. Sin embargo, los líderes indios adoptaron muchas ideas británicas después de independizarse.

_____ **4.** Los indios, los paquistaníes y los chinos tenían perspectivas del mundo muy diferentes. Los unos no comprendían a los otros.

Capítulo 8

China a partir de la Segunda Guerra Mundial

Para comprender la historia mundial

Piensa en lo siguiente al leer sobre China después de la Segunda Guerra Mundial.

1. A veces las naciones dependen de otras naciones para sobrevivir económica y políticamente.
2. Las necesidades básicas —alimentos, vestimenta y vivienda— se ven afectadas por nuestro medio ambiente y nuestra cultura.
3. Las naciones se ligan por una red de interdependencia económica.
3. La ubicación, la topografía y los recursos afectan la interacción entre las personas.

Hay más de mil millones de chinos. Para asegurarse de que haya suficientes alimentos para las personas, el gobierno de China está tratando de convencer a las parejas de tener sólo un hijo.

Para aprender nuevos términos y palabras

En este capítulo se usan las siguientes palabras. Piensa en el significado de cada una.

reforma: un cambio para mejorar las cosas
moral: un sentido de propósito común o de metas comunes
cooperativas: grupos organizados que comparten el trabajo y los gastos
viviendas colectivas: grupos organizados que trabajan juntos para un propósito común

Piénsalo mientras lees

1. ¿Cómo han cambiado las políticas agrícolas de los comunistas chinos desde 1949?
2. ¿Cómo y cuáles han sido las relaciones entre el gobierno chino y la Unión Soviética?
3. ¿Cómo y cuáles han sido las relaciones entre el gobierno chino y los Estados Unidos?

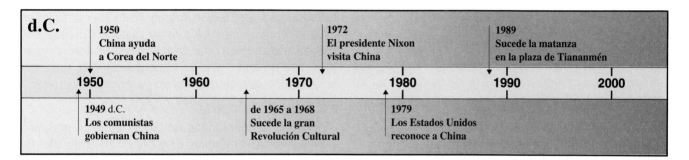

d.C.

1950
China ayuda a Corea del Norte

1972
El presidente Nixon visita China

1989
Sucede la matanza en la plaza de Tiananmén

1950 1960 1970 1980 1990 2000

1949 d.C.
Los comunistas gobiernan China

de 1965 a 1968
Sucede la gran Revolución Cultural

1979
Los Estados Unidos reconoce a China

Los comunistas chinos

Durante la Segunda Guerra Mundial, los comunistas chinos, dirigidos por Mao Zedong, consiguieron gran apoyo en el norte de China. Defendieron a muchos pueblos de campesinos contra los japoneses e impidieron que los propietarios cobraran arrendamientos altos. Las promesas comunistas para la **reforma** agraria les ganaron muchos adherentes entre los campesinos.

Al final de la Segunda Guerra Mundial, los comunistas recibieron ayuda militar de la Unión Soviética. La Unión Soviética había declarado la guerra a Japón en 1945, un poco antes de la rendición japonesa. Las tropas soviéticas entonces entraron en Manchuria y tomaron las provisiones militares japonesas. Los soviéticos les dieron estas provisiones a los comunistas chinos de los alrededores. Así ayudaron mucho a Mao y sus fuerzas comunistas.

Los nacionalistas

Durante la guerra, los nacionalistas chinos estuvieron mejor aprovisionados que los comunistas chinos. Los nacionalistas recibieron provisiones militares de los Estados Unidos, pero hicieron muy poco con esa ayuda. Sus funcionarios eran corruptos. La **moral** del ejército nacionalista estaba muy baja. Su líder, Chang Kai-chek, parecía guardar sus fuerzas para las batallas nuevas contra los comunistas una vez que los japoneses fueran derrotados.

La guerra civil estalla de nuevo en China

Poco después de la rendición de Japón en 1945, la guerra civil estalló entre los comunistas y los nacionalistas. Para 1948, los comunistas habían derrotado a los nacionalistas. La derrota obligó a Chang Kai-chek y a muchos de sus adherentes a salir del territorio continental de China.

Los nacionalistas fundaron la República de China en la isla de Taiwan. El gobierno nacionalista de Taiwan fue reconocido como el gobierno verdadero de China por los Estados Unidos, cuya fuerza marina protegía al país contra ataques comunistas. También recibió ayuda económica. Con esta ayuda Taiwan pudo construir sus primeras industrias. Hoy en día, Taiwan tiene un sistema industrial grande y moderno que fabrica productos que se venden en todas partes del mundo.

Los comunistas se arraigan en el territorio continental

Después de apoderarse de todo el territorio continental de China en 1949, los comunistas fundaron la

159

República Popular de China. Muy pronto fue reconocida por la Unión Soviética y, más tarde, por Gran Bretaña y otros países.

La República de China tuvo el asiento de China en las Naciones Unidas (O.N.U.) hasta 1971. En ese año, la República Popular de China fue admitida en la O.N.U. y la República de China fue expulsada.

La reforma agraria en China

En 1949 la mayoría de los chinos eran granjeros campesinos. Venían sufriendo desde hacía siglos en manos de propietarios, bandidos y funcionarios del gobierno. La reforma agraria había sido una de las promesas principales de los comunistas. Ahora se esperaban cambios en la redistribución de tierras.

La promesa de la reforma agraria se llevó a cabo para principios de la década de 1950. Se les quitaba las tierras a los granjeros ricos y se las repartía entre los campesinos sin tierra. La mayoría de las familias campesinas sólo recibió dos o tres acres de tierra. Sin embargo, la política de reforma tuvo aprobación.

La fundación de cooperativas

Durante un período se le permitió a los campesinos que manejaran sus granjas. Los jefes comunistas, sin embargo, pensaban que las granjas pequeñas eran poco eficaces. Para mejorar la producción agrícola, el gobierno acabó con la propiedad particular de tierra. Animaban, y hasta obligaban, a los campesinos a entrar en las **cooperativas.** Los campesinos hasta tenían que entregar sus herramientas y animales a las cooperativas. Los campesinos, con sus vecinos, formaban equipos para cultivar los campos de las cooperativas. El propósito era el de acabar con la escasez de alimentos en China.

El trabajo en las viviendas colectivas

A fines de la década de 1950, las cooperativas se unieron en grandes **viviendas colectivas** agrícolas. Algunas eran el hogar de 10.000 personas o más. Hombres, mujeres y niños vivían en casas separadas y cultivaban la tierra que pertenecía al gobierno y que estaba en manos de los jefes de la vivienda colectiva. Los miembros de la vivienda colectiva recibían sueldos por su trabajo. Los comunistas esperaban que el sistema de viviendas colectivas hiciera posible que la tierra y la gente cubrieran las necesidades básicas de la nación. Igual que la Unión Soviética, China dependía de una "economía dirigida", no de una "economía de mercado" basada en un sistema de oferta y demanda.

Por un tiempo, el sistema dirigido dio resultados y la producción agrícola aumentó. Pero las condiciones empeoraban. A principios de la década de 1960, las malas cosechas, la mala planificación y el descontento sobre las condiciones de vida pusieron fin a los grandes programas de viviendas colectivas.

La reforma industrial

El gobierno comunista de China también introdujo cambios en las industrias. El gobierno se adueñaba de fábricas, minas y negocios pequeños en un intento de mejorar la producción industrial. Dio algunos resultados buenos, incluso muchos aumentos en la producción. Aunque China funciona como una economía dirigida, es una fuerza industrial importante en Asia. También ha llegado a ser una de las potencias nucleares del mundo, con sus propias armas nucleares. A pesar de sus reformas industriales, China se queda atrás de los Estados Unidos y de la Unión Soviética en cuanto a la producción industrial, aun con la disminución grande de la producción industrial soviética a partir de 1990.

Campesinas chinas trabajando en una vivienda colectiva.

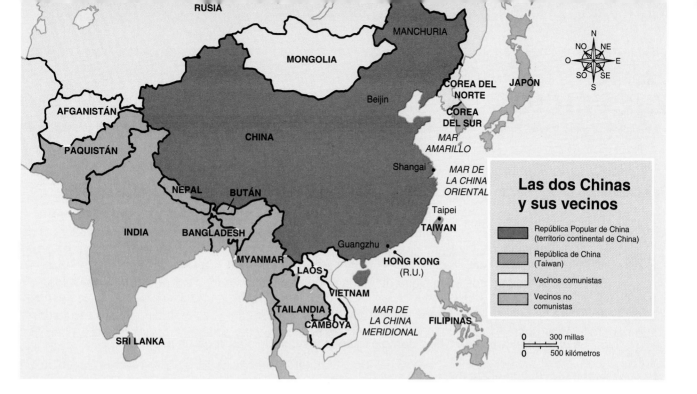

Las dos Chinas y sus vecinos

- República Popular de China (territorio continental de China)
- República de China (Taiwan)
- Vecinos comunistas
- Vecinos no comunistas

0 ——— 300 millas
0 ——— 500 kilómetros

La gran Revolución Cultural

En la década de 1960, a Mao Zedong le preocupaba que China volviera a seguir los estilos de vida precomunistas. Para impedirlo, dirigió un movimiento para renovar la fe en el comunismo. Este período, de 1965 a 1968, llegó a conocerse como la gran Revolución Cultural.

Millones de jóvenes se juntaron en unidades que se llamaban las Guardias Rojas. Las Guardias Rojas cambiaron completamente la vida en China. Los que no aceptaban las ideas de Mao, que se publicaban en pequeños "libros rojos", eran castigados. La libertad de palabra se acabó. Se cerraron las escuelas y universidades. Los sistemas económicos, educativos y políticos de China se debilitaron mucho. China no se recuperó de ese período de discordia hasta después de la muerte de Mao en 1976.

La política exterior de China

Mao Zedong trataba de convertir a China en una potencia mundial. Hizo que China interviniera en muchos de los conflictos de la guerra fría de la época. Durante la guerra coreana, China mandó 200.000 de sus tropas para ayudar a Corea del Norte, sufriendo grandes pérdidas en el proceso. Durante la guerra en Vietnam, China envió ayuda a las fuerzas de los vietnamitas del norte y envió tropas.

Las relaciones entre China y la Unión Soviética se disolvieron a fines de la década de 1950. Cada nación acusó a la otra de traicionar al comunismo. Varias batallas pequeñas a lo largo de la frontera que dividía a China y a la Unión Soviética produjeron temor de una guerra entre las dos potencias comunistas. Lo que producía más tensión en las relaciones era el desarrollo de armas nucleares por parte de China. Las relaciones permanecen frías con el gobierno sucesor de la antigua Unión Soviética.

Las relaciones entre China y los Estados Unidos mejoraron durante la década de 1970. En esa época, los Estados Unidos aceptó, después de un largo tiempo de haberse opuesto, la entrada de China en la O.N.U.

Nuevos vínculos con el mundo

La muerte de Mao Zedong en 1976 produjo cambios en China. Se hicieron esfuerzos por modernizar a China y por emprender relaciones comerciales y culturales con otros países. Parecía que China estaba experimentando grandes cambios liberales.

Las esperanzas por una China más liberal, sin embargo, fueron sacudidas fuertemente en 1989. Muchos estudiantes chinos se habían reunido en la plaza de Tiananmén, en la capital de Beijin, para hacer una manifestación en favor de reformas. El gobierno chino reaccionó con violencia. Los soldados atacaron brutalmente a los pacíficos estudiantes manifestantes. Algunos fueron atropellados por tanques. Otros fueron encarcelados y ejecutados después de juicios simulados. La brutalidad del gobierno en la plaza de Tiananmén asombró al mundo y dio lugar a dudas sobre el futuro de China.

Ejercicios

A. Busca las ideas principales:

Pon una marca al lado de las oraciones que expresan las ideas principales de lo que acabas de leer.

_____ **1.** Los comunistas y los nacionalistas lucharon en una guerra civil en China.

_____ **2.** El presidente Nixon visitó a China en 1972.

_____ **3.** Los acontecimientos en la plaza de Tiananmén han dejado dudas sobre el futuro de China.

_____ **4.** China ha desarrollado armas nucleares.

_____ **5.** La vida económica de China cambió cuando los comunistas llegaron al poder.

_____ **6.** Mao Zedong influyó mucho en China.

_____ **7.** Las relaciones de China con la Unión Soviética se han visto afectadas.

B. ¿Qué leíste?

Escoge la respuesta que mejor complete cada oración. Escribe la letra de tu respuesta en el espacio en blanco.

_____ **1.** Las cooperativas en China fueron fundadas por
   a. los nacionalistas.
   b. los japoneses.
   c. los comunistas.
   d. los europeos.

_____ **2.** La República Popular de China ha sido reconocida por
   a. la Unión Soviética.
   b. Gran Bretaña.
   c. los Estados Unidos.
   d. todos los anteriores.

_____ **3.** Las Guardias Rojas trataron de
   a. apoderarse de Vietnam.
   b. ayudar a Corea del Norte.
   c. hacer que las ideas de Mao se renovaran en China.
   d. apartar a China de las ideas rígidas de Mao.

_____ **4.** Actualmente China está representada en las Naciones Unidas
   a. por el gobierno de Taiwan.
   b. tanto por Taiwan como por la República Popular de China.
   c. por la República Popular de China.
   d. ni por Taiwan ni por la República Popular de China.

C. Para comprender lo que has leído:

Indica si cada oración tiene que ver con asuntos (P) políticos, (E) económicos o (M) militares. Escribe la respuesta correcta en el espacio en blanco.

_____ **1.** China fortaleció su producción industrial después de 1949.

_____ **2.** Mao Zedong dirigió a los comunistas chinos.

_____ **3.** Se organizaron a los granjeros de China en cooperativas.

_____ **4.** Se han construido industrias pequeñas en las viviendas colectivas.

_____ **5.** Las tropas chinas lucharon en la guerra coreana.

_____ **6.** Los Estados Unidos reconoció a la República Popular de China en 1979.

_____ **7.** China posee armas nucleares.

D. Detrás de los titulares:

Hay una historia detrás de cada titular. Escribe dos o tres oraciones que respalden o cuenten sobre cada uno de los siguientes titulares. Usa una hoja de papel en blanco.

LOS COMUNISTAS Y LOS NACIONALISTAS EN CHINA RECIBEN PROVISIONES MILITARES

LOS COMUNISTAS SE APODERAN DEL TERRITORIO CONTINENTAL DE CHINA

LA MUERTE DE MAO PRODUCE CAMBIOS EN CHINA

E. Por ti mismo:

Escribe un ensayo de 100 palabras sobre el tema que figura a continuación. Basa tu respuesta en lo que hayas leído en la prensa u oído en la televisión o la radio. Usa una hoja de papel en blanco.

Describe las relaciones entre la República Popular de China y los Estados Unidos.

F. Para comprender la historia mundial:

En la página 158 leíste sobre cuatro factores de la historia mundial. ¿Cuál de estos factores corresponde a cada afirmación de abajo? Llena el espacio en blanco con el número de la afirmación correcta de la página 158.

_____ **1.** Hay muchas personas en China. Este factor ha hecho que a las naciones capitalistas les interese comerciar con China.

_____ **2.** Los líderes comunistas chinos intentaron usar las viviendas colectivas para cubrir las necesidades del pueblo.

_____ **3.** Actualmente, China está construyendo relaciones comerciales y económicas con otras naciones.

_____ **4.** Taiwan fue protegido por una fuerza marina estadounidense. También recibió ayuda económica de los Estados Unidos.

Capítulo 9

El sudeste de Asia a partir de la Segunda Guerra Mundial

Para comprender la historia mundial

Piensa en lo siguiente al leer sobre el sudeste de Asia después de la Segunda Guerra Mundial.

1. Los sucesos en una parte del mundo han influido en los desarrollos en otras partes del mundo.
2. Nuestra cultura influye en nuestra perspectiva de otras personas.
3. Las personas deben aprender a comprender y a apreciar las culturas que son diferentes de la suya.
4. La interacción entre las personas conduce a la difusión cultural.
5. A veces las naciones dependen de otras naciones para sobrevivir económica y políticamente.

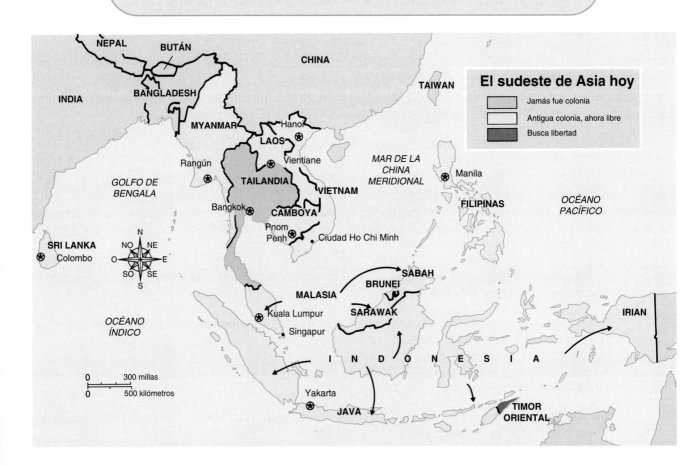

El sudeste de Asia hoy

- Jamás fue colonia
- Antigua colonia, ahora libre
- Busca libertad

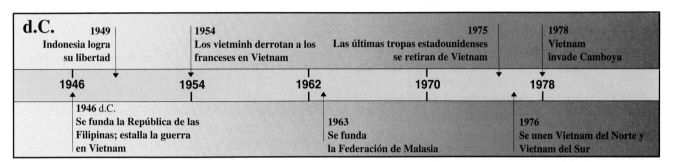

d.C.

1949	1954	1975	1978
Indonesia logra su libertad	Los vietminh derrotan a los franceses en Vietnam	Las últimas tropas estadounidenses se retiran de Vietnam	Vietnam invade Camboya

1946 — 1954 — 1962 — 1970 — 1978

1946 d.C.
Se funda la República de las Filipinas; estalla la guerra en Vietnam

1963
Se funda la Federación de Malasia

1976
Se unen Vietnam del Norte y Vietnam del Sur

Demandas por la independencia

Excepto Tailandia, todas las naciones del sudeste de Asia habían sido alguna vez colonias europeas o estadounidenses. Durante la Segunda Guerra Mundial, Japón se apoderó de gran parte del sudeste de Asia. Cuando la guerra terminó con la derrota de Japón, muchas naciones con colonias en el sudeste de Asia esperaban recobrar sus territorios. Para fines de la guerra, sin embargo, habían surgido en las colonias fuertes sentimientos anticoloniales. Muchos grupos nacionalistas se fortalecieron lo suficiente como para demandar la independencia.

Algunas naciones lograron su independencia más rápido que otras. Tailandia recobró su independencia en el momento en que los japoneses se retiraron. Algunas naciones le cedieron independencia a sus colonias rápida y pacíficamente. Incluso otras colonias, que tuvieron que luchar por su independencia, recibieron ayuda de la Unión Soviética y la República Popular de China.

Las Filipinas

Una colonia estadounidense a partir de 1898, las Filipinas recibieron su independencia parcial en 1934. Después de la derrota de Japón y la ocupación de las islas, las Filipinas se independizaron por completo el 4 de julio de 1946.

Las luchas civiles surgieron durante la década de 1970 cuando los **guerrilleros** comunistas y grupos musulmanes lucharon contra el gobierno filipino. El presidente Ferdinand Marcos empleó métodos duros y el **estado de sitio** para reprimir los levantamientos. Después de haber terminado el estado de sitio en 1981, Marcos seguía aplicando muchas leyes duras para reprimir cualquier oposición a su mando. En 1986, Corazón Aquino, la esposa de un rival de Marcos que fue asesinado, lo derrotó en unas elecciones nacionales.

Marcos huyó del país. Murió exiliado en Hawai, acusado, igual que su esposa Imelda, de haber robado millones de dólares a la tesorería del país. En 1991, Imelda Marcos regresó voluntariamente a las Filipinas para ser juzgada.

Indonesia

Indonesia, antes conocida como las Indias Orientales Holandesas, es un archipiélago de casi 13.700 islas. A los habitantes de las islas, la mayoría de los cuales son musulmanes, no les gustaba el dominio holandés y querían la independencia.

Cuando Japón se apoderó de las islas durante la Segunda Guerra Mundial, surgió entre las personas un sentido de nacionalismo. Algunos grupos nacionalistas consideraban a Japón como aliado contra los holandeses. La mayoría de la gente, sin embargo, tenía pocos vínculos con los japoneses o los holandeses. Pensaban que ninguna de las potencias extranjeras verdaderamente comprendía a las personas de las islas ni sus culturas.

Después de la derrota de Japón, los holandeses trataron de recobrar su dominio sobre las islas. Sin embargo, hubo una revuelta nacionalista. Su resultado fueron luchas enconadas y la independencia en 1948. A la nueva república se le dio el nombre de Indonesia.

El primer líder de la nueva nación era Achmed Sukarno. Había simpatizado con los japoneses durante la guerra y dominó al país por 15 años. En 1963, se nombró a sí mismo "presidente de por vida". Bajo su dominio, las condiciones empeoraban constantemente. Las relaciones con China llegaron a ser más amistosas.

En 1966, el general Suharto derrocó a Sukarno. Luego, Suharto tomó el cargo de presidente interino. Puso fin a la amistad entre Sukarno y China, y recibió ayuda de las naciones occidentales. A partir de 1978, ha sido reelegido al cargo cada cinco años.

Bajo el mando de Suharto, la economía ha crecido rápidamente. El dinero obtenido de la compañía petrolífera estatal se ha utilizado para fortalecer la industria. La gran parte de los ingresos petrolíferos de Indonesia y su balanza comercial favorable han ayudado a pagar las deudas al extranjero. Sin embargo, últimamente han sucedido alborotos públicos en contra de los chinos que viven en Indonesia. Esto pone de manifiesto el problema continuo de la **discriminación** religiosa y étnica.

Myanmar

Myanmar, como la antigua Birmania, había logrado cierto grado de independencia de Gran Bretaña en 1937 antes de ser tomado por los japoneses durante la Segunda Guerra Mundial. La nación se independizó en 1948. Myanmar ha intentado permanecer neutro en sus relaciones con las potencias mundiales. En 1974 se redactó una constitución nueva, declarando que la nación era una república democrática socialista. Sus esfuerzos por ser socialista causaron problemas económicos considerables. Se ha criticado al gobierno por haber permitido la discriminación contra los chinos y los indios que viven en Myanmar. Desde 1988, la nación es gobernada directamente por fuerzas militares.

Malasia y Singapur

En 1963, Malaya, Singapur, Sarawak (el noroeste de Borneo) y Sabah (el norte de Borneo) se unieron para fundar la Federación de Malasia. Todos eran colonias británicas antes de la Segunda Guerra Mundial.

Al poco tiempo, la federación se disolvió debido a las tensiones entre los musulmanes malayos y los chinos no musulmanes que vivían en Singapur. Muchos malayos eran campesinos incultos o con muy poca cultura. Muchos de los chinos vivían en las ciudades y eran bien cultos. Los malayos dirigían el gobierno. Los chinos dirigían la mayoría de los negocios y controlaban la mayor parte de las riquezas.

En 1965, Singapur fue obligado a retirarse de la federación. Fundó su propia nación, la República de Singapur. Actualmente, Singapur es un centro para muchos bancos internacionales y muchas compañías de alta tecnología. A pesar de algunos escándalos y un gobierno muy poco democrático, ha tenido éxitos notables. En 1990, su primer ministro renunció después de 31 años en el cargo.

Singapur es un centro bancario y comercial principal en Asia.

Aung San Suu Kyi, jefe del partido de oposición de Myanmar, la Liga Nacional por la Democracia, recibió el premio Nobel de la paz en 1991, a pesar de estar bajo arresto domiciliario como prisionera política del gobierno de Myanmar.

Malasia se convirtió en una monarquía constitucional. Desarrolló importantes artículos de exportación textiles, electrónicos y otros artículos industriales. Ha intentado mejorar la educación y la vida económica de la gente de Malasia. No obstante, todavía existen muchas tensiones entre los malayos y los chinos que viven en Malasia.

Indochina

Indochina era el antiguo nombre del área actualmente formada por las naciones de Vietnam, Camboya y Laos, entre otras. A partir del siglo XIX, esta región pasó al dominio francés. La lengua y la cultura francesas se habían combinado con las lenguas y culturas indígenas de la región.

Los japoneses se apoderaron de Indochina durante la Segunda Guerra Mundial. Cuando los franceses regresaron a Indochina, encontraban que los japoneses la habían dividido en los tres territorios de Vietnam, Laos y Camboya. Los franceses mantuvieron estas divisiones. También les cedieron a los territorios cierto grado de independencia. Casi inmediatamente, estallaron conflictos porque los nacionalistas y los comunistas de la región querían la independencia total.

Vietnam

En 1945, cuando los franceses regresaron a Vietnam, fundaron un gobierno en Saigón. En 1946, estalló una guerra en Vietnam entre las fuerzas francesas y las comunistas que se llamaban los vietminh. Los vietminh fueron dirigidos por Ho Chi Minh, quien se declaró presidente de una república aparte con un centro de operaciones en Hanoi. Después de la derrota de los franceses en 1954 en manos de los vietminh, se convocó un congreso en Ginebra, Suiza, para arreglar las diferencias políticas de la región.

El congreso dividió a Vietnam. Los comunistas, dirigidos por Ho Chi Minh, se apoderaron del norte. Los vietnamitas no comunistas se apoderaron del sur. Habría unas elecciones en 1956 para decidir quiénes iban a gobernar el país. Pero nunca se llevaron a cabo.

Vietnam del Norte quedó separado de Vietnam del Sur. La Unión Soviética y la República Popular de China apoyaron al gobierno dirigido por los comunistas. Los anticomunistas gobernaban Vietnam del Sur, que recibió ayuda de los Estados Unidos.

En 1958, los guerrilleros comunistas, que se llamaban los vietcong, trataron de apoderarse de Vietnam del Sur. Además, surgieron diferencias dentro del gobierno de Vietnam del Sur. Después del asesinato del líder del gobierno, varios grupos militares intentaron gobernar Vietnam del Sur.

La participación de los Estados Unidos

Los aliados comunistas de Vietnam del Norte, la Unión Soviética y China ayudaban a los vietcong en su lucha. Los Estados Unidos proporcionó a los vietnamitas del sur mil millones de dólares en ayuda militar y económica. Para fines de la década de 1960, esa ayuda también incluyó a miles de fuerzas militares estadounidenses. La guerra se extendió hasta Corea del Norte, Laos y Camboya. Aún no cedían las fuerzas comunistas. Para 1973, los Estados Unidos había retirado la mayoría de sus tropas de Vietnam. Las demás se retiraron en 1975, dando lugar a que los comunistas se apoderaran de todo Vietnam.

Los refugiados en barco

Después de la caída de Vietnam del Sur, muchos vietnamitas del sur huyeron de su país en barco. Llegaron a conocerse como los "refugiados en barco". Muchos se murieron tratando de escaparse. Otros pasaron meses en los campos de refugiados.

167

El gobierno de Pol Pot provocó el caos en Camboya. Tal vez alrededor de un millón de personas murieron en Camboya entre 1975 y 1979. Miles de refugiados huyeron a Tailandia. Vivían en campos, como el campo de la derecha.

Cientos de miles de vietnamitas entraron en los Estados Unidos.

Camboya

En 1953, Camboya logró independizarse de Francia. Su primer líder fue el príncipe Norodom Sihanouk. Camboya llegó a participar en la guerra de Vietnam cuando los vietcong la usaron como una ruta de abastecimiento hacia Vietnam del Sur.

En 1970, Sihanouk fue derrocado. El nuevo gobierno anticomunista demandó que las tropas de los vietcong y las de los vietnamitas del norte se retiraran de Camboya. Cuando ellos no cumplieron con la demanda, el gobierno nuevo permitió que las tropas estadounidenses entraran en Camboya. Las tropas estadounidenses luego montaron operaciones para "acosar y derribar" a las fuerzas de los vietcong y los vietnamitas del norte.

Un motín realizado por los *khmeres rojos* (nacionalistas comunistas) en 1975 condujo a la toma del mando de Camboya. A esto siguió una época de muerte y destrucción. El gobierno nuevo, que se llamaba Kampuchea, fue dirigido por Pol Pot. Vaciaba las ciudades camboyanas, obligando a la gente a que se fuera a las granjas. Muchas personas murieron de hambre y de enfermedades. Al mismo tiempo, el gobierno mató a ex funcionarios, a maestros y a otras personas cultas.

Vietnam invadió Camboya en 1978, obligando a Pol Pot y sus adherentes, los khmeres rojos a irse. Los khmeres rojos se trasladaron a la frontera cerca de Tailandia. Desde allí, alzaron operaciones guerrilleras contra el gobierno apoyado por los vietnamitas. Para 1985, la mayor parte de Camboya estaba al mando de los vietnamitas. En 1989, las tropas vietnamitas se retiraron. En 1990, Kampuchea volvió a ser Camboya. A fines de 1991, ya había intentos de fundar un gobierno unido al mando del príncipe Sihanouk.

Laos

Después de independizarse de Francia en 1954, Laos fue gobernado por una monarquía. Durante la guerra de Vietnam, las fuerzas comunistas utilizaron a Laos como una ruta de abastecimiento hacia Camboya y Vietnam del Sur. En 1975, se fundó un gobierno comunista. Se llamaba la República Democrática Popular de Laos e intentó permanecer neutra en la guerra de Vietnam. Pero también tenía que derrotar a las fuerzas anticomunistas que montaron ataques guerrilleros contra el gobierno. Por eso, aceptó la ayuda de Vietnam. Actualmente, Laos y Vietnam son aliados.

Tailandia

En 1958, las fuerzas militares tomaron el poder. Su gobierno a favor de occidente recibió ayuda de los Estados Unidos. Permitió que se fundaran bases militares estadounidenses en Tailandia. En 1975, la toma del mando por los comunistas en Vietnam, Camboya y Laos animaron a Tailandia a pedir que los Estados Unidos se retirara de sus bases. Tailandia también logró mayor amistad con China, la Unión Soviética, Laos y Vietnam. Es probable que la caída del poder soviético en la década de 1990 influya en el gobierno de Tailandia más adelante.

Tailandia tiene el problema de los refugiados ocasionado por los miles de camboyanos y vietnamitas que huyen de la represión comunista de sus tierras natales. Los refugiados han causado muchos problemas en la economía de Tailandia y en sus relaciones con sus vecinos. Tailandia ha pedido mayores esfuerzos internacionales por resolver la crisis de los refugiados en el sudeste de Asia.

Ejercicios

A. Busca las ideas principales:

Pon una marca al lado de las oraciones que expresan las ideas principales de lo que acabas de leer.

_____ **1.** El nacionalismo ha influido mucho en el sudeste de Asia.

_____ **2.** El comunismo ha influido en los acontecimientos de Indochina.

_____ **3.** Indonesia antes estaba gobernada por los holandeses.

_____ **4.** Las victorias japonesas de la Segunda Guerra Mundial influyeron en el nacionalismo en el sudeste de Asia.

_____ **5.** Los indios y los chinos sufren la discriminación de Myanmar.

_____ **6.** Los Estados Unidos luchó en una guerra en Vietnam.

B. ¿Qué leíste?

Escoge la respuesta que mejor complete cada oración. Escribe la letra de tu respuesta en el espacio en blanco.

_____ **1.** El gobierno de las Filipinas está dirigido por
    a. Ho Chi Minh.
    b. Pol Pot.
    c. Corazón Aquino.
    d. el general Suharto.

_____ **2.** Las áreas que constituyen la Federación de Malasia antes eran colonias de
    a. Holanda.
    b. Francia.
    c. Japón.
    d. Gran Bretaña.

_____ **3.** La región que antes se llamaba Indochina *no* abarca
    a. Laos.
    b. Malasia.
    c. Camboya.
    d. Vietnam.

_____ **4.** Kampuchea es el antiguo nombre de
    a. Laos.
    b. Camboya.
    c. Vietnam.
    d. toda Indochina.

C. Habilidad cartográfica:

Mira el mapa de esta página. Identifica las áreas indicadas con letras en el mapa. Escribe la letra correcta en el espacio en blanco. Puedes ver el mapa de la página 164.

_____ **1.** Myanmar

_____ **2.** Indonesia

_____ **3.** Vietnam

_____ **4.** Camboya

_____ **5.** Malasia

_____ **6.** Laos

_____ **7.** Tailandia

_____ **8.** India

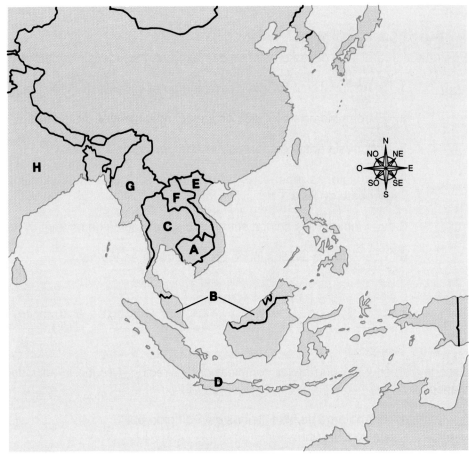

D. Correspondencias:

Encuentra para cada colonia de la Columna A el país que la gobernaba en la Columna B. Vas a usar los países de la Columna B más de una vez. Escribe la letra de cada respuesta en el espacio en blanco.

Columna A   Columna B

_____ **1.** Malasia   **a.** Francia

_____ **2.** Laos   **b.** Holanda

_____ **3.** Myanmar   **c.** Gran Bretaña

_____ **4.** Vietnam

_____ **5.** Camboya

_____ **6.** Indonesia

E. Comprueba los detalles:

Lee cada afirmación. Escribe C en el espacio en blanco si la afirmación es cierta. Escribe F en el espacio si es falsa.

_____ **1.** Los vietcong trataron de apoderarse del gobierno de Vietnam del Norte.

_____ **2.** Indochina antes se llamaba las Indias Orientales Holandesas.

_____ **3.** Indonesia consiste de varias islas.

_____ **4.** Singapur ya no forma parte de Malasia.

_____ **5.** Indonesia es rica en petróleo.

_____ **6.** Japón se apoderó de Indonesia, Malaya, Myanmar y Vietnam durante la Segunda Guerra Mundial.

_____ **7.** Pocas personas son musulmanas en Indonesia.

_____ **8.** Japón dividió a Indochina en Vietnam, Laos y Camboya.

F. Detrás de los titulares:

Hay una historia detrás de cada titular. Escribe dos o tres oraciones que respalden o cuenten sobre cada uno de los siguientes titulares. Usa una hoja de papel en blanco.

LOS HOLANDESES ACUERDAN EN CEDERLE INDEPENDENCIA A INDONESIA

SINGAPUR SE RETIRA DE LA FEDERACIÓN DE MALASIA

LAS TROPAS ESTADOUNIDENSES SE RETIRAN DE VIETNAM

LOS COMUNISTAS SE ENFRENTAN A LOS COMUNISTAS EN CAMBOYA

G. Para comprender la historia mundial:

En la página 164 leíste sobre cinco factores de la historia mundial. ¿Cuál de estos factores corresponde a cada afirmación de abajo? Llena el espacio en blanco con el número de la afirmación correcta de la página 164.

_____ **1.** Los contactos entre los franceses y los pueblos de Indochina resultaron en una mezcla de las lenguas y culturas entre Francia e Indochina.

_____ **2.** Enormes cantidades de ayuda económica y militar de los Estados Unidos ayudaron a Vietnam del Sur a sobrevivir.

_____ **3.** La derrota de los europeos por los japoneses y el crecimiento de sentimientos anticoloniales en el mundo fomentaron el nacionalismo en el sudeste de Asia.

_____ **4.** Las culturas malaya y china en Malasia no lograban comprenderse la una a la otra.

_____ **5.** La cultura europea de los colonizadores holandeses les hacía difícil considerar la cultura indonesia como igual a la suya.

Capítulo 10

África a partir de la Segunda Guerra Mundial

Para comprender la historia mundial

Piensa en lo siguiente al leer sobre los movimientos africanos por la libertad.

1. Los sucesos en una parte del mundo han influido en los desarrollos en otras partes del mundo.
2. La cultura del presente nace en el pasado.
3. Los países adoptan y adaptan ideas e instituciones de otros países.
4. Las necesidades básicas —alimentos, vestido y vivienda— se ven afectadas por nuestro medio ambiente y nuestra cultura.
5. Las naciones escogen lo que adoptan y adaptan de otras naciones.

Dar es-Salam. Esta ciudad es la capital de Tanzania, un país grande en el África oriental.

Para aprender nuevos términos y palabras

En este capítulo se usan las siguientes palabras. Piensa en el significado de cada una.

sanciones: acciones tomadas por un país contra otro; límites impuestos sobre el comercio o sobre las acciones de otro país

embargo: una prohibición gubernamental que no permite el comercio entre países

apartheid: palabra que, en afrikaans, significa estado de separación; en Sudáfrica, la política de segre-gación de razas

Piénsalo mientras lees

1. ¿Qué influencia tuvo la libertad sobre Uganda, Kenia y Tanzania?
2. ¿Cómo obtuvo Zimbabue su independencia?
3. ¿Cuáles son los problemas particulares de Sudáfrica?
4. ¿Qué les sucedió a las colonias de África que antes habían pertenecido a Portugal y Bélgica?

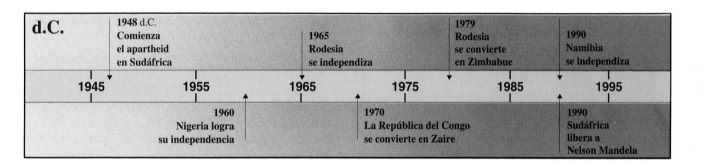

d.C.

1948 d.C. Comienza el apartheid en Sudáfrica		**1965** Rodesia se independiza		**1979** Rodesia se convierte en Zimbabue	**1990** Namibia se independiza

1945 — 1955 — 1965 — 1975 — 1985 — 1995

1960 Nigeria logra su independencia — **1970** La República del Congo se convierte en Zaire — **1990** Sudáfrica libera a Nelson Mandela

La Segunda Guerra Mundial puso fin al colonialismo en África. Para la década de 1960, el aumento de sentimientos nacionalistas en África condujo a la independencia de muchas colonias, como se indica en el mapa de la página 175.

En un tiempo, casi toda África pertenecía a los países europeos en forma de colonias. Entre las naciones que se independizaron de Gran Bretaña estaban Ghana, Nigeria, Tanzania, Uganda, Kenia, Zambia, Botswana, Zimbabue, Sudáfrica y Sudán. Zaire se independizó de Bélgica. Mozambique y Angola se independizaron de Portugal.

Entre las naciones que se independizaron de Francia estaban Camerún, Chad, Gabón, Mauritania, Níger, Senegal, Marruecos, Túnez y Argelia. Libia logró su independencia de Italia.

Las naciones lograban su independencia mediante métodos tanto pacíficos como violentos. En muchos casos, la violencia se originó en la resistencia de los pobladores blancos a los esfuerzos nacionalistas africanos. A veces la violencia se originaba en conflictos dentro de los movimientos nacionalistas africanos.

Las nuevas naciones en el África occidental

Cuando la Costa de Oro se independizó en 1957, se le puso el nombre del antiguo reino africano de Ghana. Las primeras políticas de la nueva nación ocasionaron discordia, conduciendo a que los oficiales del ejército tomaran el poder en 1966. Desde entonces, ha habido varios cambios entre el mando civil y el militar. La pobreza y la escasez de empleos obligaron a muchísimos ghaneses a buscar empleos en Nigeria, que queda cerca. Pero fueron expulsados en 1983. Su regreso a Ghana sólo ha agravado los problemas económicos del país.

Nigeria logró su independencia en 1960. En 1967, las diferencias étnicas y regionales terminaron con una guerra civil. El pueblo ibo de Nigeria oriental formó la nueva nación de Biafra. Pero la guerra civil terminó en la derrota de Biafra y en su unión de nuevo con Nigeria. La guerra civil ocasionó muchas muertes y sufrimiento, sobre todo para las personas de Biafra.

En 1985, la fuerza militar se apoderó del gobierno civil de Nigeria. Prometió devolver el poder a los civiles en 1992. Los yacimientos de petróleo en Nigeria ayudan a mantener su economía. Las diferencias religiosas y regionales, sin embargo, permanecen siendo un problema para la nación.

Las nuevas naciones en el África oriental

Tanganica se independizó en 1961. En 1964 se unió con la isla de Zanzíbar para formar la nación de Tanzania. Su primer presidente fue Julius Nyerere. Él se esforzó por desarrollar una política de agricultura comunal. Cuando la política no pudo suministrar las necesidades básicas de los ciudadanos, cedió a un tipo de economía de mercado libre más tradicional. Actualmente, Tanzania mantiene una economía bastante estable. También tiene un alto porcentaje de alfabetismo porque goza de uno de los mejores sistemas educativos de África.

Uganda logró su independencia en 1962. En 1972, fue sometida a una época de terror cuando el general Idi Amín tomó el poder. Los rebeldes ugandeses, ayu-

Jomo Kenyatta dirigió la lucha por la independencia de Kenia.

dados por los soldados de Tanzania, echaron a Amín del poder en 1978. El mal gobierno por parte de gobiernos militares ha dejado a Uganda con una mala economía y muchos problemas. Kenia se independizó en 1963, a pesar de la oposición de la mayoría de sus pobladores blancos. La violencia manchó el esfuerzo por la independencia. Se le echó una gran parte de culpa a un grupo secreto nacionalista que se conocía como los Mau Mau. Jomo Kenyatta, un líder

nacionalista negro, fue encarcelado. Más tarde, fue liberado y llegó a ser el primer presidente de Kenia. Después de su muerte en 1978, Kenia se declaró un estado de un solo partido. Sin oposición política verdadera, siguió siendo una nación negra africana en situación estable.

Zimbabue

Después de la Segunda Guerra Mundial, Rodesia del Sur, igual que la colonia vecina de Sudáfrica, estaba gobernada por una minoría dirigida por los blancos. La mayoría negra africana no tenía derechos políticos. En 1965, los líderes blancos de Rodesia del Sur se declararon libres del dominio británico. Gran Bretaña, que estaba a favor de mayores derechos para los negros, dijo que esa acción había sido ilegal. Los británicos pedían que las Naciones Unidas (O.N.U.) impusieran **sanciones** y un **embargo** sobre Rodesia del Sur.

Las acciones de los británicos y de la O.N.U. no fueron efectivas, pero sí debilitaron el poder de la minoría blanca. Al mismo tiempo, unos organismos militantes negros en Rodesia del Sur llevaron a cabo operaciones guerrilleras. Tras mucha presión, se realizó una serie de elecciones de 1979 a 1987 que ponían en el poder a los nacionalistas negros. El gobierno mayoritario negro le dio a la nación el nuevo nombre de Zimbabue, el nombre de un antiguo reino negro de la región.

Sudáfrica

Sudáfrica es la única nación al sur del Sáhara todavía dirigida por una minoría blanca. En 1961, se separó del dominio británico, llamándose la República de Sudáfrica. Los sudafricanos blancos, que se llaman afrikánderes, son descendientes de los pobladores holandeses que fueron vencidos por los ingleses en 1910. Hoy en día los afrikánderes desconfían tanto de los ingleses como de los africanos negros.

En 1948, el gobierno de la minoría blanca afrikánder estableció la política del *apartheid*. *Apartheid* es una palabra que en afrikaans significa "estado de separación". Significa la segregación estricta de las razas. A los que no son blancos, se los identifica como negros, de color (de raza mixta) y asiáticos (principalmente los indios). A la gente que no era de la raza blanca se le prohibía vivir en las mismas áreas que la gente blanca y asistir a las mismas escuelas. Los empleos para la gente no blanca se limitaban principalmente a trabajos no especializados y de bajos sueldos.

Los africanos negros, dirigidos por el Congreso Nacional Africano (CNA), se oponían a la política del *apartheid.* El gobierno sudafricano prohibió al CNA. Encarceló a sus jefes, incluso a Nelson Mandela, que fue detenido bajo un tipo de exilio interno durante 27 años. La opinión mundial se volvió en contra de Sudáfrica. Los boicoteos y otras acciones económicas ayudaron a que se suspendieran muchas de las leyes del *apartheid* en 1989. Se levantó la prohibición contra el CNA. Nelson Mandela fue liberado en 1990, un suceso televisado por todo el mundo.

Mandela sigue dirigiendo la lucha del CNA por los derechos completos de los negros y por un gobierno multirracial. Han surgido problemas entre el CNA y un grupo africano negro rival. Éste es el Partido de la Libertad Inkatha y tiene adherentes entre los zulúes de Sudáfrica. Es probable que continúe la rivalidad entre los dos grupos durante la década de 1990.

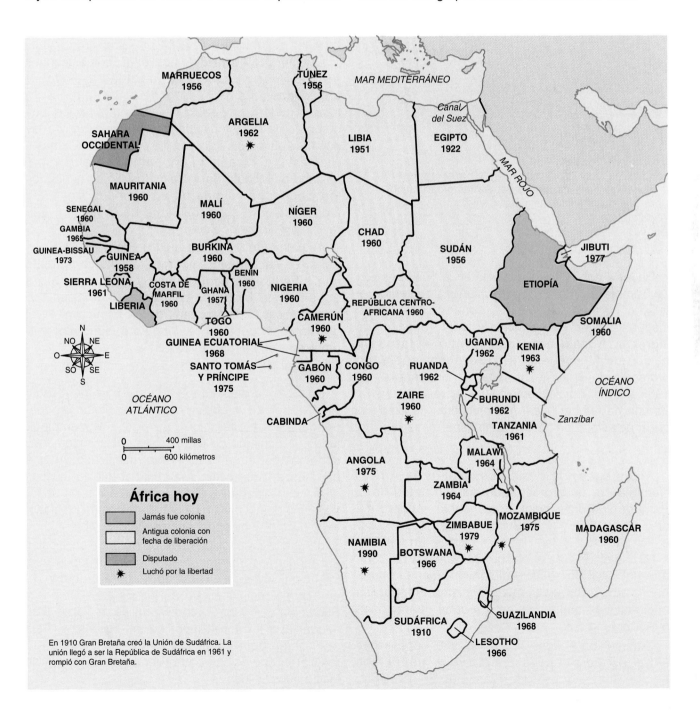

En 1910 Gran Bretaña creó la Unión de Sudáfrica. La unión llegó a ser la República de Sudáfrica en 1961 y rompió con Gran Bretaña.

175

Las fábricas, los restaurantes y otros lugares en Sudáfrica tienen entradas separadas para blancos, africanos negros y asiáticos.

Otras antiguas colonias británicas

Rodesia del Norte se convirtió en la nueva nación de Zambia en 1964. Desde entonces ha tenido el mismo presidente. Su economía depende mayormente del cobre como la fuente principal de ingresos. Nyassalandia se convirtió en la nueva nación de Malawi en 1961. Bechuanalandia, un protectorado de Gran Bretaña, se independizó en 1966. Para entonces, cambió su nombre a Botswana. Es una de las naciones más prósperas de África, a pesar de estar rodeada completamente de tierra.

Namibia

Antes conocida como el sudoeste de África, Namibia era un protectorado alemán antes de la Primera Guerra Mundial. Sudáfrica se apoderó del área en 1915. En 1946, Sudáfrica la anexó, a pesar de la oposición de las Naciones Unidas. En 1968, la O.N.U. le dio al área el nombre de Namibia. La Corte Internacional de Justicia dictaminó que Sudáfrica había actuado ilegalmente. Al mismo tiempo, los nacionalistas negros llevaron a cabo operaciones guerrilleras.

Durante las décadas de 1970 y 1980, hubo luchas entre las fuerzas sudafricanas y los guerrilleros nacionalistas negros de Namibia. En 1989, se convocaron elecciones en las cuales los partidos negros de Namibia salieron triunfantes. Namibia se independizó en 1990.

Zaire

El Congo Belga era la única colonia de Bélgica en África al final de la Segunda Guerra Mundial. La colonia logró su independencia en 1960, haciéndose la República del Congo. Cuando la rica provincia minera de Katanga se separó, estalló una guerra civil. Las tropas de la O.N.U. de las otras naciones africanas intervinieron; se retiraron en 1964 después de intentar restaurar el orden.

La guerra civil estalló de nuevo un tiempo después en 1964 con muchísimas pérdidas de vidas y propiedades. En 1965, el general Joseph Mobuto tomó el poder y empezó a "africanizar" la nación. Los nombres de la historia africana reemplazaron a los nombres europeos. Leopoldville pasó a ser Kinshasa. Stanleyville, Kisangani. Mobuto tomó el nombre africano de Mobuto Sese Seko. Insistió en que todos los ciudadanos siguieran su ejemplo. En 1970, Mobuto llegó a ser presidente de la nación, que recibió el nombre de Zaire.

Actualmente, Katanga está unida de nuevo con Zaire. La nación, sin embargo, todavía se enfrenta con dificultades económicas y políticas. Se ha acusado a Mobuto de tomar acciones no democráticas. Además, hay mucha corrupción en el gobierno. La oposición a Mobuto puede ocasionar problemas en Zaire en el futuro.

Mozambique y Angola

En 1974, la dictadura de Portugal fue derrocada. En 1975, el nuevo gobierno del momento cedió independencia a Mozambique y Angola. Mozambique fundó un gobierno de tipo socialista. Recientemente, sin embargo, el gobierno se ha modificado. Adoptó una nueva constitución que cedió al pueblo muchos derechos y libertades individuales. La nación ahora tiene una democracia multipartidaria con un presidente como jefe y una economía de mercado libre.

La guerra civil estalló entre dos grupos principales en Angola poco tiempo después de independizarse. La Unión Soviética y Cuba apoyaron a un grupo. El otro grupo recibió apoyo de los Estados Unidos y Sudáfrica. En 1975, Cuba envió miles de tropas para ayudar a la facción a favor de los soviéticos. Este lado salió victorioso. Los rivales, sin embargo, realizaron operaciones guerrilleras con la ayuda de los Estados Unidos.

En 1988, se firmó un pacto que condujo a la retirada de las tropas cubanas. Hubo negociaciones directas entre los dos rivales que luego condujeron a una tregua. El grupo a favor de los soviéticos gobernó el país temporalmente. Se convocó a elecciones en 1992. El futuro del país dependerá de si las dos facciones pueden unirse.

Las naciones del norte de África

La colonia de Marruecos, al norte de África, logró independizarse de Francia en 1956. Desde 1976, Marruecos, dirigido por un rey, ha intentado extender su poder al Sahara Occidental. Polisario, un movimiento guerrillero que recibe ayuda de Argelia, se ha opuesto a las acciones de Marruecos en el área. Marruecos ha recibido ayuda de Francia y los Estados Unidos. La lucha ha despertado tensiones entre Marruecos y Argelia. También ha conducido a problemas para los Estados Unidos en África.

Túnez se convirtió en una república en 1957. En 1974, participó en un intento por unirse con Libia. Cuando ese plan fracasó, Túnez siguió siendo un país independiente. Siendo una de las naciones árabes más moderadas, hasta ha propuesto que las naciones árabes entren en negociaciones con Israel. Esta propuesta ha enfurecido a otras naciones árabes, sobre todo a Libia.

Argelia era la única colonia del norte de África a la que Francia le negó la independencia. Una lucha enconada y mortal surgió entre los nacionalistas argelinos y los colonizadores franceses, cada uno empleando el terror y la tortura. En 1958, Charles de Gaulle, el presidente de Francia, actuó. Desafió las amenazas de guerra civil de algunos generales y sus adherentes. En 1962, hizo arreglos para que se le cediera la independencia a Argelia. Un millón de pobladores franceses, que se llamaban colonos, salieron de Argelia de regreso a Francia.

Al poco tiempo, Argelia se sometió al mando de sus fuerzas armadas. En asuntos exteriores, al ser una nación árabe, es un enemigo constante y tradicional de Israel. También tiene malas relaciones con los Estados Unidos. Sus vínculos más fuertes no árabes han sido con la Unión Soviética. Sin embargo, la decadencia de la Unión Soviética a partir de 1985, ha mitigado la actitud argelina. Una nueva constitución, aprobada en 1989, ha cedido mayores libertades al pueblo argelino.

Libia

En 1951, Libia llegó a ser una nación independiente gobernada por un monarca. El monarca fue derrocado en 1969 por un jefe militar, Muammar al-Gadafi. Rompiendo los vínculos de Libia con la naciones occidentales, estableció relaciones estrechas con la Unión Soviética. En 1972, Libia y Egipto trataron de unirse, pero el intento fracasó, al igual que un posterior intento por unirse con Túnez.

Los ricos yacimientos de petróleo han hecho de Libia un país relativamente poderoso. Sin embargo, ha gastado la mayoría de sus riquezas en armamentos. También ha tratado de convertirse en el líder del movimiento nacionalista árabe. Como enemigo de Israel, Libia ayuda a grupos terroristas en Europa y en el Oriente Medio. Además ha amenazado a Egipto, Chad y el Sudán con acciones militares.

Los líderes de Libia describen a su gobierno como islámico y socialista. Libia, sin embargo, es una dictadura, no un gobierno del pueblo y para el pueblo. Aunque practica la religión islámica, Libia pasa por alto las enseñanzas verdaderas islámicas de paz y comprensión.

El presidente sudafricano F. W. de Klerk (izquierda) va a una reunión con Nelson Mandela (derecha), ya en libertad.

Ejercicios

A. Busca las ideas principales:

Pon una marca al lado de las oraciones que expresan las ideas principales de lo que acabas de leer.

_____ **1.** Muchos líderes negros nuevos llegaron al poder en las nuevas naciones al sur del Sáhara.

_____ **2.** Las nuevas naciones africanas se enfrentaron con muchos problemas.

_____ **3.** La mayoría de las colonias británicas en el África, al sur del Sáhara, lograron su libertad después de 1945.

_____ **4.** Libia se declara una nación islámica y socialista.

_____ **5.** Algunas naciones de África al sur del Sáhara estuvieron gobernadas por gobiernos minoritarios blancos.

B. ¿Qué leíste?

Escoge la respuesta que mejor complete cada oración. Escribe la letra de tu respuesta en el espacio en blanco.

_____ **1.** Nelson Mandela dirigió la lucha por los derechos de los negros en
   a. Zambia.
   b. Rodesia.
   c. Kenia.
   d. Sudáfrica

_____ **2.** Los afrikánderes son los
   a. líderes negros de Uganda.
   b. colonizadores belgas que antes gobernaban el Congo.
   c. gobernadores de minorías blancas en Sudáfrica.
   d. nacionalistas negros en África.

_____ **3.** Mozambique había sido una colonia de
   a. Francia.
   b. Gran Bretaña.
   c. Portugal.
   d. Bélgica.

_____ **4.** En 1975 las tropas cubanas estuvieron luchando en
   a. Mozambique.
   b. Angola.
   c. Uganda.
   d. el Sudán.

C. Comprueba los detalles:

Encuentra para los nombres de las naciones de la Columna A la descripción correspondiente en la Columna B.

Columna A   Columna B

_____ 1. Zimbabue   **a.** aterrorizado por el general Idi Amín

_____ 2. Kenia   **b.** antes conocido como el sudeste de África

_____ 3. Tanzania   **c.** aplicó la política del *apartheid* para los africanos negros y los asiáticos

_____ 4. Sudáfrica   **d.** las tropas cubanas apoyaban esta nueva nación

_____ 5. Namibia   **e.** dirigido hacia la libertad por Jomo Kenyatta

_____ 6. Zaire   **f.** antes se conocía como Rodesia del Sur

_____ 7. Uganda   **g.** tenía un plan agrícola formulado por Julius Nyerere

_____ 8. Angola   **h.** antes se conocía como el Congo Belga

D. Detrás de los titulares:

Hay una historia detrás de cada titular. Escribe dos o tres oraciones que respalden o cuenten sobre cada uno de los siguientes titulares. Usa una hoja de papel en blanco.

AMÍN EXPULSADO DEL PODER

MILLONES DE PERSONAS VEN POR TELEVISIÓN LA LIBERACIÓN DE MANDELA

LAS NACIONES UNIDAS TOMAN ACCIONES CONTRA RODESIA

CUBANOS EN ANGOLA

ARGELIA SE INDEPENDIZA

E. Para comprender la historia mundial:

En la página 172 leíste sobre cinco factores de la historia mundial. ¿Cuáles de estos factores corresponden a cada afirmación de abajo? Llena el espacio en blanco con el número de la afirmación correcta de la página 172.

_____ **1.** El sistema agrícola de Tanzania trató de utilizar el medio ambiente local y la cultura local para satisfacer las necesidades básicas del pueblo.

_____ **2.** Muchos países de África han cambiado los sistemas británicos de derecho, gobierno y educación para cubrir sus propias necesidades.

_____ **3.** Los afrikánderes llevan años de temer y desconfiar de los británicos y de los africanos negros. Las actitudes del pasado han influido en las acciones de los afrikánderes en la actualidad.

_____ **4.** Los sentimientos de nacionalismo entusiasmaban al mundo después de la Segunda Guerra Mundial. El nacionalismo influía en los sucesos en el África al sur del Sahara.

_____ **5.** Muchos países de África han mantenido parte del sistema británico de derecho, gobierno y educación.

Capítulo 11

El Oriente Medio a partir de la Segunda Guerra Mundial

Para comprender la historia mundial

Piensa en lo siguiente al leer sobre los acontecimientos en el Oriente Medio.

1   La interacción entre pueblos y naciones conduce a cambios culturales.
2   La cultura del presente nace en el pasado.
3   Nuestra cultura influye en nuestra perspectiva de otras personas.
4   Los sucesos en una parte del mundo han influido en los desarrollos en otras partes del mundo.

Jerusalén es la capital de Israel. Es sagrada para los judíos, cristianos y musulmanes.

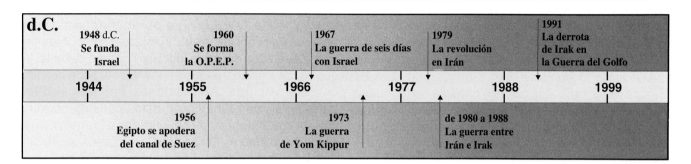

d.C.

| 1948 d.C. Se funda Israel | 1960 Se forma la O.P.E.P. | 1967 La guerra de seis días con Israel | 1979 La revolución en Irán | 1991 La derrota de Irak en la Guerra del Golfo |

| 1944 | 1955 | 1966 | 1977 | 1988 | 1999 |

| 1956 Egipto se apodera del canal de Suez | 1973 La guerra de Yom Kippur | de 1980 a 1988 La guerra entre Irán e Irak |

Los movimientos nacionalistas en el Oriente Medio se ligan a las distintas creencias religiosas. El nacionalismo árabe actual tiene la visión del Imperio Islámico cuando los ejércitos musulmanes salieron de Arabia después del 650 d.C. Los musulmanes llevaron la lengua árabe y la religión islámica a todo el Oriente Medio, al norte de África y al sur de España. Los musulmanes se extendieron, incluso, hacia el este hasta la India y hacia el sur hasta el África del sur del Sahara. Los nacionalistas árabes actuales sueñan con restaurar este imperio.

El surgimiento del nacionalismo árabe

El nacionalismo en el Oriente Medio nació a principios del siglo XX. Una gran parte del Oriente Medio era entonces parte del Imperio Otomano. Después de la Primera Guerra Mundial, las tierras otomanas fuera de Turquía se repartieron entre Francia y Gran Bretaña.

Siria y el Líbano llegaron a ser territorios en mandato de Francia. Se independizaron en 1944. Irak y Palestina (los actuales Israel y Jordania) se hicieron territorios en mandato de Gran Bretaña. Egipto fue un protectorado británico desde 1914 a 1922 cuando logró su independencia. Permaneció bajo el poder británico, sin embargo, hasta 1953. En la década de 1920, la península árabe se unió bajo el nombre de Arabia Saudita.

En la década de 1930, se encontraron ricos yacimientos de petróleo en Arabia Saudita. Las compañías petrolíferas europeas y estadounidenses exploraron el Oriente Medio. Pronto controlaron los vastos campos petrolíferos. Las naciones árabes que producían el petróleo —Arabia Saudita, Irán e Irak— recibían pocos ingresos del petróleo.

Muchos países del Oriente Medio se independizaron antes del fin de la Segunda Guerra Mundial. Sin embargo, permanecían bajo el poder europeo. La mayoría trató de mantenerse neutra durante la guerra. No obstante, algunas de las luchas más duras de los primeros años de la guerra sucedieron en el norte de África.

El nacionalismo árabe se fortaleció más después de la guerra. Su amplia difusión a menudo resultó en conflictos entre los nacionalistas árabes y las potencias europeas y los Estados Unidos. Muchas naciones del Oriente Medio resolvieron en forma parcial el problema del petróleo al apoderarse de los campos petrolíferos que estaban en manos de extranjeros después de la guerra. Mientras tanto, surgían otras tensiones ente los nacionalistas árabes y los nacionalistas judíos, o sea, los sionistas.

La cuestión de una patria judía

En la antigüedad, el área palestina se conocía como Judea y Samaria. Era la tierra natal de los hebreos, o sea, de los judíos. En el 69 d.C. Palestina fue conquistada por los romanos, quienes los expulsaron. También destruyeron su ciudad más sagrada, Jerusalén. Desde entonces, los judíos de todo el

181

mundo han sostenido la idea de regresar algún día a su tierra natal. En 1890, se inició el movimiento del sionismo. La meta del movimiento nacionalista judío era la de obtener una patria en Palestina para los judíos.

A principios del siglo XX, muy pocos judíos habían regresado a Palestina. Tenían pocas comunicaciones con sus vecinos árabes. Poco a poco, aún más judíos regresaban a Palestina. Casi inmediatamente, surgieron disputas entre los árabes y los judíos. Los reclamos por una patria se fortalecieron en 1917. En ese momento, Gran Bretaña mandaba en Palestina. Publicó la Declaración de Balfour, una afirmación que contenía un compromiso para la fundación de una patria judía en Palestina. La declaración enfureció a los árabes.

Los acontecimientos de la Segunda Guerra Mundial fortalecieron al sionismo. Seis millones de judíos en Europa murieron en los campos nazistas de la muerte durante la guerra. Muchos de los que sobrevivieron al holocausto, como se le llamó a esa matanza, no querían permanecer en Europa. Estaban decididos a irse a Palestina donde la idea de una patria judía recibía apoyo creciente. El apoyo provenía de los judíos y otros en el mundo, pero no de los árabes.

Se funda Israel

En 1947, después de que Gran Bretaña cedió su poder a Palestina, las Naciones Unidas dividió a Palestina en zonas árabes y judías. Los árabes se negaron a aceptar esta **división.** Los líderes judíos,

Anwar al-Sadat (izquierda) y Menahem Begin (derecha) se dan la mano con el presidente Jimmy Carter después de firmar los históricos acuerdos de Camp David.

sin embargo, la aprobaron, y procedieron a declarar a su zona el estado de Israel.

Los Estados Unidos, la Unión Soviética y muchos otros países pronto reconocieron a la nueva nación. Las naciones árabes, sin embargo, condenaron a Israel y la invadieron. Israel derrotó a los invasores. Mientras tanto, sus fronteras se extendían. El estado árabe de Jordania se extendió abarcando el resto de Palestina, incluso la ciudad sagrada de Jerusalén.

Durante muchos siglos, los judíos habían vivido en muchos países árabes. Debido a la fundación de Israel, muchos países árabes obligaron a los judíos a irse. Más de 500.000 judíos abandonaron sus hogares para poblar Israel. Al mismo tiempo, más de 600.000 árabes huyeron de sus hogares durante la guerra. Se trasladaron a campos de refugiados en los estados vecinos. Actualmente, muchos árabes palestinos viven todavía en estos campos en muy malas condiciones. Y un número aún mayor ha buscado empleo en los campos de petróleo de Arabia Saudita y Kuwait o se ha mudado a otras tierras.

Se formó la Organización para la Liberación Palestina (O.L.P.) para promover los intereses de los árabes palestinos. La O.L.P., junto con grupos pequeños con metas semejantes, ha participado en el terrorismo en muchas ocasiones. La O.L.P. también apoyó a Irak durante la Guerra del Golfo en 1991 contra los Estados Unidos. La opinión mundial sobre esta acción no fue favorable.

La crisis del canal de Suez

Se culpó a Egipto, el líder del nacionalismo árabe, por la derrota de los países árabes en la guerra de 1948. Como consecuencia, se derrocó al rey Faruk y a su gobierno corrupto en 1952. Egipto llegó a ser una república. En 1956, Gamal Abdel Nasser fue elegido presidente. Gobernó hasta su muerte en 1970.

En 1955 la Unión Soviética desafió la influencia occidental en el Oriente Medio al ofrecer venderle armas a Egipto. Los Estados Unidos respondió con sus propias ofertas de ayuda. Egipto, sin embargo, se acercó más a los soviéticos. En 1956, un poco después de la retirada de las tropas británicas de Suez, Nasser se apoderó del canal de Suez.

La acción de Nasser molestó mucho a Gran Bretaña y a Francia. Consideraban esta toma de poder egipcia como amenaza, porque la gran parte del petróleo destinado a Europa pasaba por el canal. Israel se enfureció porque Egipto impedía el paso por el canal a cualquier barco con destino a Israel o que provenía de un puerto israelí.

En una maniobra secreta planeada con Gran Bretaña y Francia, Israel envió tropas a la Franja de Gaza y la península de Sinaí (ver el mapa de la derecha). Gran Bretaña y Francia se unieron con Israel en el ataque contra Egipto.

La opinión del mundo y de los Estados Unidos se oponía a la invasión. Las fuerzas armadas egipcias fueron derrotadas. Pero se obligó a Gran Bretaña, Francia e Israel a retirarse. La derrota militar de Nasser se convirtió en una "victoria" porque el canal de Suez permaneció bajo el dominio de Egipto.

El temor y la desconfianza de los árabes hacia Israel aumentaban y conducían a un surgimiento de nacionalismo. Las naciones árabes recurrían cada vez más a la Unión Soviética por ayuda económica y militar. Los Estados Unidos, que temía la influencia soviética en el Oriente Medio, le dio ayuda considerable a Israel.

La guerra de los seis días

Las fuerzas de las Naciones Unidas habían vigilado la frontera entre Israel y Egipto a partir de la crisis de Suez de 1956. En 1967, Nasser ordenó a las fuerzas de la O.N.U. a que se retiraran. También cerró el golfo de Akaba. El cierre bloqueó de nuevo la ruta marítima de Israel hacia África y Asia. Las tensiones aumentaban a medida que Egipto y otras naciones árabes proclamaban su objetivo de destruir a Israel.

Israel respondió al lanzar un ataque aéreo mortal el 5 de junio de 1967. El ataque destrozó a las fuerzas aéreas árabes. En una guerra que duró seis días, los israelíes tomaron la península de Sinaí y la Franja de Gaza de Egipto. Tomaron la meseta de Golán de Siria. También expulsaron a Jordania de Jerusalén. La O.N.U. había declarado a Jerusalén una ciudad internacional. Aun así, se había excluido prácticamente a los judíos de la ciudad sagrada. Ahora, los israelíes hicieron de Jerusalén su capital. Además, prometieron a los musulmanes y a los cristianos, al igual que a los judíos, acceso total a los centros religiosos.

La O.P.E.P. y el Oriente Medio

En 1960, las naciones productoras de petróleo del Oriente Medio y Venezuela en América del Sur fundaron la Organización de los Países Exportadores de Petróleo (O.P.E.P.). Tenía el propósito de proteger los intereses de las naciones productoras del petróleo. Tenía el plan de controlar la producción de petróleo y la venta de petróleo a los países industriales.

En la década de 1960, la O.P.E.P. empezó a subir los precios del petróleo no refinado. En la década de 1970, los precios del petróleo experimentaron una

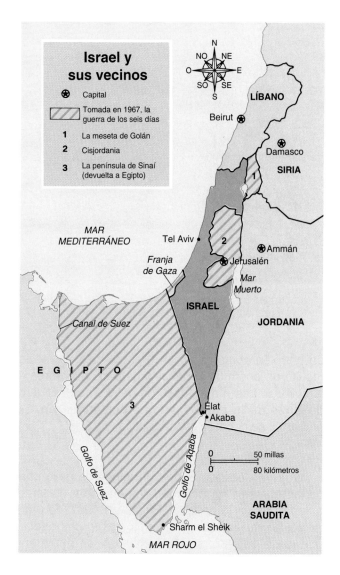

gran alza mientras que las acciones de la O.P.E.P. resultaron en riqueza y poder para las naciones productoras de petróleo. También ocasionó problemas de energía en Japón, Europa y los Estados Unidos.

La guerra de Yom Kippur

En 1973, Egipto, Siria, Jordania e Irak atacaron a Israel durante Yom Kippur, la fiesta hebrea más sagrada. Aunque Israel estaba casi derrotado respondió a los ataques y rodeó a los egipcios. La O.N.U. negoció un cese del fuego, y la lucha llegó a un fin inquietante.

Durante la guerra, la O.P.E.P. disminuyó la producción de petróleo, haciendo que los precios mundiales

Las tropas francesas y estadounidenses se preparan para la batalla durante la Guerra del Golfo.

de petróleo aumentaran en gran medida. La acción resultó en enormes ganancias para los miembros de la O.P.E.P. Las reducciones de petróleo se mitigaron después de la guerra, y los precios bajaron. Sin embargo, se acentuó el poder de la O.P.E.P.

La paz entre Egipto e Israel

La guerra de Yom Kippur terminó con gran parte de la península de Sinaí todavía en poder de Israel, quien la había tomado de Egipto en 1967. El presidente Anwar al-Sadat de Egipto había planeado la guerra de Yom Kippur. Sin embargo, se dio cuenta de que la paz era necesaria. En 1977, fue el primer líder árabe en visitar a Israel. Dio un discurso ante el parlamento israelí, el Knesset. En 1979, con la ayuda del presidente Jimmy Carter de los Estados Unidos, Egipto e Israel firmaron un tratado de paz. Israel le devolvió la península de Sinaí a Egipto. Poco después, Egipto e Israel establecieron relaciones diplomáticas.

Todas las naciones árabes condenaron a Egipto por traicionar al islam y a los palestinos. En 1981, Sadat fue asesinado por extremistas egipcios. Israel decía que esta acción indicaba que los nacionalistas árabes en realidad no querían la paz. Decían que, al contrario, indicaba que su objetivo principal era el de destruir el estado judío.

Conflictos actuales en el Oriente Medio

Los conflictos en el Oriente Medio a menudo han resultado en disensión en el mundo árabe. En la década de 1960, la O.L.P. se estableció en Jordania. El rey Hussein la consideraba una amenaza. Expulsó a la O.L.P. de Jordania en 1970. Entonces la O.L.P. estableció sus bases principales en el Líbano. Al poco tiempo la O.L.P. entraba en una guerra civil que desgarró al Líbano después de 1975. A menudo en esta guerra, los musulmanes luchaban contra musulmanes.

La O.L.P. también participaba en sublevaciones contra Israel en los territorios ocupados de Cisjordania y dentro de Israel mismo. Las sublevaciones se llamaron la "intifada". La campaña tuvo como resultado muchas víctimas y causó graves problemas de seguridad en Israel.

Los conflictos dentro del mundo árabe llegaron a un punto crítico en la década de 1980 cuando Irán e Irak se declararon la guerra. Los problemas estallaron de nuevo en 1990 cuando Irak invadió Kuwait, un acto que condujo a la Guerra del Golfo en 1991. Estos conflictos comprueban que el mundo árabe está lejos de unirse.

Líbano

Por muchos años el Líbano estuvo en manos de un gobierno constituido por musulmanes y cristianos. En 1975 estalló una guerra civil entre los musulmanes y los cristianos. Siria envió tropas para ayudar a algunos grupos musulmanes. Israel, que se preocupaba de la influencia de Siria en su frontera del norte, les dio ayuda a algunas de las fuerzas cristianas. Durante la lucha, los musulmanes lucharon contra otros grupos musulmanes. Los cristianos también lucharon entre sí. El Líbano quedó casi completamente destrozado.

En 1982 Israel acusó a la O.L.P. de usar al Líbano como una base para atacar a los pueblos israelíes. Una fuerza invasora de israelíes expulsó a la O.L.P. del Líbano. Sin embargo, las tropas israelíes se retiraron para no quedar atrapadas entre los grupos musulmanes que competían por el poder.

Los Estados Unidos llegó a intervenir en el Líbano en 1983 cuando se asoció a una maniobra para preservar la paz con Gran Bretaña, Francia e Italia. Pero los ataques terroristas acabaron con todos los esfuerzos por mantener la paz. Más tarde, el gobierno libanés del momento "invitó" a Siria a enviarle tropas. Después de más de 15 años de guerra civil y de grandes pérdidas de vidas y propiedades, el Líbano está actualmente bajo el mando de Siria. Los israelíes aún mantienen una "zona de seguridad" con las fuerzas cristianas a lo largo de su frontera del norte.

La revolución en Irán

Durante las décadas de 1960 y 1970, el sha Mohamed Reza Pahlevi gobernó Irán. Utilizaba las ganancias de los ricos recursos de petróleo iraníes para tratar de modernizar la nación. Cedió nuevos derechos a las mujeres. Promovió industrias nuevas. Gastó miles de millones de dólares en convertir a Irán en una potencia militar importante.

Las reformas del sha, sin embargo, no les gustaban a los clérigos conservadores musulmanes. Para reprimir la oposición, la policía secreta del sha cometió asesinatos y pegó palizas y usó otros métodos del terrorismo. Las medidas represivas provocaron muchas críticas de los grupos en pro de los derechos humanos de Europa y los Estados Unidos.

En 1978, estallaron revueltas. En 1979, el sha se vio obligado a huir de Irán. El nuevo jefe iraní era un clérigo musulmán anciano, el Ayatollah Komeini. En manos del Ayatollah, Irán se hizo una nación islámica gobernada por el Corán, el libro sagrado de esa religión.

En 1979, multitudes de iraníes se apoderaron de la embajada estadounidense en Teherán, la capital iraní. Los estadounidenses, tomados como rehenes, no fueron liberados hasta enero de 1981. Los Estados Unidos quedó enfurecido y humillado. Hasta la fecha, sus relaciones con Irán no han vuelto a ser normales.

La guerra entre Irán e Irak

Irak emprendió una guerra contra Irán en 1980. Esperaba conseguir más riquezas y poder en el Oriente Medio. El curso de la guerra llegó a un **estancamiento** que duró hasta 1988. Los dos lados sufrieron grandes pérdidas. La guerra dividió al mundo musulmán mientras las varias naciones tomaban partido en una guerra entre dos naciones islámicas opuestas.

La Guerra del Golfo

En 1990, el mundo musulmán se dividió de nuevo. Esta vez, Irak invadió Kuwait, su pequeño vecino rico en petróleo, declarando que Kuwait era, en realidad, una provincia de Irak. Arabia Saudita, con temor de que Irak la invadiera, le pidió ayuda a los Estados Unidos.

Al poco tiempo, las tropas estadounidenses se unieron con las tropas de Gran Bretaña, Francia, Egipto y Siria. La Unión Soviética también apoyó la acción. La O.N.U. ordenó a Irak que se retirara de Kuwait. Irak, sin embargo, desafió a la O.N.U. y se negó a retirarse. Luego la O.N.U. aprobó más acciones necesarias. Fijó el 15 de enero de 1991 como fechas para la retirada de los irakíes. Las tropas estadounidenses llegaron a

Los árabes y los israelíes se reúnen en Madrid en un congreso por la paz en 1991.

500.000. Las fuerzas de la coalición contra Irak estaban bajo el mando de las fuerzas de los Estados Unidos.

Después de que venció el plazo sin que los irakíes se retiraran, las fuerzas de la O.N.U. armaron una campaña breve, violenta y con un plan brillante. Las fuerzas de la coalición llevaron a cabo miles de bombardeos aéreos a objetivos irakíes. Una guerra terrestre de 100 horas liberó a Kuwait. Además, destruyó la capacidad de Irak para hacer la guerra. Sadam Hussein la había pronosticado como la "madre de todas las guerras". Lo que obtuvo se describió más apropiadamente bajo el nombre en clave de "Tormenta del Desierto".

Al final de la guerra, los investigadores de la O.N.U. encontraron pruebas alarmantes de los intentos irakíes por construir un arsenal nuclear. Con autorización de la O.N.U., se destruyeron esas armas y muchas otras. Pero Sadam Hussein todavía gobierna Irak. El mundo sigue vigilando sus movimientos porque Irak representa un problema para la paz mundial y el futuro del Oriente Medio.

Las negociaciones del Oriente Medio

A fines de 1991, los Estados Unidos, después de muchas dificultades, convocó a todas las partes involucradas a una reunión en Madrid, España. Por primera vez, los jefes de Israel se reunieron cara a cara con los representantes de los pueblos palestinos, egipcios, sirios, jordanos y libaneses. La reunión en Madrid fue un comienzo. Habrá otras reuniones en el futuro. Las esperanzas por la paz en el Oriente Medio dependen de su éxito.

Ejercicios

A. Busca las ideas principales:

Pon una marca al lado de las oraciones que expresan las ideas principales de lo que acabas de leer.

_____ **1.** Los precios del petróleo han subido constantemente a partir de la década de 1970.

_____ **2.** La religión y el nacionalismo han influido mucho en el Oriente Medio.

_____ **3.** Han sucedido cambios entre los soberanos y jefes del Oriente Medio.

_____ **4.** Ha habido un choque entre el sionismo y el nacionalismo árabe.

_____ **5.** Ha habido muchos factores que causaron conflictos en el Oriente Medio.

B. ¿Qué leíste?

Escoge la respuesta que mejor complete cada oración. Escribe la letra de tu respuesta en el espacio en blanco.

_____ **1.** Antes de 1945, el petróleo del Oriente Medio
   a. no había sido descubierto.
   b. era controlado por Israel.
   c. era controlado por compañías extranjeras.
   d. era controlado por las naciones árabes.

_____ **2.** Después de 1945, en las luchas en el Oriente Medio participó
   a. Israel.
   b. Líbano.
   c. Irak.
   d. todos los anteriores.

_____ **3.** La Guerra del Golfo tenía como propósito
   a. impedir que la O.P.E.P. entrara en Kuwait.
   b. liberar a Kuwait de Irak.
   c. poner fin a la guerra entre Irán e Irak.
   d. unir al Líbano.

_____ **4.** Las batallas en el Oriente Medio en 1948 resultaron en
   a. la extensión de las fronteras de Israel.
   b. la salida de muchos árabes de Palestina.
   c. la derrota de la fuerzas árabes.
   d. todo lo anterior.

C. Comprueba los detalles:

Lee cada afirmación. Escribe C en el espacio en blanco si la afirmación es cierta. Escribe F en el espacio si es falsa. Escribe N si no puedes averiguar en la lectura si es cierta o falsa.

_____ 1. Los árabes controlaron los campos de petróleo en el Oriente Medio en la década de 1930.

_____ 2. Los miembros de la O.P.E.P. no intentaron controlar los precios y la producción del petróleo.

_____ 3. La mayoría de los refugiados árabes de Palestina regresaron a su hogar después de un tiempo.

_____ 4. Gran Bretaña no quería ceder el canal de Suez a Egipto.

_____ 5. Después de 1948, muchos judíos fueron obligados a abandonar sus hogares en el norte de África y en el Oriente Medio.

_____ 6. Las acciones de la O.P.E.P. causaron problemas de energía en muchas partes del mundo.

_____ 7. La Unión Soviética ha proporcionado ayuda militar a las naciones árabes.

_____ 8. En 1990, la Unión Soviética apoyó a las Naciones Unidas contra Irak.

D. Por ti mismo:

Escribe un ensayo breve de por lo menos 50 palabras para contestar a una de las siguientes preguntas. Utiliza como ayuda lo que hayas leído en las revistas y los periódicos o visto en la televisión. Escribe tu respuesta en una hoja de papel en blanco.

_____ 1. ¿Cómo ha participado la O.L.P. en los asuntos del Oriente Medio?

_____ 2. ¿Qué fue los que siguió a la reunión en Madrid, España, en noviembre de 1991 entre los delegados israelíes y árabes?

E. Para comprender la historia mundial:

En la página 180 leíste sobre cuatro factores de la historia mundial. ¿Cuál de estos factores corresponde a cada afirmación de abajo? Llena el espacio en blanco con el número de la afirmación correcta de la página 180.

_____ 1. La O.P.E.P. redujo la producción del petróleo y subió los precios. Esta acción resultó en problemas de energía en muchas partes del mundo.

_____ 2. Los árabes comprenden muy poco de la historia cultural del sionismo. Los partidarios del sionismo comprenden muy poco de la cultura árabe.

_____ 3. La política de la guerra fría desempeñó un papel en el Oriente Medio. Los soviéticos ayudaban a las naciones árabes. Los Estados Unidos ayudaba a Israel.

_____ 4. Los sentimientos nacionalistas de muchos árabes se basan en la cultura islámica que nació hace siglos.

_____ 5. La cultura árabe fue llevada a todas partes del Oriente Medio por los ejércitos islámicos hace centenares de años.

Unidad 3

Los cambios económicos, tecnológicos y culturales en el mundo actual

Han sucedido muchos cambios económicos en el mundo a partir de 1945. Durante esos años, Alemania y Japón reemplazaron a Gran Bretaña, Francia e Italia como los productores principales de bienes económicos. La Unión Soviética aumentó enormemente su producción económica. En la década de 1950, los Estados Unidos era la nación más fuerte económicamente. Su posición disminuyó en forma continua con la competencia de otros países. Uno de los competidores principales era Japón.

En la Unidad 3, leerás sobre la interdependencia de las economías de todos los países del mundo. Aprenderás cómo logra la economía unir a los países. También aprenderás sobre los factores que mantienen separados a los países desarrollados y menos desarrollados. La interdependencia también se extiende al medio ambiente. En la Unidad 3, verás cómo los problemas del medio ambiente pueden influir en países separados por miles de millas. También en esta unidad se habla de la tecnología. Verás cómo la tecnología ha cambiado nuestra vida. En una época, las computadoras sólo se usaban en las oficinas y en las industrias. Actualmente, los estudiantes usan las computadoras en sus escuelas. Las computadoras también tienen un sinfín de usos en casa. Éste es sólo un ejemplo de los cambios ocasionados por la tecnología. Por último, examinarás las formas en que han cambiado los modos tradicionales de vivir y de pensar.

En la Unidad 3, leerás los siguientes capítulos:

1 Las economías del mundo son interdependientes

2 Los países desarrollados y los menos desarrollados

3 La energía nuclear

4 Los cambios en la tecnología

5 El medio ambiente y el futuro de las economías del mundo

6 Las formas de vida tradicionales cambian

Capítulo 1

Las economías del mundo son interdependientes

Para comprender la historia mundial

Piensa en lo siguiente al leer sobre cómo las naciones dependen unas de las otras.

1. Las naciones se ligan por una red de interdependencia económica.
2. Los sucesos en una parte del mundo han influido en los desarrollos en otras partes del mundo.
3. La gente usa el medio ambiente para lograr metas económicas.
4. Satisfacer las necesidades del individuo y del grupo es un meta común a todos los pueblos y las culturas.

Un mercado al aire libre en Malí, un país en el África occidental. Los compradores y los vendedores se reúnen en el mercado para intercambiar productos. Ésta es una de las formas más antiguas de interdependencia económica.

Para aprender nuevos términos y palabras

En este capítulo se usan las siguientes palabras. Piensa en el significado de cada una.

interdependiente: que dependen uno del otro; con respecto al mundo, la idea de que las naciones se vinculan unas con otras

estados clientes: las naciones o los estados que dependen totalmente de otra nación u otro estado

economía de mercado: economía en que los individuos son dueños de los medios de la producción

economía dirigida: economía en que el gobierno es dueño de los medios de la producción

Piénsalo mientras lees

1. ¿Qué significa la especialización? ¿Cómo influía en la interdependencia en tiempos antiguos?
2. Las exploraciones y los cambios en las industrias condujeron al comercio mundial. También hacían que las naciones dependieran económicamente unas de otras. ¿Cómo sucedieron estas cosas?
3. ¿Cuáles son las diferencias entre las economías de mercado desarrolladas y las economías con planificación central?
4. ¿Cuáles son las naciones con economías de mercado? ¿Cuáles son las naciones con economías dirigidas?

La naturaleza de la interdependencia humana.

Desde su nacimiento, las personas siempre han sido dependientes de otros o han estado con otras personas. Las personas dependen de otras por alimentos, amor y mucho más. Son **interdependientes** por naturaleza. Siempre han necesitado a otras personas. En tiempos antiguos, los miembros de una familia cuidaban de los suyos. También necesitaban a otros grupos familiares. Construían alojamientos y buscaban alimentos. Las personas trabajaban en conjunto para cubrir todas sus necesidades.

Con el tiempo, algunas personas se hicieron expertas en un solo trabajo. Se convirtieron en lo que hoy se llaman especialistas. La gente de los pueblos y las ciudades dependía de los especialistas. La gente de la ciudad no cultivaba sus propios alimentos. Esto les correspondía a los granjeros, cazadores y pescadores. Estos especialistas también necesitaban a las personas de los pueblos y las ciudades. La gente de ciudad fabricaba herramientas, armas, telas y otros productos. La gente se ligaba por una red de interdependencia económica.

El comercio aumenta la interdependencia

En la antigüedad, Egipto, Sumer, Fenicia, Grecia y muchas partes del centro y del norte de África comerciaban a gran escala. Los europeos que llegaron a las Américas hallaron pruebas de que los indígenas americanos comerciaban a gran escala. A medida que el comercio se extendía a otras partes del mundo, las redes de interdependencia económica se hacían aún más grandes.

El comercio era importante en la vida económica de la Roma antigua (del 250 a.C. al 450 d.C.). Los romanos gobernaban casi todo el oeste de Europa, Gran Bretaña, el norte de África y el Oriente Medio. Estos lugares enviaban esclavos, metales, sedas, especias y alimentos a Roma. Sus productos eran necesarios para que Roma tuviera una vida económica floreciente.

Durante el siglo V d.C., los godos, los hunos y otros pueblos bélicos se apoderaron de una gran parte del Imperio Romano. Se cortó el comercio con Roma. Las redes de comercio dentro del imperio quedaron anuladas. La ruptura del comercio ayudó a apresurar la caída del Imperio Romano.

Después de la caída de Roma (alrededor del 476 d.C.), aún se llevaba a cabo el comercio en Europa. Muchos pequeños reinos europeos de la Edad Media (del 500 al 1400 d.C.) comerciaban unos con otros. La interdependencia disminuyó, sin embargo, porque las redes del comercio eran pequeñas. Después del 1400 d.C., el comercio mundial y la interdependencia económica volvieron a florecer.

La interdependencia mundial

Desde mediados del siglo XV hasta el siglo XVII, fue una época de exploraciones. Los europeos exploraron las tierras de Asia, África y las Américas. Estas tierras contenían un sinfín de materias primas, tales como alimentos, maderas, pieles, oro, plata y otros minerales. Estos recursos eran importantes objetos comerciales. La gente los quería. Las naciones que ganaron control sobre ellos se convirtieron en potencias mundiales.

Los cambios en la producción de bienes en los siglos XVIII y XIX, que se conocieron como la revolución industrial, ayudaron a forjar vínculos económicos nuevos y más grandes. Estos cambios dieron como resultado la expansión de las redes comerciales a través del mundo. Las redes ligaban a las naciones industrializadas con tierras lejanas que les proporcionaban las materias primas para sus fábricas.

A principios del siglo XX, los Estados Unidos, Gran Bretaña, Alemania, Francia y Japón eran los países imperialistas principales. Dominaban una gran parte de África, Asia e Hispanoamérica, directa o indirectamente. Algunas áreas, a las que dominaban directamente, eran colonias. A otros lugares los dominaban indirectamente como **estados clientes.**

El imperialismo y la interdependencia

Las naciones industriales necesitaban colonias y estados clientes que les suministraran materias primas baratas. El caucho, el estaño, la madera, el aceite de palma, el carbón y muchos alimentos constituían las materias primas enviadas a las naciones industrializadas. Allí se utilizaban las materias primas para fabricar productos elaborados, o hechos a máquina. Los productos elaborados luego se vendían dentro de las naciones industrializadas y en todo el mundo. Incluso algunos se vendían en las colonias y los estados clientes.

Muchas colonias y tierras no industrializadas llegaron a ser dependientes de los países industrializados. A cambio de las materias primas baratas recibían productos hechos a máquina que costaban más que las materias primas que ellos proporcionaban. Estos cambios eran una desventaja económica para las colonias y los estados clientes. Además, los productos hechos a máquina ayudaban a eliminar las pequeñas industrias de artesanías en muchos lugares no industrializados. Como resultado, los países industrializados y no industrializados llegaron a depender más unos de otros.

El siglo XX trajo mayor interdependencia económica al mundo. Esa interdependencia se basaba en el poder económico de los países imperialistas industrializados. Este poder económico sobrevivió a la caída de los imperios coloniales. Todavía existe hasta la fecha.

Una economía de mercado

Dos tipos principales de sistemas económicos están en juego en el mundo actual. Uno es la **economía de mercado.** El otro es la **economía dirigida.**

En una economía de mercado, los medios de producción pertenecen principalmente a los individuos, que se llaman capitalistas. Son los productores que utilizan su dinero, o capital, junto con sus otros recursos y otras habilidades para fabricar productos para la venta. Las personas que compran los productos son los consumidores. En una economía de mercado, los productores y los consumidores influyen unos en otros. Deciden qué bienes o servicios se van a fabricar.

Las ganancias y las pérdidas

En la economía de mercado, los consumidores deciden qué productos quieren comprar. Ellos hacen que los productores fabriquen esos productos. Los productores esperan sacar ganancias al vender a los consumidores los productos que desean. Los productores tratan de vender sus productos a precios más altos que los costos que pagaron para fabricarlos. Cuando los ingresos de las ventas son mayores que los costos de producción, el productor saca ganancias. Cuando el costo de producción sobrepasa los ingresos sacados de las ventas, sufre pérdidas. Las ganancias y las pérdidas influyen mucho en la economía de mercado.

La oferta y la demanda

Una economía de mercado también se ve afectada mucho por las operaciones de oferta y demanda. Los productores fabrican los productos que los consumidores piden. Cuando la demanda de productos es mayor que la oferta, los productores pueden subir sus precios porque la gente está dispuesta a pagar más por los productos escasos. Sin embargo, cuando la oferta de productos es mayor que la demanda, los productores fijan precios más bajos. Esperan que los precios bajos creen una demanda y atraigan a los consumidores. La oferta y la demanda influyen mucho en la producción, el consumo, las ganancias y las pérdidas.

Los Estados Unidos, Gran Bretaña, Francia, Japón, Canadá y la Alemania actual son algunos de los países con economías de mercado. Otros nombres para economía de mercado son "economía capitalista" y "economía de libre empresa".

Una economía dirigida

En una economía dirigida, el gobierno es dueño de los medios de producción y los dirige. El gobierno, y no la oferta y la demanda, decide lo que se va a fabri-

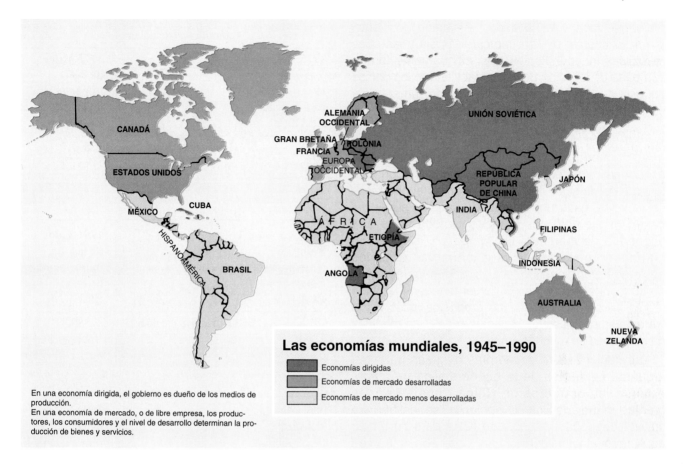

Las economías mundiales, 1945–1990

- Economías dirigidas
- Economías de mercado desarrolladas
- Economías de mercado menos desarrolladas

En una economía dirigida, el gobierno es dueño de los medios de producción.
En una economía de mercado, o de libre empresa, los productores, los consumidores y el nivel de desarrollo determinan la producción de bienes y servicios.

car. El gobierno fija los precios de todos los productos y los servicios. La demanda del consumidor casi no cuenta en una economía dirigida. Como resultado, es común la escasez de bienes y los productos de calidad inferior. El gobierno considera que la producción de los bienes de consumo, tales como los televisores, es de menor importancia para la economía que la producción de tractores o de armas. Aunque una economía dirigida les proporciona a los consumidores menos variedad de bienes o servicios, sí les proporciona las necesidades básicas de comida, vivienda y ropa.

Cuba, la República Popular de China y Vietnam son las principales economías dirigidas todavía en existencia. La Unión Soviética, Polonia, Checoslovaquia y otros países comunistas del este de Europa funciona-

Esta ropa hecha en Italia se muestra en una vitrina de un gran almacén ruso. A medida que la antigua Unión Soviética deja de ser una economía dirigida para pasar a ser una economía de mercado, los rusos se van dando cuenta de la interdependencia de su economía.

ron principalmente bajo economías dirigidas hasta principios de la década de 1990. En la actualidad, Alemania Oriental se ha unido a Alemania Occidental y a su economía de libre mercado. Rusia y las otras repúblicas independientes que antiguamente formaban parte de la Unión Soviética, tanto como los países del este de Europa pasan, lenta y dolorosamente, de economías dirigidas a economías de libre mercado.

La superposición de los sistemas económicos

Actualmente, no existe un país que tenga una economía puramente de mercado o una economía totalmente dirigida. Todos los sistemas económicos se mezclan, cada uno adoptando características del otro. Por ejemplo, los Estados Unidos tiene una economía de mercado. Sin embargo, el gobierno maneja algunos servicios e industrias. Muchos gobiernos municipales o locales dirigen los servicios de transporte y del agua. El gobierno federal también regula los precios de algunos productos, tales como las estampillas postales. Además regula las medidas de seguridad en muchos empleos.

Las naciones con economías dirigidas permiten algunos elementos de la economía de mercado. Aunque los granjeros de China trabajan en las granjas manejadas por el gobierno, se les permite cultivar pequeñas parcelas de tierra para su propio uso y tener algunos cerdos y algunas gallinas. Aun en una economía dirigida, algunas decisiones económicas las toman los individuos.

De la misma forma en que las sociedades difieren en cuanto a sus sistemas económicos, también difieren en su capacidad para brindarles a los consumidores una variedad de productos. Algunas les brindan mucha variedad y otras les brindan muy poca. Una razón de las diferencias es que los países difieren en su nivel de desarrollo. Aprenderás más sobre los niveles de desarrollo en el próximo capítulo.

La interdependencia económica

Una red mundial de interdependencia económica vincula a todos los países. Todos los países necesitan lugares para exportar, o vender, los productos que fabrican. Además, necesitan importar, o comprar, los productos de otros para poder cubrir sus propias necesidades fundamentales. La economía de los Estados Unidos es una de las más fuertes del mundo. Pero tiene que depender del comercio con otros países. La siguiente tabla indica los vínculos económicos entre los Estados Unidos y los otros países del mundo. La tabla compara el valor de los bienes que exporta con el valor de los bienes que importa. Durante los últimos 10 años, el valor de los bienes importados ha excedido el valor de los bienes exportados. El resultado es una balanza comercial poco favorable y es un problema grave para el sistema económico estadounidense.

Exportaciones e importaciones de los Estados Unidos, 1975, 1981, 1990 (en millones de dólares)		
1975 Valor de las exportaciones de los EE.UU. a		**1975** Valor de las importaciones de los EE.UU. de
$38,8	Hemisferio Occidental	$37,7
$32,7	Europa	$21,4
$31,2	Asia y Oceanía	$28,5
$ 4,2	África	$ 8,2
1981 Valor de las exportaciones de los EE.UU. a		**1981** Valor de las importaciones de los EE.UU. de
$81,6	Hemisferio Occidental	$85,4
$69,7	Europa	$53,4
$70,3	Asia y Oceanía	$95,3
$11,0	África	$27,0
1990 Valor de las exportaciones de los EE.UU. a		**1990** Valor de las importaciones de los EE.UU. de
$136,7	Hemisferio Occidental	$158,3
$117,3	Europa	$111,2
$130,2	Asia y Oceanía	$212,9
$ 7,9	África	$ 15,8

Fuente: *U.S. Department of Commerce; U.S. Statistical Abstract*

Ejercicios

A. Busca las ideas principales:

Pon una marca al lado de las oraciones que expresan las ideas principales de lo que acabas de leer.

_____ **1.** Los países industrializados necesitan materias primas.

_____ **2.** Había comercio durante la Edad Media.

_____ **3.** Todas las economías actuales son interdependientes.

_____ **4.** Los Estados Unidos, Gran Bretaña, Francia, Alemania y Japón eran los principales países industrializados a principios del siglo XX.

B. ¿Qué leíste?

Escoge la respuesta que mejor complete cada oración. Escribe la letra de tu respuesta en el espacio en blanco.

_____ **1.** Las personas de los pueblos y las ciudades dependían de
  a. los pescadores.
  b. los granjeros.
  c. los cazadores.
  d. todo lo anterior.

_____ **2.** Los países industrializados conseguían las materias primas de
  a. los países industrializados.
  b. los países imperialistas.
  c. las colonias y los estados clientes.
  d. todos los anteriores.

_____ **3.** En los países con economías de mercado, la mayoría de las decisiones las toman
  a. los obreros especializados.
  b. los individuos.
  c. los jefes del gobierno.
  d. los dueños de tierras.

_____ **4.** En los países con economías dirigidas, la mayoría de las decisiones las toman
  a. los individuos.
  b. los jefes del gobierno.
  c. los dueños de tierras.
  d. los dueños de negocios.

C. Correspondencias:

Encuentra para cada país de la Columna A el tipo de economía correspondiente en la Columna B. Escribe la letra de cada respuesta en el espacio en blanco. Puedes ver el mapa de la página 193.

Columna A

_____ **1.** Japón
_____ **2.** Cuba
_____ **3.** Rusia
_____ **4.** República Popular de China

_____ **5.** Gran Bretaña
_____ **6.** Francia
_____ **7.** Canadá
_____ **8.** Polonia
_____ **9.** Alemania Occidental

Columna B

a economía de mercado
b. economía dirigida
c. economía cambiante

D. Habilidad con las gráficas:

Utiliza las dos gráficas de abajo y la tabla de la página 194 para contestar las preguntas que siguen. Escribe la letra de tu respuesta en el espacio en blanco.

Exportaciones e importaciones de los Estados Unidos
(en millones de dólares)

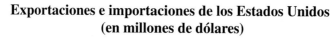

_____ **1.** La gráfica A muestra las exportaciones de los Estados Unidos
a. a Europa.
b. al Hemisferio Occidental.
c. a Asia y Oceanía.
d. a África.

_____ **2.** La gráfica B muestra las exportaciones de los Estados Unidos
a. a Europa.
b. Asia y Oceanía.
c. a África.
d. al Hemisferio Occidental.

E. Para comprender la historia mundial

En la página 190 leíste sobre cuatro factores de la historia mundial. ¿Cuál de estos factores corresponde a cada afirmación de abajo? Llena el espacio en blanco con el número de la afirmación correcta de la página 190. Si no corresponde ningún factor, escribe la palabra NINGUNO.

_____ **1.** Las personas de los pueblos y de las ciudades eran interdependientes en los tiempos antiguos. Trabajaban juntos para satisfacer las necesidades del individuo y del grupo.

_____ **2.** Los países industrializados usaban las materias primas de las colonias y de otros lugares menos desarrollados para lograr sus propias metas económicas.

_____ **3.** Los Estados Unidos, igual que todos los otros países, es interdependiente económicamente con otros países.

_____ **4.** La caída de Roma cortó el comercio y la interdependencia de los lugares del mundo que estaban muy lejos de Roma.

Enriquecimiento:
La economía de Japón

Hace cien años, Japón era uno de los países menos desarrollados del mundo. Hoy en día, tiene una de las principales economías desarrolladas. Japón es un líder mundial en la producción de acero, buques, carros y productos electrónicos. Japón también es uno de los países más interdependientes económicamente del mundo. Su economía depende de un buen balance entre importaciones y exportaciones.

Japón consiste de cuatro islas principales y muchas islas pequeñas. Su extensión es de unas 1.300 millas (2.092 kilómetros) de largo y abarca un área de casi 143.574 millas cuadradas (371.856 kilómetros cuadrados). Más de 120 millones de personas viven en Japón. Es casi la mitad del número de personas que viven en los Estados Unidos que tiene más de 3.600.000 millas cuadradas (9.324.000 kilómetros cuadrados) de tierra. Esta comparación te da una idea de lo pequeño y atestado que es Japón. También indica lo que podrían ser algunos de sus problemas.

La economía de Japón depende de sus importaciones y exportaciones. Sólo el 15 por ciento de su tierra es apta para el arado. Tiene que importar al menos el 30 por ciento de sus alimentos. El trigo, el maíz, el azúcar, la lana y el algodón son sus principales importaciones agrícolas.

En 1989, Japón importó casi 210 mil millones de dólares en alimentos y materias primas, y exportó 270 mil millones de dólares en productos, principalmente industriales. Japón tiene un alto nivel de producción industrial pero carece de muchos recursos naturales.

Japón tiene suficiente carbón para cubrir casi el 45 por ciento de lo que necesita. Su mineral de hierro es de muy mala calidad. Importa estos dos productos. Una gran parte se usa para fabricar acero. En 1987, Japón fabricó cerca de 98,5 millones de toneladas métricas de acero. Para fabricar acero, importa el mineral de hierro de los

Lo que ocurre en la Bolsa de Valores de Tokio influye en las bolsas de valores de las otras naciones y viceversa.

Estados Unidos, la antigua Unión Soviética, Brasil, Canadá, China, la India, Suecia y Sudáfrica. Importa el carbón de los Estados Unidos, la antigua Unión Soviética, Gran Bretaña, la India, Sudáfrica y otros países.

El acero es sólo un ejemplo de su interdependencia económica. Otro ejemplo es el petróleo. Muchas de sus industrias dependen del petróleo, la gran parte del cual proviene de la región del golfo Pérsico. Los petroleros grandes lo llevan a Japón desde una distancia de 6.500 millas (10.460,7 kilómetros). Este petróleo importado cubre más del 99% de todo el petróleo que necesita. Cubre más del 70 por ciento de todas sus necesidades de energía. Japón además importa el 90 por ciento del gas natural que necesita. Japón es uno de los ejemplos más dramáticos de interdependencia económica.

Capítulo 2

Los países desarrollados y los menos desarrollados

Para comprender la historia mundial

Piensa en lo siguiente al leer sobre los países desarrollados y los menos desarrollados.

1. La gente usa el medio ambiente para lograr metas económicas.
2. A veces las naciones dependen de otras naciones para sobrevivir económica y políticamente.
3. Los sucesos en una parte del mundo han influido en los desarrollos en otras partes del mundo.
4. Los países adoptan y adaptan ideas e instituciones de otros países.

Mientras la Comunidad Europea bajaba las barreras al comercio y hablaba de una moneda en común, la Unión Soviética se desmembraba. Aquí, los jefes de las siete naciones más poderosas del mundo se reúnen para hablar de la economía mundial.

En este capítulo se usan las siguientes palabras. Piensa en el significado de cada una.

alfabetismo: el porcentaje de las personas en un país que saben leer y escribir

producto bruto interno: el valor total de bienes y servicios producidos en un país durante un año

ingreso por cabeza: un número obtenido al dividir la cantidad total de dinero ganado por un país en un año por el número de personas de ese país

capital: el dinero que se usa para constituir un negocio

cultivos comerciables: las cosechas que se cultivan para vender, no para comer o utilizar; las únicas cosechas que son la fuente principal de ingresos de exportación de un país

recesión: un retroceso en las actividades comerciales que dura por un tiempo limitado

1. ¿En qué difieren los países desarrollados de los menos desarrollados en cuanto al alfabetismo, el producto bruto interno y el ingreso por cabeza?

2. ¿Cuáles son algunos de los problemas particulares que afectan a los países menos desarrollados?

Los recursos del mundo no se reparten en forma equitativa. Algunos países carecen de los suelos ricos necesarios para el buen cultivo. Otros carecen de carbón, minerales y otros recursos naturales necesarios para las industrias. Aún algunos pueden tener recursos naturales, pero quizá estos recursos están controlados por otras naciones industrializadas. Todas estas condiciones influyen en el desarrollo económico.

Los países del mundo también difieren en sus niveles de desarrollo económico. Un grupo es el de los países desarrollados. Otro grupo, es el de los países menos desarrollados, o en desarrollo.

Los países desarrollados

Entre los países desarrollados del mundo figuran los Estados Unidos, Gran Bretaña, Japón, Francia, Australia, Canadá, la Alemania recién unida y otros países en el oeste de Europa. Las repúblicas de la antigua Unión Soviética ahora deben considerarse por separado. Sólo Rusia, y posiblemente Ucrania, pueden considerarse como países desarrollados.

Los países desarrollados tienen economías avanzadas. Sus industrias son complejas. Pueden producir casi cualquier cosa que deseen. También tienen suficiente dinero para poder comprar productos a otros países.

Las personas de los países desarrollados viven principalmente en las ciudades. Se necesitan sólo unas pocas para cultivar la tierra. Las máquinas agrícolas reemplazan a la mano de obra en los países desarrollados. El país produce los alimentos que necesita o los compra de fuentes exteriores.

La mayoría de las personas en los países desarrollados trabaja en las industrias. Otras trabajan en profesiones de servicios, tales como la medicina, la enseñanza y las ventas. Casi todas las personas en los países desarrollados saben leer y escribir. Poseen la mayoría de las habilidades que les ayudan en la vida diaria. Tienen muchas oportunidades económicas, incluso las oportunidades para avanzar en el mundo profesional. La mayoría de la gente goza de un alto nivel de vida y de cierta cantidad de tiempo para el ocio.

Los países menos desarrollados

La mayoría de los países del mundo actual pertenecen al grupo de los menos desarrollados. Las personas de estos países son generalmente muy pobres. La agricultura es el modo de vida principal. La gente vive en granjas pequeñas y cultiva sólo lo suficiente para alimentarse. Los países menos desarrollados generalmente carecen de recursos para producir otros bienes y servicios. Las personas tienen pocas oportunidades económicas. Arabia Saudita, Bahrein, Kuwait y los Emiratos Árabes Unidos son países poco desarrollados en muchas formas. Sin embargo, tienen yacimientos de petróleo muy ricos. Sus economías ricas por el petróleo les ayudan a proporcionar al pueblo una vida mejor que la de los pueblos de países menos desarrollados sin petróleo.

Muchas personas de los países menos desarrollados no saben leer ni escribir. Son analfabetos. Como consecuencia, no tienen las habilidades necesarias para

Algunos países desarrollados y menos desarrollados (en cantidades aproximadas para 1989)			
Países desarrollados	Alfabetismo	Producto bruto interno (en US$)	Ingreso por cabeza (en US$)
Estados Unidos	99%	5.200 billones	16.444
Gran Bretaña	99%	843 billones	14.535
Alemania Occidental	99%	1.208 billones	19.000
Japón	99%	1.800 billones	15.030
Francia	99%	1.000 billones	17.830
Países menos desarrollados	Alfabetismo	Producto bruto interno (en US$)	Ingreso por cabeza (en US$)
Afganistán	12%	3.100 millones	220
Argentina	92%	70.100 millones	2.134
Bangladesh	29%	20.200 millones	180
Brasil	76%	375.000 millones	2.434
Egipto	44%	32.500 millones	630
India	36%	287.000 millones	350
Indonesia*	85%	87.900 millones	5.500
México*	88%	204.000 millones	2.373
Nigeria*	42%	28.000 millones	250
Perú	79%	39.300 millones	1.850
Arabia Saudita*	50%**	89.900 millones	6.170
Venezuela*	87%	59.400 millones	3.170
*países con ricos yacimientos de petróleo; **sólo los hombres			
Fuente: *World Almanac, 1992*			

mantener la mayoría de las industrias modernas. El nivel de vida en los países menos desarrollados es bastante bajo, excepto en las naciones ricas en petróleo.

La tabla de esta página muestra algunas de las diferencias entre los países desarrollados y los menos desarrollados. Hay tres puntos de comparación. El **alfabetismo** se refiere al porcentaje de las personas que saben leer y escribir. El **producto bruto interno** (PBI) es el valor total de todos los bienes y servicios producidos en un país durante un año. El **ingreso por cabeza** (IPC) es la cantidad media de dinero ganado por cada individuo. Se halla al dividir el PBI por la población de un país. Compara el IPC de Bangladesh con el de los Estados Unidos. La diferencia muestra por qué la vida es tan difícil para muchas personas.

Las diferencias de niveles económicos

El mapa de la página 201 muestra las muchas diferencias que existen entre los países desarrollados y los menos desarrollados. Los países menos desarrollados no tienen el **capital** para invertir en las industrias. No tienen buenas escuelas, buenas carreteras, obreros especializados ni los sistemas de transporte necesarios para las industrias. Los países desarrollados ya tienen estas cosas establecidas. Ayudan a los países desarrollados a hacerse ricos. Mejoran la vida del pueblo y les dan a las personas un nivel de vida más alto.

En los países menos desarrollados, el producto bruto interno (PBI) por lo general es mucho más bajo que en los países desarrollados. Esto se debe a que en los primeros se produce menos que en los últimos. Japón, por ejemplo, es un país desarrollado. En 1989, su PBI fue de 1.800 billones de dólares estadouni-denses. Esta cantidad fue mayor que la suma total de los PBI de casi todos los países menos desarrollados durante ese mismo año. Es decir, el valor de los bienes y servicios producidos en solamente este país fue mayor que el de más de 100 países menos desarrollados.

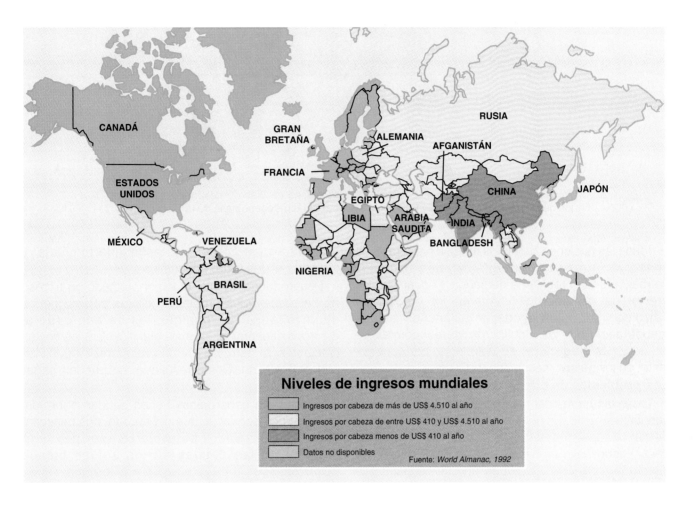

Niveles de ingresos mundiales

Ingresos por cabeza de más de US$ 4.510 al año

Ingresos por cabeza de entre US$ 410 y US$ 4.510 al año

Ingresos por cabeza menos de US$ 410 al año

Datos no disponibles

Fuente: *World Almanac, 1992*

Por último, el nivel de alfabetismo en cada país desarrollado es del 99 por ciento. Este porcentaje es mucho más alto que el nivel de alfabetismo de la mayoría de los países menos desarrollados. Sin más cultura y capacitación, las personas en los países menos desarrollados no tendrán la capacidad para poder trabajar en industrias complejas ni tendrán empleos de alta tecnología.

Los factores que influyen en los países menos desarrollados

Muchos de los países menos desarrollados dependen de un solo cultivo o recurso mineral de sus tierras. También dependen de la venta de este cultivo o recurso mineral a ciertos países desarrollados. Por ejemplo, por muchos años, Cuba había vendido la mayor parte de sus cultivos de azúcar y tabaco a los Estados Unidos. En 1961, cuando Cuba llegó a ser un país comunista, los Estados Unidos dejó de comprarle el azúcar y el tabaco. El azúcar y el tabaco eran los **cultivos comerciables** principales de Cuba. La acción de los Estados

Unidos afectó a Cuba económicamente. Los cubanos recurrieron a la Unión Soviética para ayuda económica y política. Debido a los cambios en la Unión Soviética después de 1985, esa ayuda ha disminuido.

Muchos factores pueden perjudicar a los países menos desarrollados. El mal tiempo puede dañar las cosechas. Las guerras también pueden perjudicar la producción y la exportación de productos importantes. Nuevos descubrimientos pueden disminuir el deseo por estos productos. Todo esto puede perjudicar las economías de estos países debido a su dependencia de un solo cultivo o un solo producto.

Todos los países pueden verse perjudicados por acontecimientos fuera de su control. Por ejemplo, la subida de los precios por los países productores de petróleo ocasionó problemas económicos en todo el mundo. Los países menos desarrollados, sin embargo, sufrieron más. No tenían el dinero para comprar el petróleo a los precios más altos. Los países desarrollados sí tienen los medios para pagar los costos adicionales.

201

Una plantación de plátanos en Ecuador. Muchos países en vías de desarrollo, tales como los de Hispanoamérica, están tratando de acabar con su dependencia de un solo cultivo.

Todas las naciones tienen los medios para tratar de conservar, o ahorrar, energía. Al utilizar menos petróleo, pueden rebajar la demanda y hacer que los precios del petróleo bajen. Aunque los precios del petróleo más bajos ayudaron a muchos países menos desarrollados, debilitaron las economías de las naciones productoras de petróleo y, por consiguiente, de los países menos desarrollados.

Los problemas de préstamos y deudas

Todas las partes del mundo son interdependientes económicamente. En un mundo así, los países menos desarrollados necesitan la ayuda de los países desarrollados. Sin embargo, existen desacuerdos en cuanto a la cantidad de ayuda que se necesita y la forma en que se puede brindar esa ayuda.

Algunos países menos desarrollados han tratado de emplear los métodos económicos de los países desarrollados. Estos países menos desarrollados han pedido prestados miles de millones de dólares a los bancos y a otras fuentes. Han utilizado este dinero para construir carreteras, aeropuertos, fábricas y ferrocarriles en sus países. Estos proyectos pretendían establecer una economía industrial y fomentar el desarrollo económico.

Desafortunadamente, el tomar prestado en exceso no ha resuelto los problemas de los países menos desarrollados. En cambio, los ha acercado al desastre económico. La mala planificación, los costos crecientes, la corrupción y una **recesión** mundial los han perjudicado. Como resultado, no pueden pagar sus deudas.

Hoy en día esos países tienen deudas enormes. Quizá nunca paguen lo que deben. Algunos bancos y países desarrollados se esfuerzan por perdonar algunas de las deudas de los países menos desarrollados. Tal vez el ayudar a los que tienen deudas ayude a los sistemas económicos mundiales.

El problema de mejorar el nivel económico de los países menos desarrollados aún no se ha resuelto. Afecta a todos los países. Hay que buscar una solución porque el mundo es interdependiente económicamente. Sin una solución, el enojo, el temor y la desconfianza de los países menos desarrollados pueden agravar las tensiones mundiales.

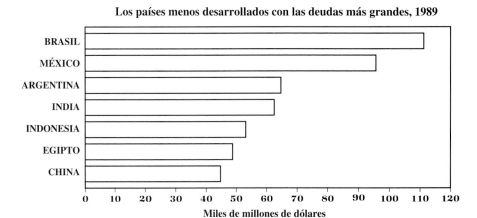

Los países menos desarrollados con las deudas más grandes, 1989

Fuente: The Universal Almanac, 1992

Ejercicios

A. Busca las ideas principales:

Pon una marca al lado de las oraciones que expresan las ideas principales de lo que acabas de leer.

_____ **1.** El producto bruto interno (PBI) es importante para un país.

_____ **2.** Hay muchas diferencias entre las economías de los países desarrollados y las de los menos desarrollados.

_____ **3.** El ingreso por cabeza es importante para un país.

_____ **4.** Hay muchas diferencias entre los países desarrollados y los menos desarrollados.

_____ **5.** Diferentes factores influyen en los países menos desarrollados del mundo.

B. ¿Qué leíste?

Escoge la respuesta que mejor complete cada oración. Escribe la letra de tu respuesta en el espacio en blanco.

_____ **1.** Entre los típicos países menos desarrollados, _no_ figura
a. Perú.
b. la India.
c. Arabia Saudita.
d. Bangladesh.

_____ **2.** Los países desarrollados ricos tienen
a. altos niveles de alfabetismo.
b. desarrollo industrial.
c. altos niveles de vida.
d. todo lo anterior.

_____ **3.** En una lista de los países desarrollados figurarían
a. Francia, Japón y Perú.
b. Alemania, los Estados Unidos y Francia.
c. los Estados Unidos, Alemania y Brasil.
d. México, Gran Bretaña y Japón.

_____ **4.** Conservar la energía puede resultar en
a. beneficios a los países menos desarrollados.
b. precios de petróleo más bajos.
c. el debilitamiento de los países menos desarrollados que producen petróleo.
d. todo lo anterior.

C. Habilidad con tablas y mapas:

Mira la tabla de la página 200 y el mapa de la página 201 para contestar las siguientes preguntas. Escribe tus respuestas en los espacios en blanco.

1. Los tres países menos desarrollados de la tabla que tienen los niveles más altos de alfabetismo son:

a. _____ **b.** _____ **c.** _____

2. El país menos desarrollado de la tabla que tiene el PBI *más bajo* es _____ .

3. El país menos desarrollado de la tabla que tiene el PBI *más alto* es _____ .

4. El país menos desarrollado de la tabla que tiene el ingreso por cabeza *más alto* es _____ .

5. Los países del mapa que tienen ingresos por cabeza menores a US$ 410 al año se encuentran en los continentes de _____ y _____ .

D. Correspondencias:

Encuentra para cada país de la Columna A la descripción correspondiente en la Columna B. Escribe la letra de cada respuesta en el espacio en blanco.

Columna A	Columna B
_____ **1.** Arabia Saudita	**a.** País desarrollado
_____ **2.** Francia	**b.** País menos desarrollado
_____ **3.** Bahrein	**c.** País menos desarrollado, rico en petróleo
_____ **4.** Egipto	
_____ **5.** Rusia	
_____ **6.** México	
_____ **7.** Gran Bretaña	
_____ **8.** Canadá	
_____ **9.** Brasil	
_____ **10.** India	

E. Piénsalo de nuevo:

Contesta la siguiente pregunta en unas 100 palabras. Usa una hoja de papel en blanco.

¿Por qué es importante que los países desarrollados intenten mejorar las condiciones de vida en los países menos desarrollados?

F. Para comprender la historia mundial:

En la página 198 leíste sobre cuatro factores de la historia mundial. ¿Cuál de estos factores corresponde a cada afirmación de abajo? Llena el espacio en blanco con el número de la afirmación correcta de la página 198. Si no corresponde ningún factor, escribe la palabra NINGUNO.

_____ **1.** Cuando los Estados Unidos dejó de comprar los productos cubanos, Cuba se hizo más dependiente de la ayuda económica y política de la Unión Soviética.

_____ **2.** Los aumentos de precios de petróleo por los productores del Oriente Medio han perjudicado las economías de muchos países menos desarrollados de África y de América del Sur.

_____ **3.** Algunos países menos desarrollados pidieron prestado dinero para tratar de emplear los métodos económicos de los países desarrollados.

_____ **4.** Un país tiene que utilizar sus recursos para mejorar el modo de vida del pueblo.

Enriquecimiento:
La población mundial crece

Durante siglos, la población del mundo creció lentamente. Durante los últimos 150 años, el crecimiento de la población del mundo ha sido constante: de mil millones de personas en 1850 llegó a 5.300 millones en 1990. Se calcula que para el año 2000, habrá 6.200 millones.

El aumento en la población mundial tiene sus aspectos buenos y malos. El lado bueno, es que la gente ha superado los problemas del pasado, como las enfermedades, la intemperie y la escasez de alimentos. Los progresos en la agricultura, la medicina y la vivienda han permitido que la gente viva más tiempo y goce de más comodidades. El lado malo es que posiblemente no haya suficientes alimentos para todos los que viven hoy en día, ni suficientes alimentos para las personas en el futuro.

Los países desarrollados ricos compran los alimentos que necesitan. Pero los países menos desarrollados y pobres luchan por suministrarles alimentos a sus poblaciones crecientes. Muchos de estos países se encuentran en África, Asia e Hispanoamérica. En estas regiones, las poblaciones y el hambre crecen rápidamente.

Para el futuro, las configuraciones demográficas indican una baja en la proporción del crecimiento de la población (ver la gráfica). Cada año la población del mundo registra un aumento de alrededor de 93 millones. De ese total, hay un aumento de casi 87 millones en los países menos desarrollados.

El aumento de la población, sobre todo en los países menos desarrollados, presenta problemas económicos y sociales. El aumento de la población disminuye el crecimiento del ingreso por cabeza. Cuando el ingreso por cabeza es menos de US$ 410 al año, la gente tiene que dedicar la mayor parte de su tiempo a cultivar alimentos para sus familias. Es difícil mejorar el nivel de vida si el pueblo y el gobierno gastan todo el dinero disponible en satisfacer las necesidades básicas.

El aumento rápido de la población agota los recursos del país. No sólo es difícil suministrar los alimentos, sino que también es difícil suministrar energía y mejorar los servicios. El aumento rápido de población afecta el abastecimiento del agua. Afecta los bosques, porque se talan árboles para leña y materiales de construcción. También se perjudican otros aspectos del medio ambiente.

Las personas viven en un mundo interdependiente. Los problemas de un país pueden influir en todos los demás. Alimentar, vestir y proporcionar servicios médicos a la creciente población son problemas para todo el mundo.

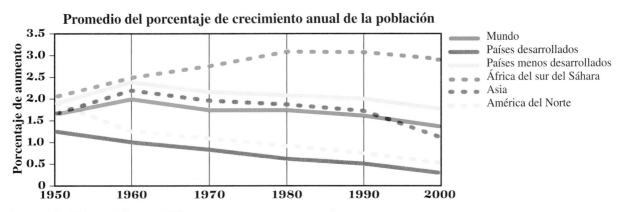

Promedio del porcentaje de crecimiento anual de la población

Fuente: The Universal Almanac, 1992

Se calcula que la población del mundo en el año 2000 llegará a los 6.200 millones. El porcentaje de crecimiento anual del 1,7 por ciento resultaría en un aumento anual de 88 millones. De este total, 85 millones de personas vivirían en los países menos desarrollados.

La energía nuclear

Piensa en lo siguiente al leer sobre la energía nuclear.

1 Nuestra cultura influye en nuestra perspectiva de otras personas.

2 La interacción entre pueblos y naciones conduce a cambios culturales.

3 A veces las naciones dependen de otras naciones para sobrevivir económica y políticamente.

4 Las naciones se ligan por una red de interdependencia económica.

Estalla una bomba nuclear.

En este capítulo se usan las siguientes palabras. Piensa en el significado de cada una.

energía nuclear: la energía almacenada en el núcleo de un átomo

radiación: las partículas liberadas en una reacción nuclear

precipitación radiactiva: las partículas nocivas producidas en la explosión de una bomba nuclear

recursos no renovables: los recursos que no se pueden reemplazar después de haberse agotado

1. ¿Cómo afectó al mundo después de 1945 el uso de la primera bomba atómica?

2. ¿Cuál era el plan estadounidense para el control atómico? ¿Qué pensó la Unión Soviética de este plan?

3. ¿Qué sucesos en los últimos años han disminuido las tensiones creadas por las armas nucleares? ¿Cuáles han sido los resultados?

4. ¿Qué problemas hay al utilizar la energía nuclear para fines pacíficos?

Después de la primera explosión atómica

En agosto de 1945, se lanzaron las primeras bombas atómicas del mundo. Los Estados Unidos lanzó las bombas sobre dos ciudades japonesas para tratar de poner fin a la Segunda Guerra Mundial. La primera consecuencia fue la rendición de Japón. Pero la terrible potencia de las armas atómicas, o nucleares, tuvo otras consecuencias también.

Los Estados Unidos salió de la Segunda Guerra Mundial como el país más fuerte del mundo. Su economía era fuerte. En 1945, los Estados Unidos fue el único país que sabía cómo fabricar bombas atómicas. Además, tenía un poder que no tenía ningún otro país. Esto ocasionó problemas con la Unión Soviética.

Otros países quieren bombas atómicas

Había grandes diferencias entre los modos de pensar de la Unión Soviética y los Estados Unidos. Ninguno se esforzaba por comprender al otro. La Unión Soviética sospechaba de los Estados Unidos. Los líderes soviéticos se sentían amenazados. No sabían lo que iba a hacer los Estados Unidos con sus bombas atómicas. Los soviéticos querían sus propias bombas atómicas.

Cambian las ideas sobre la guerra

Las ideas sobre la guerra cambiaron debido a la bomba atómica. Con las bombas atómicas, la guerra podría ser aún más destructiva. Se podrían matar a muchas más personas. Se podrían destruir aún más tierras. Las bombas atómicas contenían un poder terrible. Muchas personas creían que las bombas atómicas no deberían volver a usarse nunca porque se podría acabar con el mundo.

La bomba atómica también cambió las ideas sobre las fuentes de energía. Las bombas atómicas emitían enormes cantidades de energía. Esta **energía nuclear** podría usarse en las industrias. Podría reemplazar al petróleo, al carbón y otras fuentes de energía.

Para restringir las bombas atómicas

Después de la Segunda Guerra Mundial, los científicos estadounidenses decían que no había secretos atómicos verdaderos. Los científicos siempre habían compartido sus ideas y conocimientos. Por consiguiente, con el transcurso del tiempo, los otros países utilizarían la energía atómica. La cuestión era si la usarían para la guerra o para la paz.

Se fundó la Comisión de Energía Atómica de las Naciones Unidas para considerar asuntos de energía nuclear. En 1946, los Estados Unidos le propuso un plan a la comisión. Este plan establecería una Autoridad Internacional para el Desarrollo Atómico. La autoridad controlaría casi todo el material atómico. También controlaría las fábricas que producían esos materiales. El plan decía que se continuaría con la investigación de energía atómica solamente con fines pacíficos. La autoridad vigilaría la producción de energía atómica de todos los países. Se esperaba que este plan pusiera fin al aumento de armas nucleares.

EE.UU. y la U.R.S.S. no se ponen de acuerdo

Los Estados Unidos decía que destruiría sus bombas atómicas si se adoptaba el plan propuesto. También prometía compartir lo que sabía de la energía atómica con otros países. La Unión Soviética no aceptó el plan estadounidense. Los soviéticos querían un tratado que prohibiera la bomba atómica. También querían que se destruyeran todas las bombas atómicas existentes. Los soviéticos querían imponer restricciones sobre las inspecciones. Los esfuerzos por llegar a un acuerdo sobre el plan fracasaron. El primer intento por limitar el aumento de armas nucleares falló.

La carrera de armamentos nucleares

A mediados de la década de 1950, otros países fabricaban bombas atómicas. La Unión Soviética hizo estallar su primera bomba atómica en 1949. Gran Bretaña tuvo una bomba atómica en 1952. Ese mismo año, los Estados Unidos fabricó una bomba de hidrógeno. Esta bomba era mucho más poderosa que la bomba atómica. En 1953, la Unión Soviética fabricó una bomba de hidrógeno.

La carrera armamentista seguía en marcha. Para la década de 1980, Francia, la República Popular de China y la India se hicieron miembros del "club nuclear". Se creía también que Israel, Paquistán y Sudáfrica habían desarrollado armamentos nucleares. El poder destructivo de las nuevas bombas era equivalente a 60 megatones, o sea 60 millones de toneladas de TNT. Para hacer una comparación, las bombas atómicas lanzadas sobre Hiroshima y Nagasaki tenían un poder de 20.000 toneladas de TNT cada una. El sólo pensar en esas armas llenaba de terror a la gente en todo el mundo.

Los peligros de la radiación nuclear

El temor a las armas nucleares no es sólo por su poder destructivo. Las armas nucleares emiten **radiación.** Las explosiones de las bombas atómicas y de hidrógeno emiten a la atmósfera nubes de partículas de polvo. Estas partículas emiten rayos nocivos. Caen a la tierra en forma de **precipitación radiactiva,** la cual contamina el aire, el suelo, las plantas, los alimentos y el agua en la Tierra. La precipitación puede tener efectos peligrosos durante años.

Hay precipitación radiactiva cada vez que estalla una bomba. Hasta las pruebas de armas nucleares representan un peligro. Esto hizo que los países se pusieran de acuerdo en limitar las pruebas con bombas. Se firmó un acuerdo limitado de prohibición de pruebas en 1963. Lo firmó los Estados Unidos, Gran Bretaña y la Unión Soviética. Estaban de acuerdo en dejar de realizar pruebas de bombas en el aire. Sin embargo, seguían las pruebas subterráneas. Estas pruebas son menos peligrosas porque bajo la tierra se emite menos radiación. Francia y China no aceptaron estos acuerdos. Aun así, el número de pruebas en la atmósfera disminuyó drásticamente.

Límites sobre los armamentos

En 1968, los Estados Unidos y la Unión Soviética firmaron un nuevo tratado. Éste prohibió la diseminación de armas nucleares en los países que todavía no las tenían. Los resultados del tratado fueron limitados.

Se han hecho otros esfuerzos por disminuir la posibilidad de una guerra nuclear. Los países se han puesto de acuerdo en limitar el número de armas fabricadas. En 1972, los Estados Unidos y la Unión Soviética firmaron un acuerdo para limitar la fabricación de armas estratégicas, cuyas siglas eran *SALT I.* Este acuerdo impuso límites sobre las armas nucleares ofensivas de gran alcance. Y sobre las armas nucleares defensivas de corto alcance. Una segunda serie de negociaciones *(SALT II)* condujo a más acuerdos para limitar la fabricación de armas. Pero muchos estadounidenses se oponían al segundo acuerdo. Creían que les daba a los soviéticos una ventaja en las armas nucleares. El Senado estadounidense nunca aprobó el tratado de *SALT II.* No obstante, los Estados Unidos y la Unión Soviética cumplieron con muchas condiciones del tratado.

Una central de energía nuclear en los Estados Unidos.

Las relaciones entre los Estados Unidos y la Unión Soviética empeoran

Las tensiones de la guerra fría iban empeorando a principios de la década de 1980. Los Estados Unidos quería instalar sistemas de armas nucleares en el oeste de Europa en reacción a una posible amenaza soviética. Los países de Europa occidental dependían militarmente de los Estados Unidos. Temían, sin embargo, que la presencia de armas nucleares los convirtiera en un objetivo principal durante una guerra. Surgieron fuertes movimientos antinucleares en el oeste de Europa. Los manifestantes demandaron que los Estados Unidos y la Unión Soviética "congelaran" o suspendieran sus armas nucleares.

Los Estados Unidos rechazó una suspensión de las armas nucleares. Empezó a instalar sistemas de cohetes nucleares en el oeste de Europa. La Unión Soviética aumentó su arsenal nuclear. Las tensiones parecían aumentar. No obstante, las relaciones entre las dos potencias mundiales seguían en marcha. Los soviéticos hasta aumentaron su nivel de comercio con los Estados Unidos y Europa occidental. La interdependencia económica del mundo impedía que se deshicieran las relaciones internacionales comerciales.

Antes de su caída, la Unión Soviética y los Estados Unidos se pusieron de acuerdo en disminuir la carrera armamentista. Los dos países convinieron en reducir sus arsenales de armas nucleares y sus fuerzas armadas no nucleares. Por primera vez a partir de 1945, la guerra fría parecía acercarse a su fin. Las posibilidades de desarme mundial parecían más prometedoras. Sin embargo, la cuestión del control de las armas nucleares que pertenecían a la antigua Unión Soviética suscita gran preocupación, al igual que los intentos de otros países por tener sus propias armas nucleares. En 1991 se encontraron pruebas de cuán cerca estaba Irak de desarrollar armas nucleares.

La energía nuclear en tiempos de paz

El mundo todavía se enfrenta con graves problemas de energía. El petróleo, el carbón y el gas natural son **recursos no renovables.** Están agotándose rápidamente. Una vez agotados, no pueden ser reemplazados. La escasez de petróleo ha ocasionado problemas de energía. Al quemar el carbón y el petróleo se ha contaminado el medio ambiente.

Estos problemas de energía han hecho que la gente piense más en la energía nuclear como una fuente de energía. Muchos científicos dicen que la

Productores principales de energía nuclear, 1989

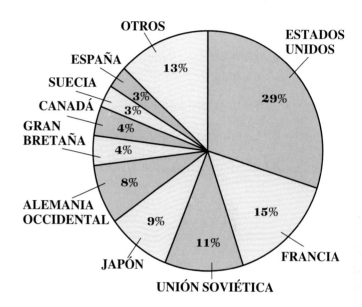

Fuente: The Universal Almanac, 1992

energía nuclear puede satisfacer las futuras necesidades energéticas del mundo. Para 1989, había 421 centrales de energía nuclear en funcionamiento en el mundo. Los Estados Unidos tenía 110; Francia, 55; Japón, 39; y la Unión Soviética, 43.

Los ecologistas han protestado vigorosamente en contra del uso de la energía nuclear. Están a favor de un mayor uso de la energía solar, la energía del viento, la fuerza hidráulica, y otras fuentes de energía que no contaminan el medio ambiente. Hacen hincapié en los accidentes nucleares que sucedieron en la isla Three Mile en 1979 y en Chernobil en 1986. Chernobil ocasionó una precipitación radiactiva de gran expansión y aproximadamente 300 muertes.

Los desechos nucleares también son un problema grave. Para los países es difícil hallar lugares donde almacenar los desechos sin perjudicar a las personas o al medio ambiente. Últimamente, ha habido una lenta disminución en la construcción de centrales nucleares como resultado del debate constante sobre el futuro de la energía nuclear.

Ejercicios

A. Busca las ideas principales:

Pon una marca al lado de las oraciones que expresan las ideas principales de lo que acabas de leer.

_____ **1.** La crisis energética ha influido mucho en los usos pacíficos de la energía nuclear.

_____ **2.** Los Estados Unidos y la Unión Soviética tienen distintas ideas sobre el control de armamentos nucleares.

_____ **3.** En la actualidad, hay más países que saben sobre la energía nuclear.

_____ **4.** La energía nuclear ha influido mucho en los países del mundo.

_____ **5.** Las pruebas de armas nucleares representan un problema para el mundo.

B. ¿Qué leíste?

Escoge la respuesta que mejor complete cada oración. Escribe la letra de tu respuesta en el espacio en blanco.

_____ **1.** Hasta 1949, el secreto de cómo fabricar las bombas atómicas había sido
  a. compartido entre los Estados Unidos y Gran Bretaña.
  b. descubierto por muchos países.
  c. descubierto sólo por los Estados Unidos.
  d. descubierto sólo por la Unión Soviética.

_____ **2.** El plan de los Estados Unidos, presentado a la Comisión de Energía Atómica de las Naciones Unidas en 1946, *no* incluía
  a. un consejo internacional de desarrollo atómico.
  b. compartir los secretos atómicos inmediatamente con el mundo.
  c. la inspección internacional sin límites de la producción atómica.
  d. la eliminación del derecho de veto de las Naciones Unidas en asuntos atómicos.

_____ **3.** El país que *no* tiene armas nucleares en la actualidad es
  a. la India.
  b. China.
  c. Japón.
  d. Francia.

_____ **4.** La precipitación radiactiva es un problema muy grave porque
  a. contamina el aire, las plantas y el agua.
  b. es costoso.
  c. destruye la propiedad.
  d. nadie sabe a ciencia cierta lo que hace.

C. Comprueba los detalles:

Lee cada afirmación. Escribe C en el espacio en blanco si la afirmación es cierta. Escribe F en el espacio si es falsa. Escribe N si no puedes averiguar en la lectura si es cierta o falsa.

_____ **1.** En 1945, los líderes soviéticos se sintieron amenazados por la bomba atómica.

_____ **2.** Es posible construir centrales de energía nuclear más seguras.

_____ **3.** Los Estados Unidos y la Unión Soviética no pudieron ponerse de acuerdo en 1946 sobre cómo restringir el aumento de armas nucleares.

_____ **4.** Las primeras bombas atómicas se lanzaron en 1945.

_____ **5.** Las explosiones de bombas nucleares pueden producir una precipitación radiactiva con efectos por muchos años.

_____ **6.** Gran Bretaña y Francia no fabricaron bombas de hidrógeno.

_____ **7.** Todos los países con bombas atómicas se pusieron de acuerdo en suspender la diseminación de armas nucleares en los países que todavía no las tenían.

_____ **8.** A muchas personas en Europa occidental les preocupa tener cohetes estadounidenses instalados en su región.

_____ **9.** Nunca se aprobó el acuerdo de *SALT II.*

_____ **10.** El uso pacífico de la energía nuclear es la única esperanza para resolver la crisis de la energía en el futuro.

D. Piénsalo de nuevo:

Lee la siguiente afirmación. Escribe tu respuesta en siete u ocho oraciones. Usa un papel en blanco.

El mundo se enfrenta con una crisis grave de energía. En tu opinión, ¿son las centrales de energía nuclear la mejor solución al problema?

E. Para comprender la historia mundial:

En la página 206 leíste sobre cuatro factores de la historia mundial. ¿Cuál de estos factores corresponde a cada afirmación de abajo? Llena el espacio en blanco con el número de la afirmación correcta de la página 206. Si no corresponde ningún factor, escribe la palabra NINGUNO.

_____ **1.** Las comunicaciones entre los científicos de muchos países diferentes resultaron en la difusión de conocimientos sobre la energía atómica.

_____ **2.** La interdependencia económica del mundo ha hecho que continúen las relaciones comerciales entre países que están de lados distintos en las disputas sobre las armas nucleares.

_____ **3.** Las diferencias culturales y políticas impedían que los Estados Unidos y la Unión Soviética comprendieran sus puntos de vista diferentes en cuanto a la energía atómica.

_____ **4.** Europa occidental dependía de los Estados Unidos para su supervivencia política en caso de una guerra.

Capítulo 4

Los cambios en la tecnología

Piensa en lo siguiente al leer sobre los cambios en la tecnología.

1. La gente usa el medio ambiente para lograr metas económicas.
2. Los países adoptan y adaptan ideas e instituciones de otros países.
3. La interacción entre pueblos y naciones conduce a cambios culturales.

Robots que trabajan en una planta de montaje de automóviles.

Para aprender nuevos términos y palabras

En este capítulo se usan las siguientes palabras. Piensa en el significado de cada una.

tecnología: el uso de las ciencias y de los inventos para hacer la vida de la gente más práctica

motor de combustión interna: un motor que quema combustible en un lugar cerrado; este tipo de motor emana gases que producen fuerza mecánica

electrónica: el uso de la energía eléctrica en tubos de vacío y transistores

computadora: una máquina electrónica que resuelve problemas a gran velocidad

Piénsalo mientras lees

1. ¿Qué sucedió durante los siglos XVIII y XIX gracias a la tecnología?
2. ¿De qué forma han ayudado los contactos entre culturas a difundir la tecnología?
3. ¿Qué inventos y cambios han logrado que el mundo parezca más pequeño?
4. ¿Qué efecto ha tenido la tecnología en las industrias líderes del mundo?

El 20 de julio de 1969, el hombre puso un pie en la Luna por primera vez. Este primer paso fue importante por muchas razones. Sobre todo, mostró lo que podían lograr los seres humanos. También puso de manifiesto lo que se podía hacer con la **tecnología.**

La tecnología es el uso de las ciencias y los inventos para hacer la vida de la gente más práctica. A medida que las personas expanden sus conocimientos, mejoran su tecnología. Durante los siglos XVIII y XIX, las personas aprendieron más sobre cómo funcionaban las cosas. Usaron estos conocimientos para mejorar sus vidas. Se hicieron grandes adelantos en la tecnología. Hubo muchísimos inventos. Entre estos figuraban la máqui na de vapor, la dínamo, la locomotora, el buque de vapor, el telégrafo, el teléfono y la luz eléctrica. Estos inventos formaron parte de la primera y la segunda revoluciones industriales. Estas revoluciones en la industria cambiaron en gran medida el modo de vivir de la gente.

Cómo se difunde la tecnología

La tecnología no proviene de una sola persona ni de un solo país. Resulta de las interacciones entre individuos y pueblos. Las nuevas maneras de hacer cosas se difunden de un lugar a otro. Las nuevas ideas, sin embargo, se difunden más lentamente. Considera este ejemplo. En 1769, un ingeniero francés construyó un coche a vapor. Durante los próximos 40 años, los inventores ingleses mejoraron el coche a vapor. Entonces, en 1815, George Stephenson construyó la primera locomotora con inyección de vapor. La locomotora de vapor andaba sobre ruedas y rieles de hierro. Estas ruedas y estos rieles se diseñaron especialmente para la locomotora. Los inventores alemanes fueron unos de los primeros en considerar la idea de ruedas y rieles de hierro. Pero eso fue durante la década de 1550.

Los ingenieros ferroviarios ingleses, a principios del siglo XIX, encontraron nuevos métodos para hacer cosas. Emplearon algunos métodos muy viejos. Combinaron estos métodos viejos con los nuevos. Entonces, después de 1830, muchos ingenieros y obreros ferroviarios ingleses llevaron sus nuevas habilidades y conocimientos a otros países. Entre éstos estaban los Estados Unidos, Canadá, Rusia, Egipto, Australia, la India y América del Sur. Los métodos desarrollados primero en Gran Bretaña viajaron a tierras lejanas. Sin embargo, los métodos ingleses fueron adaptados para satisfacer las necesidades especiales de cada lugar.

Las comunicaciones entre personas han ayudado a difundir los conocimientos y los nuevos métodos para hacer cosas por todo mundo. Éste es un ejemplo de interacción cultural. Las interacciones entre las personas han ayudado a difundir la tecnología rápidamente y a apresurar los cambios tecnológicos.

La tecnología en el siglo XX

Sucedieron muchos cambios en las formas de hacer cosas durante los siglos XVIII y XIX. Sin embargo, los cambios no terminaron allí. Los cambios en la tecnología siguen hasta la fecha. Los inventos del siglo XX han cambiado la vida de muchas formas. También, se han difundido rápidamente de país en país. La tecnología ha cambiado la vida de las personas en todo el mundo. Por ejemplo, considera los cambios en el transporte, las comunicaciones y las industrias.

Los cambios en el transporte

El automóvil ha cambiado la forma en que van y vienen las personas y los productos. Este cambio ha sucedido durante el siglo XX. Los inventores emplearon sus conocimientos para fabricar el **motor de combustión interna.** Este motor se usó para vehículos motorizados. La línea de montaje facilitaba la fabricación de miles de vehículos motorizados. El proceso mediante el que se fabrican grandes cantidades de productos iguales se llama fabricación en serie. En un momento, los Estados Unidos era el primer fabricante de automóviles en serie. Al poco tiempo, otros países también usaban las nuevas tecnologías. Decenas de millones de carros, camiones y autobuses se fabricaban en Japón, Canadá, Gran Bretaña, Francia e Italia.

La industria de los vehículos motorizados creció rápidamente en los Estados Unidos. En 1900, había sólo 8.000 vehículos motorizados en los Estados Unidos. Para 1989, andaban 187 millones de vehículos motorizados por el país.

El desarrollo de los vehículos motorizados fue promovido por otros logros, como los caminos pavimentados. En 1991, había millones de millas de carreteras y caminos pavimentados en el mundo. La revolución del transporte del siglo XX fue posible gracias a otros tipos de tecnología, como la necesaria para construir caminos y carreteras. Este ejemplo indica cómo se combinan las tecnologías para mejorar el modo de vida.

Los aviones

Los adelantos en el transporte también abarcaron la industria de aeronaves. El uso de aviones de hélices propulsoras con motores a gasolina creció constantemente después de 1918. En los Estados Unidos, para 1950, había 3.500 aeronaves comerciales y 2.700 aviones militares, todos con hélices propulsoras. Para entonces, los aviones de propulsión a chorro habían empezado a reemplazar a los aviones comerciales y militares con hélices propulsoras. Los aviones militares de hoy van más rápido que la velocidad del sonido. Sus armas son seguras y mortales durante las batallas, como fue demostrado en la Guerra del Golfo de 1991.

Otros importantes países industrializados, incluyendo Gran Bretaña, Francia y Alemania, han desarrollado industrias de aeronaves. Los nuevos tipos de motores, el uso de computadoras y una variedad

Robert H. Goddard y uno de sus cohetes.

Las computadoras son parte de la vida diaria en la mayoría de los países desarrollados. Poco a poco se están introduciendo en los países menos desarrollados.

de inventos y tecnologías han contribuido al progreso en el transporte aéreo durante la década de 1990 y las décadas venideras.

Los cohetes y la exploración espacial

Las nuevas formas de hacer cosas condujeron a la exploración del espacio. En la década de 1920, Robert Goddard, un estadounidense, era un líder en el estudio de cohetes. Alemania usó cohetes durante la Segunda Guerra Mundial. Después de la guerra, los Estados Unidos y la Unión Soviética fabricaron cohetes aún más poderosos. Estos esfuerzos condujeron a los proyectos espaciales de la década de 1960 que pusieron a los exploradores en la Luna. También condujeron a la fabricación y al uso de cohetes balísticos para propósitos militares. Por ejemplo, los irakíes utilizaron proyectiles SCUD durante la Guerra del Golfo.

Gracias a los adelantos en la velocidad del transporte aéreo, el planeta parece más pequeño. En 1492, Colón tardó cinco semanas en navegar desde las islas Canarias hasta una isla de América. Hoy, se puede hacer el mismo viaje en menos de cinco horas.

Los cambios en las comunicaciones

El teléfono y el telégrafo introdujeron grandes cambios en las comunicaciones. El telégrafo eléctrico se inventó en 1837. Al poco tiempo, las líneas de telégrafo ligaban a las ciudades de los Estados Unidos. En 1866 la comunicación telegráfica unía a los Estados Unidos y Europa por medio de un cable de telégrafo que pasaba por el fondo del Océano Atlántico.

El teléfono, inventado en 1876, pronto llegó a ser una de las necesidades de la vida. Para 1920, había 13 millones de teléfonos en los Estados Unidos. Actualmente hay más de 200 millones de teléfonos, una cantidad que ni siquiera incluye los teléfonos celulares ni los teléfonos móviles.

En 1895 se inventó el telégrafo sin cables. A esto le siguió pronto el desarrollo de la radio y, luego, la televisión. Con las transmisiones por satélites, los acontecimientos, aún en los lugares más lejanos, se televisan por todo el mundo en el momento en que suceden.

La electrónica

A partir de la radio y la televisión, la **electrónica** ha formado una parte importante en la vida diaria. La electrónica es el uso de la energía eléctrica en tubos de vacío y transistores (dispositivos que se usan para aumentar la potencia eléctrica). La electrónica también ha facilitado el uso de los robots en la industria y la comunicación a través del mundo mediante satélites en el espacio.

La computadora

Después de la Segunda Guerra Mundial, la **computadora** aceleró el ritmo de los cambios tecnológicos. Las computadoras son máquinas electrónicas que realizan funciones complejas a gran velocidad. Los cálculos, en los que los científicos tardaban, ahora se hacen en minutos con las computadoras. Con el transcurso del tiempo, los adelantos tecnológicos hacen que las computadoras sean cada vez más pequeñas y más potentes. Actualmente, las computadoras se utilizan en todo el mundo.

Se han usado la electrónica y las computadoras en forma conjunta para establecer estaciones satélites en el espacio. Los satélites transmiten señales de radio, televisión, teléfono y computadoras a todas partes del mundo. Han hecho que las comunicaciones mundiales sean más rápidas y más fáciles. Han ayudado a hacer que el mundo parezca aún más pequeño.

La tecnología y la salud

Los adelantos en la tecnología han producido una revolución en el ejercicio de la medicina y la asistencia médica. La tecnología moderna hace posible que se controle la calidad del aire y del agua y se detecte peligros actuales y futuros en el medio ambiente. Puede determinar el daño que le ha hecho la contaminación a la capa de ozono que protege el planeta. Permite que los médicos y los técnicos examinen los órganos internos sin el uso de los rayos X nocivos. También ha facilitado los trasplantes de órganos humanos y nuevas técnicas quirúrgicas, tales como los implantes de *by-pass.*

Los cambios en las industrias

Los inventos en las industrias han ampliado la fabricación en serie de todo tipo de productos. Estos productos han mejorado los niveles de vida en el mundo. Hoy en día, muchas personas se alojan, se alimentan, y se visten mejor que en cualquier otra época. En muchos países, los productos antes considerados de lujo han llegado a ser necesidades.

Las habilidades en la fabricación en serie de productos hacían de los Estados Unidos uno de los países industriales más importantes del mundo. Ahora, otros países se han capacitado en la fabricación en serie. Alemania, Japón y Corea del Sur figuran entre los países que han superado a los Estados Unidos en la fabricación de vehículos motorizados, televisores, radios y equipo electrónico. Los Estados Unidos tiene que unirse con otros países para mejorar sus conocimientos y habilidades industriales.

Japón utiliza muchas de las técnicas industriales más recientes. Es el líder mundial en el uso de robots y computadoras, sobre todo en la producción de vehículos motorizados. A mediados del siglo XX, los ingenieros japoneses aprendieron a hacer lo que hacía EE.UU. en la fabricación en serie y el control de calidad. Para 1991, Japón había superado a los Estados Unidos en estos campos. Los ingenieros estadounidenses ahora están aprendiendo de los

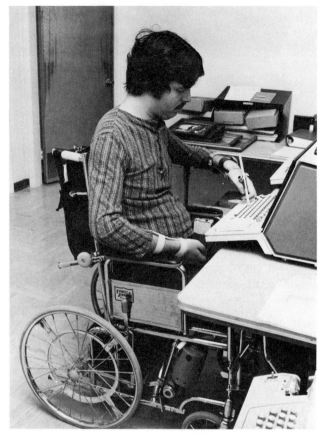

La tecnología ha hecho posible que las personas con discapacidades puedan trabajar y vivir independientemente.

japoneses tecnologías innovadoras de producción industrial.

La importancia de los cambios tecnológicos

La tecnología ayuda a las personas a mejorar sus vidas. Les ayuda a hacer las cosas con más rapidez y facilidad. A menudo las mejoras en la tecnología dependen de las interacciones culturales. Las diferentes culturas adoptan, cambian y utilizan las tecnologías desarrolladas por otras culturas. Estos intercambios contribuyen al desarrollo de otras tecnologías innovadoras.

La tecnología, sin embargo, no siempre es un factor positivo. La energía nuclear, por ejemplo, puede suministrar energía para las necesidades cotidianas; pero también se puede usar para fabricar armamentos que pueden destruir al mundo. Las personas pueden abusar de la tecnología al hacerse esclavos de sus máquinas. Por último, el uso descuidado de la tecnología puede perjudicar al medio ambiente y amenazar al bienestar del mundo. La tecnología sirve mejor al mundo cuando se usa con sabiduría.

Ejercicios

A. Busca las ideas principales:

Pon una marca al lado de las oraciones que expresan las ideas principales de lo que acabas de leer.

_____ **1.** Las ideas sobre las nuevas tecnologías se han transmitido de un país a otro.

_____ **2.** Japón ha hecho un papel grande en el desarrollo de nuevas tecnologías.

_____ **3.** Muchos países fabrican aviones de propulsión a chorro.

_____ **4.** Las nuevas tecnologías formaron parte de la primera y la segunda revolución industrial.

_____ **5.** La tecnología industrial ha ayudado a mejorar el nivel de vida de las personas.

_____ **6.** Las nuevas tecnologías ocasionaron grandes cambios en el transporte, las comunicaciones y las industrias.

B. ¿Qué leíste?

Escoge la respuesta que mejor complete cada oración. Escribe la letra de tu respuesta en el espacio en blanco.

_____ **1.** Actualmente, muchos mercados estadounidenses han sido tomados por
   a. Japón.
   b. Corea del Sur.
   c. Alemania.
   d. todos los anteriores.

_____ **2.** El país que más utiliza robots en la industria es
   a. los Estados Unidos.
   b. Japón.
   c. Alemania Occidental.
   d. Gran Bretaña.

_____ **3.** Entre los últimos adelantos tecnológicos figuran
   a. robots, locomotoras y televisores.
   b. transistores, vehículos motorizados y máquinas de vapor.
   c. computadoras, robots y satélites en el espacio.
   d. cohetes, telégrafos y teléfonos.

_____ **4.** ¿En qué campo se usa _menos_ la tecnología electrónica?
   a. en el uso de robots
   b. en el uso de computadoras
   c. en la construcción de satélites artificiales
   d. en la construcción de carreteras

C. Comprueba los detalles:

Lee cada oración. Escribe H en el espacio en blanco si la oración es un hecho. Escribe O en el espacio si es una opinión. Recuerda que los hechos se pueden comprobar, pero las opiniones, no.

_____ **1.** Los vehículos motorizados cambiaron el transporte en el sigo XX.

_____ **2.** Los obreros ferroviarios ingleses llevaron sus conocimientos a muchos otros países.

_____ **3.** Actualmente, andan demasiados vehículos motorizados en los Estados Unidos.

_____ **4.** El motor de combustión interna se usa en los vehículos motorizados.

_____ **5.** Los aviones estadounidenses son los mejores del mundo.

_____ **6.** La luz eléctrica fue un mejor invento que la máquina de vapor.

_____ **7.** Pronto los Estados Unidos recobrará el primer lugar como líder industrial que actualmente ocupa Japón.

_____ **8.** La tecnología de robots es útil en la fabricación industrial.

_____ **9.** La tecnología de transistores posibilita la fabricación de computadoras muy pequeñas.

_____ **10.** Se usa la tecnología de cohetes en los proyectos del espacio.

D. Habilidad con las gráficas:

En las pictográficas, los símbolos dibujados representan números. Mira los siguientes datos sobre el uso de automóviles. Luego, dibuja el símbolo correcto para cada país en los espacios de la gráfica.

AUTOMÓVILES EN FUNCIONAMIENTO, 1989

Francia	28 millones
Gran Bretaña	15 millones
Estados Unidos	187 millones

= 10 millones   = 5 millones   = 1 millón

Francia	
Gran Bretaña	
Estados Unidos	

E. Piénsalo de nuevo:

Escoge dos temas de la siguiente lista. Escribe por lo menos ocho oraciones sobre cada uno de los temas que escoges. Usa una hoja de papel en blanco.

1. ¿Cuántos adelantos tecnológicos nuevos influyeron en las industrias en el siglo XX?

2. ¿Qué aspectos de tu vida se ven más afectados por la nueva tecnología?

3. ¿Cómo crees que la tecnología influiría en tu vida en el futuro? ¿Y en el futuro del mundo?

F. Para comprender la historia mundial:

En la página 212 leíste sobre tres factores de la historia mundial. ¿Cuál de estos factores corresponde a cada afirmación de abajo? Llena el espacio en blanco con el número de la afirmación correcta de la página 212.

_____ **1.** Los conocimientos de los británicos sobre la construcción de ferrocarriles se usaron en muchos países.

_____ **2.** La tecnología hace posible que las personas utilicen mejor su medio ambiente. Así, las personas pueden mejorar la vida económica de su país.

_____ **3.** Los datos sobre la tecnología se difunden por todo el mundo debido a las interacciones entre personas y naciones.

Enriquecimiento:
La robótica

Robot es una palabra checoeslovaca. Se usó por primera vez en una obra teatral. Significa trabajo tedioso y aburrido. La obra hablaba de máquinas de aspecto humano que hacían trabajo.

Mucha gente todavía cree que los robots son máquinas con aspecto y comportamiento humanos. En realidad, un robot es un aparato programado que funciona electrónicamente. Está diseñado para realizar un trabajo específico. El uso más importante de los robots es como herramientas para máquinas, controladas por computadoras. Los robots se programan para realizar tareas, tales como la soldadura, el montaje y el transporte y el almacenamiento de productos.

El uso de robots se llama **robótica.** La robótica tiene su origen en la tecnología electrónica. Los robots tienen muchas ventajas sobre los seres humanos. Trabajan sin cansarse ni aburrirse. Después de su programación para una tarea, es raro que se equivoquen. Por último, el costo del uso de robots, a la larga, es menor que el costo del empleo de personas. Los robots pueden trabajar en un turno de 24 horas sin parar. No hay

gastos en más obreros ni en más horas de trabajo. No hay problemas con sindicatos ni huelgas. Éste es un aspecto de los robots que preocupa a los obreros. Ellos temen que las máquinas los dejen sin trabajo.

La robótica sí presenta problemas a la industria. Los robots cuestan mucho. Hay que repararlos de vez en cuando, lo cual es costoso. Por estas razones, los robots son más prácticos para las compañías industriales grandes que para las pequeñas. Si muchas compañías grandes usan robots, hay un peligro para las pequeñas. Sería difícil que las compañías pequeñas compitieran con industrias eficaces operadas con robots. Éstas últimas podrían hacer quebrar a las compañías pequeñas.

En 1991, Japón estaba en primer lugar en el uso de la robótica. Los Estados Unidos estaba en segundo lugar, pero está empleando más a la robótica ahora que hace 10 años. Alemania, Suecia y Gran Bretaña son los que le siguen en el uso de la robótica. Se usan los robots principalmente en las industrias de automóviles y del acero.

Capítulo 5

El medio ambiente y el futuro de las economías del mundo

Para comprender la historia mundial

Piensa en lo siguiente al leer sobre el medio ambiente y las economías del mundo.

1. La gente usa el medio ambiente para lograr metas económicas.
2. Los problemas del medio ambiente afectan a personas que viven a millas de distancia.
3. Los sucesos en una parte del mundo han influido en los desarrollos en otras partes del mundo.

Ésta es una fotografía de Suiza, un país en Europa occidental. ¿Cuáles de las cosas que se ven en la foto forman parte del medio ambiente?

Para aprender nuevos términos y palabras

En este capítulo se usan las siguientes palabras. Piensa en el significado de cada una.

capa acuífera: una capa subterránea de roca y arena que contiene agua

conservación: evitar la pérdida y los desperdicios de recursos

nutrimentos: sustancias que ayudan al crecimiento y la vida de personas, plantas y animales

Piénsalo mientras lees

1. ¿Qué es el medio ambiente? ¿Cuáles son los elementos que constituyen el medio ambiente?
2. ¿Cómo se ha usado la tecnología para cambiar el medio ambiente?
3. ¿Por qué se considera al mundo un "sistema"?
4. ¿Cómo puede influir en el futuro de nuestra economía lo que le hacemos al medio ambiente?

El medio ambiente es todo lo que nos rodea e influye en nuestras vidas. El medio ambiente consiste del clima y las estaciones. Es el aire, el agua, el suelo, las plantas, los bosques, los minerales y los animales. El medio ambiente también está formado por costumbres, las lenguas y otros aspectos de la cultura.

Todas estas cosas desempeñan un gran papel en nuestras vidas. Nos afectan como individuos. También nos afectan como sociedades. El medio ambiente puede influir en cómo pensamos, comemos, nos comportamos y nos vestimos. Puede influir en la forma en que la sociedad logra sus metas políticas, sociales y económicas.

La gente usa la tecnología para cambiar el medio ambiente

A través de la historia, las personas han usado la tecnología para cambiar su medio ambiente. A veces la tecnología las ha ayudado a adaptarse mejor a su medio ambiente. Por ejemplo, inventaron el riego para cultivar alimentos en climas secos. La gente fabricaba distintos tipos de ropa para acomodarse a los climas calurosos o fríos. Luego, inventaron acondicionadores de aire y sistemas de calefacción. Las personas han utilizado la tecnología para cambiar el medio ambiente o emplearlo para sus propias necesidades. Por ejemplo, se talan árboles para leña y madera para la construcción. Se extraen minerales de las minas y se los utiliza para fabricar productos. Se ha construido cerca de los ríos para poder obtener energía del agua corriente.

Preocupaciones por el medio ambiente

Mucha gente se preocupa por el medio ambiente. Teme que la tecnología pueda destruir el medio

El riego es un ejemplo de cómo los seres humanos han cambiado el medio ambiente. El riego se inventó en tiempos muy antiguos.

ambiente. En vez de mejorar la vida de las personas, puede empeorarla. La forma en que utilizamos nuestro medio ambiente no sólo influye en nuestras propias vidas, sino que también influye en las vidas de los que todavía no han nacido.

El mundo es un sistema

Ya sabemos que lo que le sucede al medio ambiente en una parte del mundo influye en el medio ambiente en otras partes del mundo. La gente ha descubierto que el mundo es un sistema. Todos los aspectos de ese sistema están vinculados. Vamos a investigar algunas partes del medio ambiente y descubrir las formas en que están cambiando y afectando nuestras vidas.

El aire y el agua: las partes más importantes del medio ambiente

El aire y el agua son las dos partes más importantes de nuestro medio ambiente. No se puede sobrevivir sin ellos. Es muy importante mantener nuestro aire y agua limpios y sin contaminación. En muchos lugares los inventos han perjudicado al aire y al agua. Los carros, los aviones y las fábricas causan polución. Esto crea el smog. Un exceso de polución en el aire puede ocasionar enfermedades, molestias y hasta la muerte.

A veces los contaminantes del aire quedan atrapados en la lluvia. Este fenómeno se llama lluvia ácida. La lluvia ácida ha caído en algunas partes del mundo y ha matado a las plantas y los animales que viven en los lagos o cerca de ellos. A veces la lluvia ácida cae a miles de millas de dónde estaba la

Estos granjeros en Tanzania, África, aran sus campos con un tractor. Las mejoras en los métodos de cultivo pueden ayudar a la gente de países en vías de desarrollo a cultivar más alimentos.

contaminación. Los lagos en el este de Canadá se han visto afectados por la lluvia ácida procedente de los estados centrales de los Estados Unidos.

Los cambios en el clima

La contaminación del aire también ha perjudicado a otras partes del medio ambiente. La contaminación puede hacer que se mueran las plantas y las cosechas. Puede perjudicar a los animales. Hasta puede afectar al clima. Algunas personas creen que la contaminación del aire es la causa del recalentamiento del clima. Este proceso se llama el efecto de invernadero. Puede hacer que más tierras se conviertan en desiertos o hacer que se derritan los casquetes polares y suban los océanos.

El agua contaminada

La tecnología contamina los arroyos, ríos, lagos y océanos. Las industrias vierten sus desechos en el agua. Entonces se mueren los peces y las plantas. El petróleo derramado en los océanos ha llegado a las costas. Ha matado a peces y aves. Las playas se han visto afectadas también. La contaminación también ha llegado al agua que tomamos. El agua contaminada se filtra en las **capas acuíferas** debajo de la tierra. Éstas suministran agua potable a muchos lugares.

La contaminación del aire y del agua es un problema grave. Se tardará bastante en resolverlo. Además, las soluciones cuestan mucho dinero. Hay que tomar decisiones económicas importantes. Los gobiernos pueden imponer límites sobre las actividades que producen contaminación. También hay que buscar maneras de usar la tecnología para limpiar el aire y el agua.

El suelo, las plantas y los bosques

El suelo, las plantas y los bosques son importantes en el medio ambiente. Generalmente se los puede reemplazar después de usados. Pero si no se los cuida bien se los puede destruir. Una gran parte de preservar estos recursos tiene que ver con la **conservación.**

La capa superior del suelo (mantillo) es importante para la agricultura. Se tarda millones de años en producir una pulgada de esa capa. Los vientos, la lluvia, y los malos métodos de cultivo erosionan la capa. Cada año miles de acres de esa capa son arrasados por el viento o por el agua en todo el mundo. El mantillo se daña por los cultivos que le quitan **nutrimentos** químicos.

Es importante que se tomen iniciativas para conservar el suelo. De otro modo, los granjeros no podrán cosechar. Perderán dinero, también. Existe el peligro de la escasez de alimentos debido a la pérdida de tierras agrícolas, algo que perjudicaría a muchas personas. Muchos países necesitan comprar sus

Obreros forestales en Honduras, América Central. Están apagando un incendio forestal.

alimentos. Por consiguiente, la pérdida de las cosechas en un país puede afectar a las personas de otro país.

En busca de mejores métodos

La gente tiene que planificar mejor. También tiene que cambiar sus prácticas. Hay que usar métodos nuevos para arar y sembrar las tierras agrícolas. Cuando se siembran cultivos, hay que evitar sacar los nutrimentos del suelo sin reemplazarlos. Los nutrimentos de sustancias químicas ayudan a enriquecer al suelo. Sin embargo, son muy caros. Hay gente que se opone al uso de sustancias químicas en favor de los alimentos cultivados orgánicamente, sin sustancias químicas. La gente tiene que cambiar. Tiene que mejorar los métodos de cultivo y vida para demostrar que le importa el medio ambiente.

Para conservar los bosques

Los enormes bosques que antes recubrían la tierra han desaparecido con el transcurso de los siglos. El descuido en la tala los árboles destruyó estos bosques y los sigue destruyendo. Para conservar los bosques que quedan, hay que reemplazar a los árboles que se han talado por árboles nuevos. Así, los bosques pueden crecer de nuevo y renovarse.

En algunos lugares, se talan bosques para conseguir tierras aptas para el cultivo. En algunas partes del mundo se quema la leña para combustible. Se talan los árboles del bosque y nunca se plantan otros. Sin los árboles, las lluvias fuertes se llevan el mantillo de las colinas. Sin los árboles que absorben grandes cantidades de lluvia, hay inundaciones. El resultado es un daño serio al medio ambiente.

Los recursos minerales

Los recursos minerales no se renuevan. Cuando se quita el petróleo, mineral de hierro, carbón y otros minerales de la tierra, éstos quedan agotados para siempre. Muchos países ya han agotado sus recursos minerales. Se necesitan minerales para las industrias. Sin minerales, sufrirán las economías de muchos países. Esto no sólo afectará a los países que ya no tienen minerales, sino que también afectará a las economías de los países industrializados que importan los minerales. La situación empeorará hasta que las personas aprendan cómo proteger los recursos minerales. Se los puede reciclar, o sea, usar más de una vez. El metal usado puede convertirse en chatarra y ser usado de nuevo. Ciertos minerales pueden reemplazar a los minerales escasos o costosos. Se pueden usar materiales artificiales en vez de minerales. Por ejemplo, se puede usar plástico en vez de algunos metales. El mejor uso de los recursos minerales ayudará muchísimo en el futuro económico de todos los países del mundo entero.

Los recursos animales

Los recursos animales comprenden tanto a los animales salvajes como a los animales criados para la alimentación. Muchos tipos de aves, animales e insectos están en peligro de extinción. En algunas ocasiones, se los ha matado, pero en otras, se ha destruido su medio ambiente. En algunos lugares se han establecido reservas para proteger la vida de los animales salvajes. Se han promulgado leyes especiales para protegerlos también. Esta protección cuesta mucho, pero enriquece más al medio ambiente.

El ganado, los cerdos, los peces y las aves de corral son fuentes importantes de alimentación. Los adelantos en la cría de animales han hecho que los animales sean más sanos. Estos adelantos ayudarán a alimentar a la creciente población mundial y les proporcionarán una dieta más variada a muchas personas.

Los recursos humanos

Los habitantes de un país constituyen la principal fuente de poder. Los recursos humanos comprenden a personas y a culturas. Todos los países tienen que satisfacer las necesidades de sus pueblos. Entre estas necesidades figuran la salud, la educación, la seguridad y el bienestar económico.

Satisfacer las necesidades humanas es una labor importante que se puede realizar de muchas formas. Las maneras de hacerlo a menudo requieren que se tomen decisiones políticas y económicas difíciles. Las iniciativas que se toman o que no se toman pueden influir mucho en el futuro de la vida humana.

Una responsabilidad mundial

La economía juega un papel importante en el manejo del medio ambiente. A veces la tecnología que se necesita para resolver los problemas del ambiente es costosa. La política también desempeña un papel importante en asuntos del medio ambiente. Los países tienen que decidir cómo tratarán los problemas del medio ambiente. ¿Emplearán la conservación o la tecnología? ¿O emplearán un poco de las dos? También hay que decidir cómo se pagarán las soluciones escogidas.

Los problemas del medio ambiente a menudo se extienden más allá de las fronteras nacionales. Por esa razón, los países tienen que trabajar en conjunto para controlar la contaminación mundial. Tienen que trabajar en conjunto para resolver los problemas mundiales del medio ambiente. Los países tienen que colaborar. En nuestro mundo interdependiente, este esfuerzo en conjunto ayudará a asegurar las vidas de todas las personas que viven ahora. Mejorará la vida de los que aún no han nacido.

Mujeres sembrando arroz, Tailandia. Los seres humanos son el recurso más valioso de un país.

Ejercicios

A. Busca las ideas principales:

Pon una marca al lado de las oraciones que expresan las ideas principales de lo que acabas de leer.

_____ **1.** El medio ambiente consiste de muchos elementos.

_____ **2.** La contaminación es un problema grave.

_____ **3.** La conservación es importante para algunas partes del medio ambiente.

_____ **4.** La forma en que la gente trata el medio ambiente afectará sus vidas y su futuro económico.

B. ¿Qué leíste?

Escoge la respuesta que mejor complete cada oración. Escribe la letra de tu respuesta en el espacio en blanco.

_____ **1.** La contaminación de las capas acuíferas afecta a
a. los recursos minerales.
b. los recursos del agua.
c. los recursos del suelo.
d. los recursos forestales.

_____ **2.** Un ejemplo de la tecnología que la gente ha usado para adaptarse al medio ambiente es
a. el acondicionador de aire.
b. el riego.
c. la calefacción.
d. todo lo anterior.

_____ **3.** El reciclaje es una forma de conservar
a. la tecnología.
b. los recursos minerales.
c. los recursos animales.
d. la vegetación.

_____ **4.** Los recursos humanos abarcan todo lo siguiente, _menos_
a. la cultura.
b. las personas.
c. los minerales.
d. las costumbres.

C. Comprueba los detalles:

Lee cada afirmación. Escribe C en el espacio en blanco si la afirmación es cierta. Escribe F en el espacio si es falsa. Escribe N si no puedes averiguar en la lectura si es cierta o falsa.

_____ **1.** Los climas influyen más en el medio ambiente que lo que influyen las estaciones.

_____ **2.** La contaminación afecta al aire y al agua.

_____ **3.** Las capas acuíferas son la fuente más importante de agua potable.

_____ **4.** La capa superficial del suelo nunca se pierde.

_____ **5.** Se pueden sembrar cultivos que reemplazarán los nutrimentos del suelo.

_____ **6.** Los bosques son renovables si se talan los árboles y se los reemplaza con cuidado.

_____ **7.** El reciclaje ayuda a conservar los recursos minerales.

_____ **8.** Muchas reservas de animales salvajes se encuentran en África.

_____ **9.** Las culturas humanas no forman parte de nuestro medio ambiente.

_____ **10.** Las ciencias y la tecnología influyen muy poco en la solución de los problemas del medio ambiente.

D. Piénsalo de nuevo:

Escribe un ensayo de por lo menos 65 palabras para explicar cómo el medio ambiente y nuestro futuro económico se ven afectados por *dos* de los factores de abajo. Usa una hoja de papel en blanco.

1. los recursos minerales

2. los recursos del suelo

3. los recursos del aire y del agua

E. Para comprender la historia mundial:

En la página 220 leíste sobre tres factores de la historia mundial. ¿Cuál de estos factores corresponde a cada afirmación de abajo? Llena el espacio en blanco con el número de la afirmación correcta de la página 220.

_____ **1.** Los problemas del medio ambiente afectan a las personas en todas partes del mundo entero.

_____ **2.** Al no limitar la contaminación en una parte del mundo puede ocurrir que esa contaminación afecte a lugares que están muy lejos de dónde se originó la contaminación.

_____ **3.** La forma en que utilizamos el medio ambiente influye en nuestras metas económicas.

Hay muchas cosas que las personas pueden hacer para mantener al medio ambiente limpio y seguro para el futuro Puedes nombrar algunas?

Smog: la niebla mortal

El poeta Carl Sandburg escribió estas líneas:

La niebla viene
sobre sus patitas de gato.
Se pone en cuclillas, mirando
el puerto y la ciudad,
silenciosamente,
y luego se va.

La niebla que vio Sandburg era inofensiva y hasta hermosa. Pero hay otra niebla que puede ser mortal. Cuando la niebla se mezcla con el humo, se convierte en *smog,* y puede ser mortal.

Casi todas las ciudades grandes se enfrentan con el problema del smog. Forma una neblina alrededor del Sol, irrita los ojos y causa estornudos y tos. A veces hace más que molestar a las personas. Las mata.

El 27 de octubre de 1948, los 12.000 habitantes de Donora, Pennsylvania, se despertaron en medio de una niebla espesa. Una planta local de cinc emitía sus nubes usuales de un gas llamado bióxido sulfúrico. El gas se mezcló con la niebla y produjo el smog. El smog se asentó sobre la ciudad por una semana. Cuando la lluvia la quitó del aire, la mitad de la población se había enfermado. Veinte personas murieron debido al smog mortal.

El smog asesino ha llegado a otras partes del mundo. Londres, en Inglaterra, tiene fama por sus nieblas espesas. Esas nieblas se mezclaron con el humo emitido por miles de casas con chimeneas. El humo y la niebla produjeron smog, que molestó a los londinenses. Pero se hizo muy poco por resolver el problema.

Durante las fiestas navideñas de 1952, un smog blanco y tóxico descendió sobre Londres. Cuando se disipó al cabo de cinco días, 4.000 personas se habían muerto. Entonces, los funcionarios promulgaron leyes que prohibían el uso de chimeneas que emitían humo.

El smog sigue siendo un problema en muchas ciudades del mundo. El smog de la ciudades ha afectado a los campos, antes conocidos por su aire limpio. Los grupos de protección del medio ambiente han tomado iniciativas para disminuir la contaminación del aire y acabar con el smog asesino. Sus esfuerzos han empezado a dar resultados. En los Estados Unidos, la ley del Aire Puro (1971, 1990) ha ayudado a limpiar el aire. Para que continúe el éxito, los estados y la comunidad de empresas tienen que colaborar. Siguen las disputas políticas sobre los reglamentos y los gastos. Mientras tanto, la amenaza de la polución del aire sigue siendo un peligro.

Una zona minera de carbón en la India. Los países en desarrollo se están dando cuenta de los problemas graves de contaminación ocasionados por las industrias.

Capítulo 6

Las formas de vida tradicionales cambian

Para comprender la historia mundial

Piensa en lo siguiente al leer sobre los cambios en las formas de vida.

1 La interacción entre pueblos y naciones conduce a cambios culturales.
2 La cultura del presente nace en el pasado.
3 Satisfacer las necesidades del individuo y del grupo es una meta universal de todos los pueblos y las culturas.

Los papeles tradicionales del hombre y la mujer están cambiando en muchas sociedades. Por ejemplo, muchas mujeres tienen empleos que antes sólo pertenecían a los hombres.

El mundo ha cambiado en muchos aspectos a partir del 1900. Una gran parte del mundo ha dejado de ser una sociedad agrícola para convertirse en una sociedad urbano-industrial. También han sucedido cambios en el transporte y las comunicaciones. Todos estos cambios han influido en los modos de vida más viejos y tradicionales. Las costumbres y las culturas actuales deben mucho al pasado. Muchas de nuestras creencias se basan en las ideas, costumbres y tradiciones del pasado.

Nuevas ideas se han arraigado en muchas partes del mundo. Las interacciones con otros pueblos y sociedades han dado como resultado cambios en los modos de vida tradicionales. Algunos cambios se notan más en la actualidad que en el pasado. En este capítulo, examinarás algunos cambios, sobre todo en los Estados Unidos.

Los roles cambiantes de la mujer en la sociedad

En muchas partes del mundo y por mucho tiempo, se ha considerado a las mujeres como menos importantes que los hombres. En el pasado, las mujeres no tenían la oportunidad de estudiar. Había pocos empleos abiertos a las mujeres fuera de la casa. Tenían pocos derechos bajo la ley. No se consideraba a las mujeres como iguales a los hombres.

En muchas sociedades, las viejas creencias sobre el lugar de la mujer está cambiando. Algunas sociedades intentan satisfacer las necesidades de las mujeres. Éstas se esfuerzan por tener los mismos derechos que los hombres. Sin embargo, las mujeres no han logrado la igualdad completa en muchos lugares.

En muchas sociedades, más mujeres ingresan en las escuelas y universidades. También hay más mujeres que trabajan fuera de la casa. En los Estados Unidos, el 18% de las mujeres adultas en el 1900 trabajaban fuera de la casa. El número subió al 26% en 1950. En 1991, llegó al 56%. Un mayor número de mujeres están ascendiendo a puestos profesionales y ejecutivos de altos sueldos. En otros países, los cambios para las mujeres en el lugar de trabajo van a un paso más lento.

Los niveles de ingresos de hombres y mujeres en los Estados Unidos

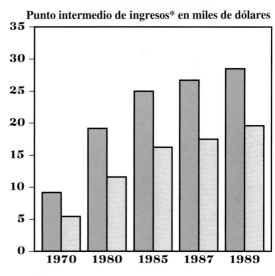

Punto intermedio de ingresos* en miles de dólares

■ Punto intermedio del ingreso de los hombres
□ Punto intermedio del ingreso de las mujeres

*El punto intermedio indica un nivel en el que la mitad del total tiene más y la mitad del total tiene menos.

Fuente: The Universal Almanac, 1992

El matrimonio y el divorcio

El matrimonio de por vida ha sido una parte de la vida de muchas sociedades por mucho tiempo. La religión y las ideas tradicionales sobre la familia hacían que el divorcio fuera algo raro y muy difícil. En algunas sociedades, esto ha cambiado en los últimos 50 años. Por ejemplo, el porcentaje de divorcios era del 8% en 1900. Subió al 20% en 1950. En 1990, llegó al 47%.

Las proporciones de divorcio en otros países, aunque no son tan altas, han subido también. El aumento en los divorcios ha cambiado la vida familiar tradicional en los Estados Unidos. Hoy en día, grandes cantidades de niños se crían con sólo un padre. Hay más mujeres que se encargan solas de toda la familia. Estos cambios están vinculados al rol diferente de las mujeres en el mundo del trabajo. Actualmente, muchas mujeres han reemplazado a los hombres en el rol de sostén de la familia.

La familia extendida

La **familia extendida** ha existido por mucho tiempo en muchas partes del mundo. Forma parte del modo de vida tradicional. Las familias extendidas son muy importantes en Asia y África. Los padres, los hijos, los abuelos, los tíos, y los primos, todos forman parte de la familia extendida. A menudo, los miembros de una familia extendida viven en el mismo pueblo, en la misma calle o hasta bajo el mismo techo. Los parientes son muy leales unos con otros.

La familia extendida y sus modos de vida son más fuertes en las regiones rurales agrícolas. Los miembros de la familia forman un lazo fuerte dentro del pueblo. Los familiares siempre pueden pedirle ayuda a su familia.

Con el transcurso del tiempo, sin embargo, esta relación familiar estrecha se ha visto afectada por el número creciente de industrias y ciudades. Las personas se han trasladado del campo a las ciudades. El cambio del pueblo a la ciudad y de la agricultura a la industria ha deshecho a muchas familias extendidas. Los familiares se separan cuando se trasladan del pueblo a las ciudades para trabajar o estudiar.

El debilitamiento de la familia extendida ha ocasionado muchos cambios. Las personas ya no tienen familias a las que le deben lealtad. Brindan su lealtad a los grupos más grandes políticos o económicos. Muchas personas ahora buscan el respaldo de otros. Éstos pueden ser los empleadores, los sindicatos, los líderes políticos locales o grupos gubernamentales. Las sociedades modernas urbano-industriales hacen que la familia extendida sea menos típica. La **familia núcleo** se ha convertido en el grupo familiar normal en la sociedad urbano-industrial.

Una familia campesina en Etiopía. En casi todas las partes del mundo, se espera que los niños ayuden con el trabajo de la familia.

Las ideas sobre las clases sociales

La idea de clase social ha existido en las sociedades tradicionales durante años. En muchas sociedades había una clase de nobles. Creían que eran mejores que los demás. Creían que eran una clase superior. Los terratenientes también compartían este punto de vista. La creencia en las clases superiores e inferiores ha perdurado en muchos lugares.

El crecimiento de las industrias ha debilitado la perspectiva tradicional de las clases en la sociedad. La gente empezó a trasladarse a las ciudades y a trabajar en las industrias. Como resultado, los terratenientes perdieron mucho poder. Los dueños de fábricas, los mercaderes, y los banqueros ricos tomaron ese poder. En algunos países los soberanos reales fueron derrocados. Otros grupos se adueñaron del poder de los nobles.

El sistema tradicional de clases casi ha desaparecido por completo en la mayoría de las sociedades industrializadas. En su lugar, hay un nuevo tipo de sistema de clases sociales. Hablamos de una clase alta, una clase media y una clase baja. Pero es difícil clasificar a las personas en cuanto a su clase social. Se toman en cuenta el dinero, las formas de comportarse, la educación y el estilo de vida. En el sistema de clases tradicional, era difícil cambiar de clase. Hoy en día, el cambio de clases es muy frecuente. Las ideas tradicionales sobre las clases sociales han cambiado. Ya no hay una idea específica de lo que significan.

La tecnología influye en nuestras vidas

La tecnología ha cambiado enormemente las vidas de las personas. Ha cambiado la forma en que utilizan el medio ambiente. La forma de considerar a las personas ha cambiado también. La tecnología ha ayudado a convertir a los granjeros en obreros industriales. Ha mejorado el nivel de vida en muchas partes del mundo. Los cambios producidos por la tecnología han unido más a las personas. La gente ha aprendido más acerca de otra gente, algo que a veces ha conducido a mayor comprensión. También ha conducido a una mayor interdependencia entre países. Ha hecho que el mundo parezca un lugar más pequeño.

La revolución tecnológica ha representado una amenaza al equilibrio del sistema mundial. Al mismo tiempo, ha proporcionado los conocimientos y los medios para proteger al sistema. Puede ayudar a controlar el medio ambiente y mejorar nuestros modos de vida. Podemos hacer que el mundo sea mejor. Es uno de los retos más importantes de nuestro tiempo.

Un padre y su hija. Las familias en los países urbano-industriales son, en su mayoría, familias núcleos. En algunas familias núcleo, hay sólo un padre.

Ejercicios

A. Busca las ideas principales:

Pon una marca al lado de las oraciones que expresan las ideas principales de lo que acabas de leer.

_____ **1.** Las mujeres juegan un papel importante en la sociedad moderna.

_____ **2.** La vida familiar ha cambiado con los años.

_____ **3.** Los cambios en la vida económica, política y social han cambiado las formas de vida tradicionales.

_____ **4.** Hay tantas clases en la sociedad actual como había en las sociedades tradicionales del pasado.

B. ¿Qué leíste?

Escoge la respuesta que mejor complete cada oración. Escribe la letra de tu respuesta en el espacio en blanco.

_____ **1.** En muchas sociedades industrializadas, el porcentaje de divorcios
   a. está disminuyendo.
   b. permanece igual.
   c. está subiendo.
   d. ninguno de los anteriores.

_____ **2.** La familia extendida se encuentra generalmente en
   a. las sociedades industrializadas.
   b. las ciudades grandes.
   c. las aldeas rurales.
   d. todos los anteriores.

_____ **3.** En las sociedades tradicionales, las mujeres tenían
   a. pocos derechos legales.
   b. pocas oportunidades para estudiar.
   c. pocas oportunidades de trabajo.
   d. todos los anteriores.

_____ **4.** El porcentaje de mujeres adultas que tenían un empleo en los Estados Unidos en 1950 era
   a. más bajo que en 1900.
   b. más bajo de lo que es actualmente.
   c. el mismo que en 1900.
   d. el mismo que en la actualidad.

C. Comprueba los detalles:

Lee cada oración. Escribe H en el espacio en blanco si la oración es un hecho. Escribe O en el espacio si es una opinión. Recuerda que los hechos se pueden comprobar, pero las opiniones, no.

_____ **1.** La cultura forma parte del medio ambiente.

_____ **2.** Las ideas del pasado no son tan buenas como las ideas modernas.

_____ **3.** Las mujeres están más contentas hoy que en años anteriores.

_____ **4.** En algunas sociedades actuales, las mujeres tienen acceso a más puestos bien pagos que en el pasado.

_____ **5.** Hay demasiados divorcios en los Estados Unidos.

_____ **6.** Hay lealtades estrechas en la familia extendida.

_____ **7.** Las mujeres son mejores sostenes de la familia que los hombres.

_____ **8.** Los empleadores y los departamentos gubernamentales han reemplazado a los miembros de la familia extendida en muchos lugares.

_____ **9.** En nuestra sociedad, ya no existe una idea clara sobre las clases sociales.

D. Piénsalo de nuevo:

Escoge dos temas de la lista de abajo. Escribe un ensayo de por lo menos siete oraciones sobre cada uno de los temas que escoges. Usa una hoja de papel en blanco.
En tu opinión, ¿cómo han influido los cambios producidos por la tecnología en...

1. el papel tradicional de las mujeres en el lugar del trabajo?

2. la familia extendida tradicional?

3. las ideas tradicionales sobre las clases en la sociedad?

E. Para comprender la historia mundial:

En la página 228 leíste sobre tres factores de la historia mundial. ¿Cuál de estos factores corresponde a cada afirmación de abajo? Llena el espacio en blanco con el número de la afirmación correcta de la página 228.

_____ **1.** Las costumbres y las tradiciones del pasado son la base de muchas de nuestras creencias actuales.

_____ **2.** Las creencias tradicionales sobre el rol de la mujer están cambiando. Este cambio ha hecho posible que las mujeres tengan trabajos a los que antes no tenían acceso.

_____ **3.** La interacción entre las personas de diferentes culturas ha producido cambios en las formas de vida tradicionales.

Mapamundi

Utiliza este mapa para ubicar e identificar los continentes, las extensiones de agua principales y los países del mundo. ¿Qué otro tipo de información puedes indicar en el mapa?

Glosario

administración pública	gente que trabaja para el gobierno en la mayoría de los puestos, menos los militares **(27)**
aislacionismo	una política de evitar relaciones con otras naciones **(114)**
aislamiento	apartarse de los demás países **(52)**
alfabetismo	el porcentaje de las personas en un país que saben leer y escribir **(200)**
alianzas	pactos entre dos o más naciones para ayudarse unas a otras **(103)**
antisemitismo	el odio hacia los judíos **(121)**
apartheid	palabra que, en afrikaans, significa estado de separación; en Sudáfrica, la política de segregación de razas **(174)**
arancel	un impuesto sobre la mercancía que entra en un país **(18)**
arbitraje	método para resolver una lucha que consiste en pedirle a una persona (que no participa en la lucha) que escuche a ambos lados y tome una decisión **(86)**
armisticio	un acuerdo de dejar de luchar **(107)**
assegais	lanzas delgadas con puntas de hierro; las usaban los guerreros zulúes del sur de África **(77)**
autosuficiente	capaz de cuidar de sus propias necesidades **(154)**
bárbaro	una persona que no tiene una cultura verdadera y que no es civilizada **(36)**
bloque	un conjunto de países que se unen para ayudarse o para tomar una acción **(130)**
bloqueo	impedir el paso de buques o tropas a un lugar **(122)**
bóer	un granjero de los Países Bajos (Holanda) que pobló el área que hoy es Sudáfrica **(77)**
bushido	el código de honor de los samurai **(51)**
capa acuífera	una capa subterránea de roca y arena que contiene agua **(222)**
capital	el dinero que se usa para constituir un negocio **(200)**
capitalismo	un sistema económico en el cual los individuos son dueños de sus propios negocios; esperan recibir ganancias después de pagar todos los gastos del negocio **(111)**
cartel	un grupo que trata de controlar la fabricación de un producto o un objeto para hacer que suba el precio **(147)**
cipayos	indios que sirvieron como soldados para los ingleses **(18)**
coexistencia pacífica	una situación en que dos o más naciones existen en un estado de paz **(140)**
coleta	un estilo del cabello masculino; una trenza larga en la parte posterior de la cabeza y la mayor parte de la cabeza rasurada **(35)**
Commonwealth Británico	una sociedad de más de 40 antiguas colonias británicas y del Reino Unido; actualmente se conoce como el Commonwealth (o Mancomunidad) de Naciones **(154)**
computadora	una máquina electrónica que resuelve problemas a gran velocidad **(215)**
comunismo	un sistema de gobierno en el cual el gobierno se adueña de todos los negocios, las fábricas y las granjas **(107)**
conservación	evitar la pérdida y los desperdicios de recursos **(222)**
cooperativas	grupos organizados que comparten el trabajo y los gastos **(160)**
cultivos comerciables	las cosechas que se cultivan para vender, no para comer o utilizar; las únicas cosechas que son la fuente principal de ingresos de exportación de un país **(201)**
chauvinismo	el patriotismo extremado **(103)**
daimio	un barón feudal en Japón que era dueño de tierras; un aristócrata **(50)**
Decán	la parte al sur de la India, sobre todo la meseta grande en la parte central del sur de la India **(11)**
depresión económica	un tiempo en que mucha gente no tiene empleo y el comercio anda mal **(113)**
desmilitarizado	el retiro de todo el equipo y las fuerzas militares de un área **(119)**
desobediencia civil	desobedecer las leyes que se consideran malas o injustas **(94)**
détente	una disminución de tensiones o discordias entre países; un término francés **(140)**
Diáspora	la dispersión del pueblo judío de Palestina a muchos otros países **(97)**

dictador	un soberano que tiene todo el poder para tomar decisiones y que trata a las personas del país de una forma no democrática **(83)**
dictadura	una situación en la cual una persona o un partido dirige el gobierno **(111)**
discriminación	una diferencia en el trato a una persona o a un grupo **(166)**
disidentes	personas que no están de acuerdo con el punto de vista establecido **(140)**
división	la separación en dos o más partes **(181)**
dominio directo	el dominio de una colonia por un país imperialista **(19)**
dominio indirecto	el dominio de una tierra al apoderarse de sus líderes o de sus instituciones; la otra tierra no llega a ser una colonia verdadera del país imperialista **(18)**
economía de mercado	economía en que los individuos son dueños de los medios de la producción **(192)**
economía dirigida	economía en que el gobierno es dueño de los medios de la producción **(192)**
electrónica	el uso de la energía eléctrica en tubos de vacío y transistores **(215)**
embargo	una prohibición gubernamental que no permite el comercio entre países **(174)**
energía nuclear	la energía almacenada en el núcleo de un átomo **(207)**
equilibrio de fuerzas	una situación en la cual una nación no tiene más poder que sus vecinos u otras naciones **(103)**
esfera de influencia	el área en que un país adquiere el derecho de comerciar en otro país más débil y el de impedir que entren otros países. Generalmente, el país más fuerte tiene cierto grado de control sobre el gobierno también **(41)**
estado de sitio	la ley que aplican los oficiales militares durante una emergencia **(165)**
estados clientes	las naciones o los estados que dependen totalmente de otra nación u otro estado **(192)**
estancamiento	una situación en que se toma poca acción o ninguna **(185)**
extraterritorialidad	un derecho especial que pueden tener los ciudadanos de un país extranjero. Se les juzga según las leyes y los tribunales de su propio país. **(42)**
familia extendida	una familia constituida por padres, hijos, abuelos, tías y tíos y primos; una familia cuyos miembros viven a menudo en la misma casa o en el mismo vecindario **(230)**
familia núcleo	una familia constituida sólo por los padres y sus hijos **(230)**
fascismo	una idea política que glorifica a una nación; en un estado fascista, un dictador tiene todo el poder **(112)**
granjas colectivas	granjas grandes dirigidas por el gobierno; granjas fundadas en la Unión Soviética **(138)**
guerra fría	el estado de tensión y discordia sin combate verdadero; el estado de las relaciones entre la Unión Soviética y los Estados Unidos después de la Segunda Guerra Mundial **(132)**
guerra relámpago	*blitzkrieg;* un método de guerra usado por los alemanes que implicaba utilizar todas sus fuerzas en un ataque sorpresa **(120)**
guerrilleros	tropas militares que guerrean irregularmente **(165)**
hadj	un peregrinaje a la Meca que es obligatorio para todos los musulmanes **(68)**
holocausto	una palabra que describe el asesinato de los judíos durante la Segunda Guerra Mundial; el término también significa "devastación por fuego" **(122)**
imperialismo	sistema por el cual un país se apodera de otros países y los gobierna como colonias **(3)**
indemnizaciones	pagos hechos para compensar algunas acciones perjudiciales **(45)**

inflación	un aumento en los precios y una baja en el valor de la moneda **(113)**
ingreso por cabeza	un número obtenido al dividir la cantidad total de dinero ganado por un país en un año por el número de las personas de ese país **(200)**
interdependiente	que dependen uno del otro; con respecto al mundo, la idea de que las naciones se vinculan unas con otras **(191)**
jornada	un largo y duro viaje a pie **(77)**
Kuomintang	el partido nacional chino **(95)**
madre patria	un país que se apodera de otro país y lo gobierna como su colonia **(4)**
mayoría	más de la mitad de las personas de un país o un lugar **(35)**
mediación	el arreglo de una disputa mediante otra parte; sus propuestas no son obligatorias **(105)**
métodos no violentos	enfrentarse con problemas de una forma pacífica **(10)**
minoría	menos de la mitad de las personas de un país o un lugar **(35)**
mogol	uno de los soberanos musulmanes de la India en los siglos XVI y XVII d.C. **(12)**
monzón	un viento en la región del sudeste de Asia; sopla en una dirección en el verano y en otra dirección en el invierno **(61)**
moral	un sentido de propósito común o de metas comunes **(159)**
motín	una rebelión contra los que gobiernan **(19)**
motor de combustión interna	un motor que quema combustible en un lugar cerrado; este tipo de motor emana gases que producen fuerza mecánica **(214)**
nacionalismo	el sentido de orgullo y devoción por la patria de uno **(103)**
neutro	no estar del lado de nadie en una disputa **(105)**
nutrimentos	sustancias que ayudan al crecimiento y la vida de personas, plantas y animales **(222)**
occidental	relacionado con las ideas, las costumbres y los modos de vivir de Europa y América **(4)**
pagano	una persona que cree en muchos dioses **(68)**
países satélites	países controlados política o económicamente por otro país **(130)**
panafricano	lo que tiene que ver con todo África **(96)**
precipitación radiactiva	las partículas nocivas producidas en la explosión de una bomba nuclear **(208)**
producto bruto interno	el valor total de bienes y servicios producidos en un país durante un año **(200)**
protectorado	un país dominado por otro país más fuerte pero que no es una colonia del país más fuerte **(28)**
provincia	una parte de un país **(60)**
racismo	creencia que tienen las personas de una raza de que son superiores a la gente de otras razas **(4)**
radiación	las partículas liberadas en una reacción nuclear **(208)**
rajá	un príncipe de la India **(17)**
recesión	un retroceso en las actividades comerciales que dura por un tiempo limitado **(202)**

recursos no renovables	los recursos que no se pueden reemplazar después de haberse agotado **(209)**
reforma	un cambio para mejorar las cosas **(159)**
refugiados	personas obligadas a salir de su tierra natal y a buscar otro lugar donde vivir **(70)**
regente	una persona que gobierna en lugar del gobernador que es demasiado joven o que no puede gobernar por otras razones **(12)**
resistencia pasiva	una forma de desobediencia civil que emplea métodos no violentos **(153)**

samurai	un caballero o guerrero feudal japonés **(50)**
sanciones	acciones tomadas por un país contra otro; límites impuestos sobre el comercio o sobre las acciones de otro país **(174)**
segregado	separado; cuando las personas de razas diferentes están separadas unas de otras **(20)**
seguridad colectiva	un plan de defensa en el cual los participantes acuerdan en actuar juntos si uno es atacado **(113)**
sha	el título del soberano de Irán **(147)**
shogún	el líder militar más importante en Japón; el líder militar que funcionaba como el gobernador de Japón **(51)**
sionismo	el nacionalismo judío; el movimiento para que los judíos regresen a Palestina **(97)**
socialismo	un sistema en el cual la sociedad es dueña de todas las propiedades y dirige todos los negocios **(112)**
Sudán	una región de tierra de pastoreo que queda al sur de los desiertos de Sáhara y de Libia; el área del Sudán se extiende desde el océano Atlántico hasta las montañas de Libia **(67)**
suttee	una costumbre en que una esposa tiene que morir cuando se muere su esposo; la viuda se tira en la pira funeraria de su esposo **(11)**

tecnología	el uso de las ciencias y de los inventos para hacer la vida de la gente más práctica **(36; 213)**
territorios en mandato	antiguas colonias cuyos gobiernos son vigilados por otras naciones **(130)**
tifón	una tormenta muy poderosa con vientos y lluvias fuertes; una tormenta ciclónica que ocurre en el océano Pacífico **(51)**
totalitario	un sistema de gobierno que tiene poder total sobre las vidas de los súbditos **(112)**

virrey	la persona encargada de una colonia; el virrey manda en nombre del soberano del país imperialista **(19)**
viviendas colectivas	grupos organizados que trabajan juntos para un propósito común **(160)**

yihad	una guerra musulmana sagrada **(147)**

zar	el título del soberano de Rusia **(107)**

Guía de los nombres geográficos chinos

La siguiente es una lista de los nombres geográficos chinos mencionados en este libro. El primer deletreo es en *pinyin*. Ésta es una forma de deletrear los nombres chinos en nuestro alfabeto. Los chinos introdujeron el *pinyin* en la década de 1950. El segundo deletreo es el de Wade-Giles, una forma más vieja de deletrear los nombres. La tercera forma es el nombre en español, que a menudo combina el *pinyin* y la forma vieja.

Página donde se encuentra	Pinyin	Wade-Giles	Español
25, 27, 35, 43	Huango Ho	Hwang Ho	Hoangho
25, 27, 28, 35, 43	Chang Jiang	río Yangtze	Yang-tse-kiang
27	Xizang	Tibet	Tíbet
28	Huai	Hwai	Huai
27, 28, 35	Hangzhou	Hangchow	Hangcheu
32, 34, 35, 42, 43, 161	Beijing	Peking	Beijin (Pekín)
35, 42, 43, 161	Guangzhou	Canton	Guangzhu (Cantón)
40, 161	Shanghai	Shanghai	Shangai
43	Shandong	Shantung	Chantung
43	Lushun	Port Arthur	Liuta
43	Nanjing	Nanking	Nankín
43	Qingdao	Tsingtao	Qingdao
43	Ningbo	Ningpo	Ningpo
43	Chongqing	Chungking	Chonking
43	Amoy	Amoy (Hsiamen)	Amoy
114	Yanan	Yenan	Yanan

Índice

Índice

Mansur, Ahmed al- (el Victorioso), rey de Marruecos, 69
mantillo del suelo, 222
Mao Zedong, 96, 114, 140, 159, 161
mar Caribe, mapa, 150
mar del Coral, batalla, 124
mar Negro, 104
Marcos, Ferdinand, 165
marcha larga, China (1934), 114
Marruecos, 177
Marshall, George C., 129
matemáticas, sistema numérico iniciado en la India, 11
materias primas, y mercados, 3
matrimonio, y divorcio, 230
Mau Mau, 174
Mauritania, 173, 175
Maurya, Imperio, India, 9–10
mayoría, 35
Meca, 68
mediación, 105
medio ambiente, aire y agua, 222, 227; cambios de clima, 222; como responsabilidad mundial, 224; el suelo, las plantas y los bosques, 222; recursos animales, 223–224; recursos humanos, 224; recursos minerales, 223; y la tecnología, 221
Meiji, época de, Japón, 53
Meir, Golda, 184
Mencio, 26
Mercado Común, 133
mercado, economía de, 160, 192; Japón, 197
mercados, y materia prima, 3
México, disputa fronteriza con los EE.UU., 85; guerra, 85; independencia de, 83
mfekane, 70
microcomputadoras, 215
Midway, batalla de, 124
militarismo, en Europa a principios de siglo XX, 105
Minamoto, familia de los, Japón, 51
Ming, dinastía, China, 34–35
minoría, 35
Mobuto, Joseph, 176
modo de vida occidental, exigido por las colonias, 4
mogoles, imperio de, India, 12
Mohenjo-Daro, cultura de, 9
mones, en el sudeste de Asia, 59
mongoles, dominio en China, 33–34; invasiones, Japón, 51
Monroe, Doctrina (1823), 83–84; ampliada, 86
Monroe, James, 83–84
Montgomery, Bernard L., 123
monzones, 61
moral, 159
motín de los cipayos, India, 19
motor de combustión interna, 214
Mozambique, 176

mujeres, en el Imperio Gupta, 11; roles cambiantes, 229
mundo, aumento de la población, 205; cambios en el siglo XIX, 103; como un sistema, 221; depresión, década de 1930, 113; niveles de ingresos (mapa), 201; problemas de interdependencia de países menos desarrollados, 202; sistemas económicos (mapa), 193
muro de Berlín, 131, 141
Mussolini, Benito, 112, 123
musulmanes, en Indonesia, 165; en las Filipinas, 165; invaden la India, 11–12; y la fundación de Paquistán, 154; y el nacionalismo en la India, 94–95
Myanmar, *ver* Birmania

N

nacionalismo, 103; África, 96; a principios del siglo XX, 104; árabe, 96–97, 181; China, 95–96; de los judíos, 97; efectos de, 97; en el sudeste de Asia, 96; en el Oriente Medio, 96; en la India, 94–95; en las colonias, 94; en los Balcanes, 105; en los países imperialistas, 93; y el racismo, 4
nacionalistas chinos, 159
nacionalistas negros, Kenia, 174
Naciones Unidas, Organización de las (O.N.U.), 124; Comisión de Energía Atómica, 207; China recibe asiento, 160; división de Palestina, 182
Nagasaki, Japón, 52; lanzamiento de la bomba atómica, 124, 208
Namibia, 176
Nara, período de, Japón, 49–50
Nasser, Gamal Abdel, 182, 183
nazismo, 112–113; *ver también* Alemania; Segunda Guerra Mundial
negociaciones para limitar las armas nucleares estratégicas, 140, 208, 209; *ver también SALT*
negritos, pueblo del sudeste de Asia, 59
Nehru, Jawarhalal, 154, 155
neutral, 105
Neutralidad, Ley de, (1935), 122
Nicaragua, fuerza marina EE.UU. en, 87; gobierno sandinista, 148
Nicolás II, zar de Rusia, 104, 107
Nigeria, 176; se independiza, 173
Nixon, Richard, 141, 147, 161
Noriega, general Manuel, 148
Normandía, invasión de, Segunda

Guerra Mundial, 123
norte de África, victorias aliadas en, 123
Noruega, Alemania se apodera de, 120
no violencia, política de, 10; y la desobediencia civil en la India, 94
nutrimentos, 222
Nyassalandia, se convierte en Malawi, 174
Nyerere, Julius, 174

O

obligación de la raza blanca, las colonias como, 5
O'Higgins, Bernardo, 83
opio, 42
Opio, Guerra del, entre China y Gran Bretaña, 42
Organización de los Estados Americanos (O.E.A.), 148
Organización de los Países Exportadores de Petróleo (O.P.E.P.), 147, 183
Organización del Tratado del Atlántico Norte (O.T.A.N.), 132, 145–146
Organización para la Liberación Palestina (O.L.P.), 182; y Jordania, 184
Oriente Medio, después de la Segunda Guerra Mundial, 147; guerra de seis días, 182; guerra de Yom Kippur, 183–184; Israel se funda, 182; nacionalismo en, 96, 181; O.P.E.P. se funda, 183
oro, en Ghana, 68
Otomano, Imperio, caída de (mapa), 97; y nacionalismo, 96–97

P

Pacto de Varsovia, 132
paganos, 67, 68
Pahlevi, Mohamed Reza, Sha de Irán, 185
Países Bajos, *ver* Holanda
países desarrollados, 199; contrastes con países menos desarrollados, 200–202
países menos desarrollados, 199–200; aumento de la población y el hambre, 205; contrastes con países desarrollados, 200–202; factores que afectan, 202; problemas en un mundo interdependiente, 202

Reconocimientos:

1508